贵州财经大学重点学科建设资助项目

国家自然科学基金项目"制造业企业服务化战略的生成逻辑与作用机制：基于企业能力理论视角"（编号：71562005）

少数民族县域跨越式发展与电商扶贫开发

赵丽 著

中国社会科学出版社

图书在版编目（CIP）数据

少数民族县域跨越式发展与电商扶贫开发/赵丽著．—北京：中国社会科学出版社，2019.8

ISBN 978-7-5203-4806-5

Ⅰ.①少… Ⅱ.①赵… Ⅲ.①少数民族—民族地区—电子商务—扶贫—研究—中国 Ⅳ.①F724.6②F127.8

中国版本图书馆 CIP 数据核字（2019）第 165971 号

出 版 人	赵剑英
责任编辑	刘晓红
责任校对	王　龙
责任印制	戴　宽
出　　版	中国社会科学出版社
社　　址	北京鼓楼西大街甲 158 号
邮　　编	100720
网　　址	http://www.csspw.cn
发 行 部	010-84083685
门 市 部	010-84029450
经　　销	新华书店及其他书店
印刷装订	北京市十月印刷有限公司
版　　次	2019 年 8 月第 1 版
印　　次	2019 年 8 月第 1 次印刷
开　　本	710×1000　1/16
印　　张	18.5
插　　页	2
字　　数	285 千字
定　　价	96.00 元

凡购买中国社会科学出版社图书，如有质量问题请与本社营销中心联系调换
电话：010-84083683
版权所有　侵权必究

前　言

从习近平总书记2015年年初在云南省少数民族考察工作时提出"全面实现小康，一个民族都不能少"，到2017年的党的十九大报告中提出"加大力度支持民族地区的交往交流交融，促进各民族像石榴籽一样紧紧抱在一起，共同团结奋斗、共同繁荣发展"可以看出，促进少数民族地区发展成为全面建成小康社会的聚焦点。我国贫困家庭主要分布于少数民族贫困地区，这些地区主要以沿疆、沿边、内陆为主。由于历史和自然原因，使少数民族地区保持着一种自给自足的自然经济，无法充分将自然资源优势转变为经济优势，导致困难群众多、群众困难多、贫困程度深的现象。

我国扶贫的落脚点以贫困村为主，但从贫困村的分布来看，存在着集中连片的特征，相互间缺乏联系且各自为营，不仅形成不了体系和合力，而且在扶贫过程中存在资源浪费现象。本书将少数民族县级地域作为扶贫的基本单元。县域是我国特定的地理空间，是工业品下行与农产品上行的重要枢纽，而县域经济在规划制定、产业开发、资源配置等一系列问题上具有相对自主性，能够很好地协调农业和其他各行业之间的关系，统一调动各部门力量，兼顾县、乡、村三个层面，发挥行政区划的辐射作用。近年来，我国互联网产业发展迅速，衍生出的电子商务为扶贫开发工作带来新机遇，尤其是县域电商的兴起与发展，成为少数民族地区脱贫的一条重要途径。

县域电商是电商行业发展过程中特定时期出现的产物。电子商务在国内经过十多年的发展，物流体系、支付体系、服务体系、消费习惯等在城市已趋向成熟，但在农村地区尤其是少数民族县域存在断链现象。

因此，电商未来的发展需要渠道下沉，将农村生产和消费接入互联网，构建农村电商生态系统是必然。从2003年到现在，县域电子商务经历了由无到有、由小到大的发展过程，推动了工业品和农产品的流通，加快了农旅融合进程，促进地方缩小城乡差距。2017年，"天猫双11"当天，阿里农村淘宝上架了58款农产品，涵盖了20个贫困县。截至11月11日23时59分，通过天猫、淘宝等电商平台，这些农产品的销售额已经达成了4亿多元。

尽管如此，少数民族县域经济发展状况与电子商务发展条件存在一定差距。少数民族县域得天独厚的自然环境孕育着浓郁的民族文化，如精美的手工艺品、奔放的笙鼓舞蹈，以及天然的原生态产品。可惜的是，这些丰富的资源并没有让当地农民发家致富。一方面因产量较低，无法形成产业规模；另一方面即使有多余的特色产品，也没有健全的商务服务支撑体系和良好的商业思维实现市场交换。同时，少数民族县域老百姓普遍对开拓农村市场的重要性认识不清，市场建设长期停滞在改革开放初期，忽略了区域经济发展的集群效应，仅着眼于与周围区域的同质化竞争，而没有整合力量形成区域竞争优势。从客观方面讲，少数民族县域开展电商活动还受到诸多条件的限制，包括信息化基础设施尚未完善、农民对外来文化的包容能力以及自身信息化能力不强等因素。

就东部沿海地区，电商成熟发展得益于技术的变革和经济发展形态的转变，开放、合作、共享、共赢的经济理念是电子商务迅速崛起的重要因素。为了缩小主观与客观条件上的差距，电商扶贫政策相继出台，体现在以农业为主线，延伸出教育、科技、金融、商贸、物流、卫生等方面的研究与扶持。农业是民生之本，是贫困地区主要的经济支柱；教育，对改变落后地区的思想起到至关重要的作用，将从根本上杜绝落后的意识；科技，让贫困地区的群众即便足不出户，也能通过新技术、新模式将当地的特色产业推出大山；金融，对扶贫具有"输血式"的作用，一方面能直接保障贫困群众的基本生活，另一方面借助小额信贷、专项资金，大大促进当地的创新创业；商贸和物流，共同促进着贫困地区的交通、通信、网络等基础设施的建设；卫生，是保障所有活动开展的前提；外部帮扶应从增加知识、强化技能、分享经验和信息以及改善基础设施条件等方面入手，激活贫困户内生的发展潜力。政策中涉及的具体做法体现在：一是采取有效措施切实解决基础设施条件差、物流链不完整、市场秩序不规范、诚信体系不健全等困难和问题；二是重点"扶智"，从办学条件、营养改善、教学自助、两免一补、定向招生、对口支援、贫困地区儿童发展计划、乡村教师支持计划等方面来扶持农村教育，同时开展电商培训，让少数民族群众接受"互联网＋"的概念与思维，从而利于电商扶贫工作的开展；三是对电商人才的培养、引进、留住，包括技术人员、营销人员、客服人员、数据分析人员等；四是深入农村基层开展科技创业和服务，与农民建立"风险共担、利益共享"的共同体，推动农村创新创业深入开展。

随着扶贫开发进程的推进，县域电商作为最主要的发展模式呈现出多元化的发展局面。本书精选我国若干典型的县域电商成功案例，范围覆盖西南地区与东部沿海地区，研究内容涉及电商模式、电商扶贫政策、少数民族县域发展现状，重点结合贵州省台江县的调研情况进行少数民族县域电商扶贫开发的规划。案例研究是在自然非操纵环境下开展的研究，可以就实际情况中少数民族县域电商发展状况进行深入了解。在研究过程中，作者通过与县域百姓和政府部门的深度接触，切身体会到了他们对电商扶贫的期盼。然而，少数民族县域电商发展绝非朝夕之事，也不可能凭一己之力完成，离不开群众的积极执行、政府的有效监管与引导、地方企业的产业支持，以及高校的人才保障。这是一个系统工程，需要多个层面协同奋进。当然，少数民族县域电商扶贫伴随而来的还有诸多曲折与陷阱，例如贫困户入手难、开展成本高、经济基础弱等问题需要解决，以及潜在的双边市场陷阱、后发优势陷阱、知识经济陷阱等需要进行预知预防。

整体而言，本书探讨了在遵循中央扶贫政策下少数民族县域开展电商扶贫工作的策略问题。本书共包括五章。第一章介绍了少数民族县域的经济形态，从历史和自然两个方面阐述了贫困原因；然后说明了传统扶贫方式的不足，引申出县域电子商务活动对村落的辐射作用、互联作用和扩张作用，阐述通过电商扶贫开发实现少数民族县域当代化的经济建设体系，才是跨越式发展的捷径。第二章重点解读我国电商扶贫开发政策，分析政策发展脉络，整理涉及的行业主体，梳理了县域电商扶贫开发可采取的人力支持与财力支持措施。第三章详细介绍了少数民族县域进行电商扶贫开发的策略,具体包括智力渗入(电商培训)、方向引导(电商发展规划)、网商培训(企业开店)、应用驱动(团购与众筹)。第四章分析了电商扶贫过程中可能存在的风险,包括贫困恶性循环陷阱、双边市场不对等陷阱、后发优势陷阱、知识经济陷阱等问题。第五章针对少数民族县域电商扶贫开发中可能遇到的问题,提出了解决思路,包括推进产权变革、引进社会资本、构建产业生态等对策建议。最后,根据作者团队在贵州省电商扶贫开发工作中的实际经验,在深度剖析学术理论、解读扶贫相关政策的基础上,对贵州省台江县进行了实地调研,形成了台江县电商发展的基础条件调研报告,并根据调研报告形成了台江县电商发展规划,这对于其他少数民族县域开展电商扶贫开发工作,具有一定借鉴意义。

  本书写作时间历时两年,中间经历了若干次修改,力求保证书稿的理论依据与实践现实相结合、宏观布局与微观操作相结合、历史规律与发展趋势相结合,以便为科研人员、扶贫第一线人员、县域城镇村民提供逻辑清晰、实施可行、通俗易懂的电商扶贫开发读本。为了本书稿的完结,若干科研工作人员贡献了他们的智慧与力量,其中,感谢中国社会科学出版社的编辑,细心校稿使得本书有高质量的可读性;感谢贵州财经大学卿春、夏换、项欣、张定义、付华、张骏等老师的付出,他们一直奋斗在台江电商扶贫一线,为本书提供了宝贵的资料;感谢陈曦、陈景国、张彤、何菲、李爽、许硕等同学的付出;感谢贵州财经大学分管学科建设的领导及同事们。在这些同事、同学们的一起努力下,本书得以顺利出版,再次表示诚挚的谢意!

  由于水平有限,本书难免存在不足之处,望各位同行、专家、读者多多包涵!

目 录

第一章 少数民族县域跨越式发展路径选择 … 1

第一节 少数民族县域社会经济形态 … 1
一 少数民族县域经济发展特征 … 2
二 少数民族县域经济发展阶段分析 … 4
三 少数民族县域电子商务发展阶段分析 … 6

第二节 县域电子商务发展的必要性 … 8
一 县域行政区划的辐射作用 … 8
二 县域电商的互联作用 … 10
三 县域电商的扩张作用 … 12

第三节 国内电子商务扶贫与开发现状 … 14
一 国内电子商务扶贫与开发现状 … 14
二 国内农村电子商务开发模式 … 19

第二章 少数民族县域电子商务扶贫与开发政策 … 28

第一节 国家扶贫开发政策解读 … 29
一 中央扶贫开发政策发展脉络 … 29
二 扶贫开发政策涉及的行业 … 36
三 扶贫开发的焦点策略 … 43

第二节 少数民族县域电商扶贫开发政策解读 … 51
一 少数民族县域扶贫政策现状 … 51
二 电商扶贫开发的重要作用 … 52

　　　　三　农村电商扶贫开发政策发展脉络 …………………………… 54
　　　　四　少数民族县域农村电商政策涉及的行业 ………………… 60
　　　　五　开展农村电商活动的主体 …………………………………… 68
　　　　六　少数民族县域电商扶贫实行手段 ………………………… 74
　　　　七　西南各少数民族县域电商政策概要 ……………………… 81
　　第三节　贵州省少数民族县域电商扶贫政策解读 ……………… 89
　　　　一　响应国家号召，鼓励电商扶贫 …………………………… 89
　　　　二　发展民族地区产业 ………………………………………… 90
　　　　三　制定电商扶贫目标 ………………………………………… 91

第三章　少数民族县域电子商务扶贫与开发策略 ……………… 95
　　第一节　智力渗入：电商培训 …………………………………… 95
　　　　一　培训对象 …………………………………………………… 95
　　　　二　培训组织方式 ……………………………………………… 99
　　　　三　培训效果 …………………………………………………… 100
　　　　四　培训中存在的问题 ………………………………………… 103
　　第二节　方向引导：电商发展规划 ……………………………… 104
　　　　一　规划设计的总体思想 ……………………………………… 104
　　　　二　产业布局与电子商务发展 ………………………………… 106
　　　　三　电商基础与重点工程 ……………………………………… 111
　　　　四　发展保障与部门协作 ……………………………………… 114
　　第三节　网商培育：企业开店 …………………………………… 117
　　　　一　网商群体 …………………………………………………… 117
　　　　二　网货特征 …………………………………………………… 119
　　第四节　应用驱动：团购与众筹 ………………………………… 122
　　　　一　生活服务网络化：团购 …………………………………… 122
　　　　二　绿色产品网货化：众筹 …………………………………… 127
　　　　三　农业众筹 …………………………………………………… 131
　　　　四　农业众筹类型 ……………………………………………… 133

第四章　少数民族县域电商扶贫存在的问题 ……………………… 141
　　第一节　贫困恶性循环陷阱 ……………………………………… 141

一　贫困户入手难 …………………………………………… 141

　　二　开展成本高 …………………………………………… 141

　　三　经济基础弱 …………………………………………… 145

第二节　双边市场不对等陷阱 ………………………………… 148

　　一　双边市场理论 ………………………………………… 148

　　二　电子商务中的双边市场 ……………………………… 149

　　三　发展速度的不对等性 ………………………………… 150

　　四　发展不对等的原因分析 ……………………………… 154

　　五　发展不对等的影响 …………………………………… 154

第三节　后发优势陷阱 ………………………………………… 157

　　一　后发优势理论 ………………………………………… 157

　　二　少数民族县域电商后发优势分析 …………………… 161

第四节　知识经济陷阱 ………………………………………… 168

　　一　知识经济 ……………………………………………… 168

　　二　少数民族县域电商知识经济陷阱 …………………… 169

第五章　少数民族县域电商扶贫与开发策略 ………………… 171

第一节　积极推进产权变革 …………………………………… 171

　　一　土地产权变革的必要性 ……………………………… 171

　　二　土地流转与电子商务 ………………………………… 173

　　三　农地流转电商发展策略 ……………………………… 185

第二节　大力引进社会资本 …………………………………… 188

　　一　社会资本的内涵 ……………………………………… 188

　　二　社会资本与区域经济开发的关联 …………………… 190

　　三　少数民族县域发展电子商务的社会资本提升策略 …… 194

第三节　理性构建产业生态 …………………………………… 197

　　一　少数民族产业生态构建 ……………………………… 197

　　二　少数民族文化产业与电子商务发展 ………………… 200

　　三　少数民族旅游产业与电子商务发展 ………………… 209

附　录 …………………………………………………………… 218

参考文献 ………………………………………………………… 281

第一章 少数民族县域跨越式发展路径选择

第一节 少数民族县域社会经济形态

我国少数民族主要聚居在沿疆、沿边、内陆地区，远离政治经济文化中心，尤其是我国西部地区，居住着许多不同族群的少数民族。这些民族地区幅员广阔，自然资源丰富，是我国多条主要江河的源头，为下游经济发达地区提供了生态保障。但是，由于这些大江大海的源头多为深山老林或荒漠高原，生产条件恶劣，交通条件差，少数民族县域经济发展水平落后。由于贫困与脆弱生态环境的地理耦合，使少数民族在贫困、人口和资源之间形成了一种低水平的自给自足式的发展状态。在这种状态下，一部分人口没有解决温饱问题，一部分人口虽已解决温饱问题，但收入不稳定，一遇天灾病患，有可能暖而复寒、饱而复饥，一夜返贫。这种封闭式低水平状态与当前国内东部沿海地区的大发展形成了鲜明对比，经济、技术、文化鸿沟随着时间的推移越裂越大，到两极分化严重时会威胁国内社会和谐稳定。因此，扶贫开发在这些地区具有更加特殊的意义。新中国成立以来，中央政府对少数民族县域经济发展实施各种扶持政策，但民族差异远大于区域差异，少数民族县域居住了相当一部分贫困人口，如何根据当前少数民族县域社会发展的具体特点和需求，充分发挥我国民族区域自治的制度优势，合理使用资源、正确安排经济发展路径，促进少数民族经济社会发展，是我国当前大扶贫战略的重点和难点。

一　少数民族县域经济发展特征

即使到了21世纪，仍有部分少数民族县域保持一种自给自足的自然经济状态。以贵州省台江县为例，台江县被称为"天下苗族第一县"。首先，台江拥有非常丰富的自然资源，境内植被保存完整，森林覆盖率达60%，清水江、巴拉河、翁密河等主要河流的流域面积1210平方公里，水质清澈无污染，水能蕴藏量大、开发潜力大，有近百条溪流都流入其中。其次，它有浓郁的少数民族文化，有依山傍水的民居建筑，精美苗族刺绣，工艺制品，奔放的笙鼓舞蹈，文学歌曲，文明的礼仪风范。虽然农民们有房屋有土地，有原生态农产品，但这些资产并没有通过交易的方式将其变成所需的生活用品，导致生活条件有限。农户处于家庭生产式的小农经济状态，受地理位置影响，农作物产量较低，每户所生产、种植的作物只能维持一家人生存需求。即使有多余的作物，他们也没有意识拿到市场上交换其他必需品。当地大多数市场特别是集市、农贸市场都相当简陋，大多是露天市场，基本设施不完善，信息发布、营销促销等功能基本没有。滞后的市场发展，使少数民族县域老百姓普遍对开拓农村市场的重要性认识不清，导致市场建设长期停滞在改革开放初期水平[①]。

少数民族县域存在一个共同特征，那就是封闭、独立和自我保护。他们在知识、技能、方法和经验的共享上较为保守，存在一种狭隘的自我保护意识。例如，台江县的银饰、刺绣都是非常精美的民族手工艺品，目前在台江也有许多大大小小的银饰、刺绣企业。当询问其是否愿意开展电子商务时，多数企业表示愿意尝试，但提出能不能只帮助它们一家企业开网店的要求。这些商家忽略了区域经济发展的集群效应能给自身带来的巨大效益，仅着眼于与周围商铺竞争，而不团结起来与外地商户竞争，就永远不能成为市场的强者。如果台江县的银饰、刺绣企业能够联合起来，打造属于台江县自己的品牌，将台江县的优质银饰、刺绣推向全国，在市场竞争中获胜的概率会更大。

---

① 郑炎成、鲁德银：《县域经济发展不平衡对地区差距的解释力分析》，《财经研究》2004年第7期。

就东部沿海地区而言，目前处于商品贸易的市场时期，当商品贸易延伸到信息化下的市场经济时，它会由工业经济向信息经济迈进，这不仅仅是技术的变革和创新，也是经济发展形态的转变。由于地理位置的优势和交通条件的便利，东部沿海地区企业生产经营成本较低，产品更具竞争优势，对境内外资源流向和流量产生相应的导向作用，从而形成地域性资源集聚效应。在东部沿海地区，正因为有了信息经济发展的理念，近十多年来发展格外迅速。例如，杭州作为"中国电子商务之都"，具备了浓郁的网商创业氛围，已成为国际知名、国内领先的全国电子商务专业网站集聚中心、全国网商集聚中心。开放、合作、共享、共赢，是杭州电子商务迅速崛起的重要因素。综上所述，通过对比分析西部与中东部的经济发展阶段，可以得出以下结论：少数民族贫困县发展电子商务是一段经济跨越式的发展历程[①]。

跨越式发展，是指发展较为落后具有一定差距的国家或地区，为了拉近与发达国家或发达地区的差距直接汲取人们已有的文化和科技成果，通过开展不平衡发展战略，率先突破一些具有优势特色的重点地区、重点行业和重点领域，继而带动和促进其他行业、地区和领域发展，最终实现社会生产力发展水平整体跃升。

实现跨越式发展的基础是落后地区需具备后发优势。落后地区通过引进先发地区的技术和资金等，借鉴先进地区的发展理念与管理经验，减少自我摸索的时间，降低失败的风险，充分发挥劳动力成本优势和资源禀赋优势，在某一产业或方面做大做强，缩小与先发地区的发展差距。随着少数民族县域扶贫开发相关政策的颁布和落地，少数民族地区的基础设施和生态环境建设未来会有实质性的进展，把资源上的优势转变利用为经济优势，区域经济发展差距扩大的势头也会被逐步得到有效压制。当然也要考虑到民族地区发展相对滞后，不能期望一两次跳跃发展或一两次上台阶就可以赶超发达地区，而是必须要经历多次的跳跃发展和上台阶，积小跳跃为大跳跃的长期过程。

跨越式发展需处理好整体推进和重点突破的关系。少数民族县域的自然环境、地理条件差异大，经济发展极不平衡，要在有限的时间内实

[①] 梁兴辉、王丽欣：《中国县域经济发展模式研究综述》，《经济纵横》2009年第2期。

现跳跃发展是不可能的。跳跃式发展只能是由简至难、以点到面，逐步推进，以重点带动全局的方式。可选择若干基础条件好的地区、产业和项目率先突破，发挥示范带动作用。

信息化为经济跨越式发展提供必要的条件，信息化具有对经济增长的促进作用，对企业和社会整体经济效益的提升作用，对产业结构调整与融合的优化作用，对启动新需求的刺激作用和对经济市场化与全球化的推进作用。信息化还能推进制度创新，制度的一项重要功能是信息功能，它通过构建群众的思维方式与行为，提供信息、扩大范围、引导创新。

表1-1　　　　　　　　经济形态的现实特征

地区	经济形态	经济发展阶段	特征
少数民族贫困县	自给自足的自然经济	家庭生产的小农经济	封闭、独立、自我保护
东部沿海区域	商品贸易的市场经济	由工业经济向信息经济迈进	开放、互联、共享合作

二　少数民族县域经济发展阶段分析

经济发展是有历史规律的。当某种经济形态发展到成熟阶段以后，就会诞生新的经济形态。某一种经济形态的划分是以主要生产方式为标记的。我们人类社会经历了狩猎采集经济时代、农业经济时代、工业经济时代、信息经济时代等。未来，可能会往生物经济时代发展。

在狩采经济时期，狩猎是人类日常生存中的主导产业，人们能够利用石头制造工具，学会生火，人类的足迹逐渐扩大，由穴居动物走向世界。由于狩猎活动需要人们合力完成，使得人们演变为集体劳动、财产公有化、平均分配物资、集体经营[1]。

狩采经济发展到一定阶段，人们拥有了了解自然、驯化部分自然生物的能力，于是，进入到农业经济。农业经济以农业生产为主，依靠种子、动物、土地和人力作为主要生产资料。种植和养殖的发展，使得人们可以定居生活。当人类对种植养殖技术的掌握程度加深，生产作物越

---

[1] 杨荫凯、韩冬梅：《我国县域经济发展的基本思路》，《经济纵横》2005年第8期。

来越丰富，人民生活水平得到了改善，会有更多时间和精力用于发明创造。电气技术的发展催生了机械化生产时代的到来，使得人类社会迈入工业经济时代。工业经济时代，人类生活发生了翻天覆地的变化，劳动分工越来越精细，生产管理越来越重要，市场运行体系越来越发达。当工业经济制造了大量物品，如何实现对商品及对人的管理，如何实现市场的信息共享，成为大型工厂需要解决的问题。信息技术、通信技术、互联网技术的发展，对这些问题给出了一揽子解决方案。信息经济时代的到来，人类社会对知识、技术的重要作用认识越来越深刻，以人类不同层次的需求为核心，通过信息技术创新了层出不穷的商业模式。这些商业模式的出现加强了人与人的联系、人与物的联系、物与物的联系。在纷繁复杂的联系网络中，人类更高层次的需求，如健康长寿、幸福快乐等被激发出来，大量科学技术人员围绕这些需求攻坚克难，在生物技术上有重大突破，未来会进入到生物经济时代。

从人类经济发展历程看，任何一个高级经济形态阶段的进入都是以一个稍低阶段的充分发展与积累为基础的。这个积累包括人类思想的开化、生产技术的进步、商业体系的健全、管理水平的提升、社会制度的完善等。如果某个阶段的积累不够，而又要进入高阶段的发展，就需要通过多种措施促使原有发展基础达到高阶段发展所需的水平。

比如，贵州省台江县作为典型的少数民族贫困县，存在多种经济形态，其中就有狩采经济。台江县域内有丰富的自然资源，山上自然生长着古老的金钱柳，农户们自行到山上采摘，晒干后卖给外来的收购商，这是一种最原始、最自然的经济状态。然而，农户们为了采摘金钱柳，不惜砍掉树木，采用这种自我破坏的采摘方式，可见他们还缺乏生产的观念。因此，想从根本上转变农户们的观念，让少数民族贫困县直接迈入信息经济时代开展电商，确实是一个跨世纪工程。

在这个跨世纪工程中，经历从农业经济、工业经济到信息经济的发展演变。少数民族贫困地区多属于高山、寒冷地带，土质资源贫瘠，水资源到达农田的成本高，自然灾害频繁，农业产量非常低。依靠祖辈传下来的手艺，家庭手工作坊普遍存在。但是多民族文化特征与大众市场的需求相差较远，没有实现工厂化大规模生产。信息化基础设施尚不完善。

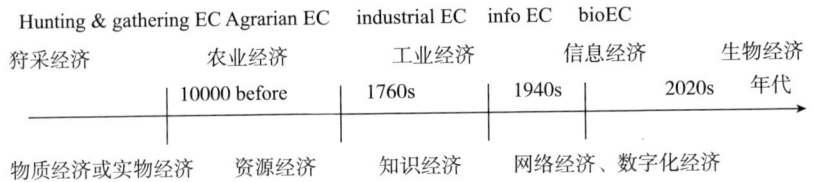

图 1-1 社会经济发展过程

三 少数民族县域电子商务发展阶段分析

为了解释县域发展电子商务的必要逻辑，先从电子商务发展经历的阶段分析起。我国电子商务大概经历了三个发展阶段。

第一阶段（1999—2003年）：信息化阶段。20世纪末，美国互联网浪潮影响着中国互联网行业的蓬勃发展，大量知名电子商务网站如8848、阿里巴巴、易趣网等在资本的热捧下快速扩张。但是，由于当时我国的信息化发展不够发达，电子商务消费市场处于培育阶段，电子商务公司持续投入而不见效益。互联网资本泡沫破裂，使得大部分电商网站困难重重。在电子商务发展初期，网站主要用来展示商品、发布信息。对于少数民族县域而言，首先要完善信息基础设施建设，在村中接入互联网，引导村民用手机上网，先解决好商品流通的下行问题，让村民们参与其中，体会到网上购物带来的便捷，之后再开展电子商务上行活动就会更加顺畅。例如，少数民族县域有丰富的旅游资源，非常适宜发展旅游电子商务。依托旅游业的发展，大力进行村庄风貌整治，大力发展旅游产品加工等旅游型第三产业。通过发展乡村旅游，带动农牧民观念更新、勤劳致富和农村基础建设改善，实现以旅助农、以旅活农、以旅富农，推进新农村建设。在电商发展过程中，将旅游实体资源转化为数字化资源，比如在网络上发布当地旅游的吃喝玩乐等一站式行程攻略，让游客通过网络在远程客户端形成信息的感官体验，有了信息的感官体验之后，游客们就可能计划到当地旅游。

第二阶段（2004—2012年）：平台化阶段。这段时间，电子商务的发展迎来了第一个春天，电商发展所需要的政策与基础服务设施在这一时期蓬勃发展。我国电子商务在商业模式上有众多创新，吸引了不同年龄、不同职业、不同阶层的消费者成为网站用户。随着网民增加，物流快递行业的快速发展，网络消费者的网购经验不断积累，电商平台之间竞争激烈，形成平台化局面。我国的大部分产品和服务都日渐集中到发展规模最好最大的几个电子商务平台，这时电商平台就具有了一种超然的地位。而供货商、服务人员、企业则会面对新的环境与压力，不仅要接受来自社会大众和有关政府部门的监督，还要接受电商平台的规则制约。因此，电商平台企业实际上发挥着一种公共监管者的职能，从而形成一种独特的电子商务治理结构①。在这一阶段，少数民族县域经过了单纯的信息化时期，开始通过平台来真正的开展商业活动。农户们的商品通过入驻不同的平台，拓展销售渠道，增加销量，进而开始盈利。

第三阶段（2013 年至今）：共享化阶段。共享经济基于信息技术构建社区，以方便人们交换、使用、创造商品和服务。② 当前，电子商务正处在共享化阶段。电商平台上可以容纳无数商品，消费者进行大数据搜索便能快速找到想要的内容。不同名称、不同类别的电子商务平台之间需要产生啮合，以便能让更多商家在经营自己商品的同时，也能共享其他商家的用户和商品。这样，可以打破原有单一平台的桎梏，让更多优质商品与服务被全平台用户消费。在共享经济下，更多创业模式在因这种更快捷、更有效的供需关系而被创新与变革。

在共享经济时代，每个人都是自媒体。根据统计，到 2015 年微信公众号已经高达 1000 万，每一个公众号都可以成为一个自媒体。除了微信公众平台之外，新浪微博也是一个自媒体聚集之地，新浪微博 2015 年 6 月的月活跃用户数（MAU）为 2.12 亿，微博目前已有覆盖 33 个垂直领域的 153 万活跃自媒体作者，共生产 6500 万篇长微博，其中微博签约自媒体 1500 多人，这些数据足以证明当今自媒体的影响力。自媒体的商业模式有很多，比如，可以通过自媒体销售和自媒体内容相关的商品或者服务，或者提供顾问咨询、培训，或者是发布各种联盟广告。少数民族县域电商也可以通过自媒体平台推广自家的产品，将具有民族特色的产品发布到网上，坚持运营，用户、粉丝就可能带来意想不

---

① 赵伟：《县域经济发展模式：基于产业驱动的视角》，《武汉大学学报：哲学》（社会科学版）2007 年第 4 期。

② Botsman, Rachel & Roo Rogers. *What's Mine Is Yours: The Rise of Collaborative Consumption*. HarperCollins Publishers. 2010. ISBN 9781400149209.

到的财富,这个财富可能是直接的金钱,也可能是人脉,也可能是各种创业的机会等。

从整体上看,少数民族贫困县的发展还较为落后,要想从信息化阶段跨越到共享化阶段,需要经历一个漫长的过程,这个过程是跨越性发展必经的阶段。

第二节　县域电子商务发展的必要性

一　县域行政区划的辐射作用

我国的贫困家庭主要分布于少数民族贫困地区,尤其是少数民族贫困县所辖的贫困村。因此,贫困村成了少数民族电商扶贫的落脚点。但从贫困村的分布来看,存在着集中连片的特征。因此,如果每个贫困村都各自为营,单独作战,不仅形成不了体系和合力,而且会造成资源浪费,也不利于扶贫工作的整体推进。反之,若从县一级来推进,不仅更容易统筹和运用各方力量和资源,也更容易形成体系和合力。古语云:郡县制,天下安。我国的县级行政区域约有2900个,县域人口约9.6亿,占全国总人口的70%;从经济总量角度看,全国县域经济的GDP总和约占全国GDP的56%;县域经济的社会消费总额大概占全国的50%。由此可以看出县域具有巨大的发展潜力[①]。

另外,县域也是我国农村人口主要分布的区域,县级政府,尤其是贫困县的县级政府,工作重心主要在农村,因而从县一级来推进农村电商扶贫也与县级政府的工作重点较为一致。实际上,当前各种电子商务企业、电商平台、运营服务商等都着力从县一级推进,这也是县域电商兴起的原因之一。当然,对于贫困县比较集中的地区,如集中连片特困地区,从市或省一级去推进也完全可行,如电商扶贫的首个试点地——陇南市就是从全市去推进的。

县是一个特定的地理空间,独具自身的人文历史特点,特定的产业资源。虽然我国各地县域经济发展不平衡,但县域经济都具有鲜明的地

---

① 刘吉超:《中国县域经济发展模式研究评述及其反思》,《企业经济》2013年第2期。

方特色，呈现出多元化的发展特征。每一个成功的县域经济都有各自的显著特点：有的是一县一品或一县多品；有的重点发展特色农业、特色工业；或特色出口贸易、特色矿产资源产业；抑或是特色旅游业等。县域经济在规划制定、产业开发、资源配置、经济结构调整等一系列问题上，具有相对独立的自主性，能够很好地协调农业和其他各行业之间的关系，整合各种自然、经济、社会资源，统一调动各部门的力量，兼顾县、乡、村三个层面以及城市和农村两个领域，发挥县域行政区划的辐射作用。

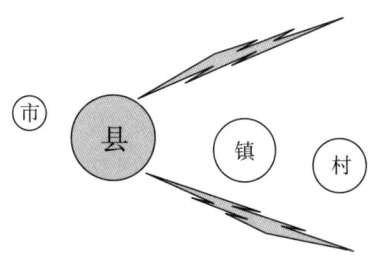

图 1-2 县域电商的辐射作用

县域经济是县域内各产业综合发展的场域，各产业之间需合作才能共赢。县域工业产业及其配套设施是现代农业产品的加工、生产、仓储、物流等流程的重要基础；县域服务业是现代农业规模化、专业化、标准化的保证。高附加值农产品在现代市场中若想实现与提升其价值，需依赖县域服务业提供的优质信息。

在经济发展渐渐迈向新领域的时代下，大部分县域经济遇到了发展与转型的双重压力。电子商务是当代的朝阳产业和绿色产业，近年来发展迅速，不仅带来了更新更大的消费需求，还引发了新的投资狂潮，电子商务正与制造业快速结合，大力推动服务行业的转型升级，孕育新兴业态，是当代经济发展新的原动力。县域电商是电商行业发展过程中特定时期出现的产物，电子商务在国内经过十多年发展，物流体系、支付体系、服务体系、消费习惯等已趋向成熟，电商的进一步发展是渠道下沉，在电商生态系统中接入农村消费和生产。

二 县域电商的互联作用

互联网时代的到来，改变了人们的思想观念，引发了社会生产、消费、流通以及商业、金融、工业、农业和社会生活各领域变革，催生了一大批新业态，为创新创业提供了广阔平台和空间。电子商务不能简单地被视为一种商业模式和拉动就业的渠道，更大意义在于通过电子商务平台打破时间和空间限制，互联业务活动与流程，链接全国消费市场。

电子商务能够联结各行各业。工业方面，制造企业与电子商务企业、物流配送企业、金融服务企业开展战略投资、品牌创造、网上销售、物流配送、供应链金融等领域的合作，整合线上线下交易资源，打造制造、商贸、物流、金融等高效协同的生产流通一体化新生态。例如，博山电机厂股份有限公司是在全国具有一定知名度的企业，多年前通过红盾信息网制作了宣传网页，网络产品订单让企业认识到"电子商务"的广阔前景。为此，博山电机厂建起了自己的网站，里面有"我们的产品""在线订购""销售网络"等多个栏目，产品宣传、交易都通过网络，效率大大提高，更为公司降低了运营成本。

金融业方面，围绕电子商务产生的金融服务，是企业电商化过程中的核心需求，也将成为未来金融业务的主体领域。中国农业银行积极开展电商金融业务创新工作，持续推出了网上交易市场、招投标平台等在同业处于领先地位的亮点产品，大大提高了农行在新兴渠道和业务领域的竞争力。依托电子商务助推经营转型，以电商产品帮助农业产业化龙头企业改造线下购销渠道，建设线上经营网络，提高资金使用效率和生产经营水平，带动上下游中小企业、农户增收提效。

农业方面，网络商店是各地特色农产品拓展市场的重要渠道。农村电子商务点的建设促使农民与电子商务的距离愈来愈近。众多地域农产品通过网络销往全国各地，新疆的红枣、陇南的苹果、内蒙古的羊肉、阳澄湖的大闸蟹等，都成了网络知名地域品牌。

电子商务的作用除了体现在各行各业的发展中，还体现在整个过程的业务环节中，如设计、采购、生产、加工、包装、渠道、销售等环节都可通过互联网优化。例如，校企合作开展电子商务活动。高校艺术设计专业的老师可以设计手绘 T 恤、牛仔裤等，在产品生产之前，先将设计图样发布到信息化平台上,通过预销售的方式统计订单量,然后再生产,一系列的工作都与电商联系起来,生产服装的原材料、设计的图纸,加工的工厂、包装的材料、销售的渠道、市场的推广等一系列活动在电子商务中可以实现。这是最基本的单元。除了最基本的单元外,还有外围的一系列的活动(如图1-3所示),如组织管理、技术交流、规则制定、风险规避等,也可以通过电子商务实现。从技术的角度来说通过网络进行学习没有任何障碍。只要访问淘宝大学、网易公开课等教育频道,就能获得非常优质的资源和内容。此外,企业和政府管理可以采用信息管理系统,通过一个界面显示若干条数据,可以展示每一个部门的工作情况,一切信息电子化。以前政府部门烦琐的工作如发通知、写文案、收通知、安排事务、汇报材料等环节,信息不够畅通,在未来电子商务全面发展以后,所有信息都在网上公布,一目了然,只需要每位工作人员及时查看信息,这样工作效率和管理效率就会得到提升。

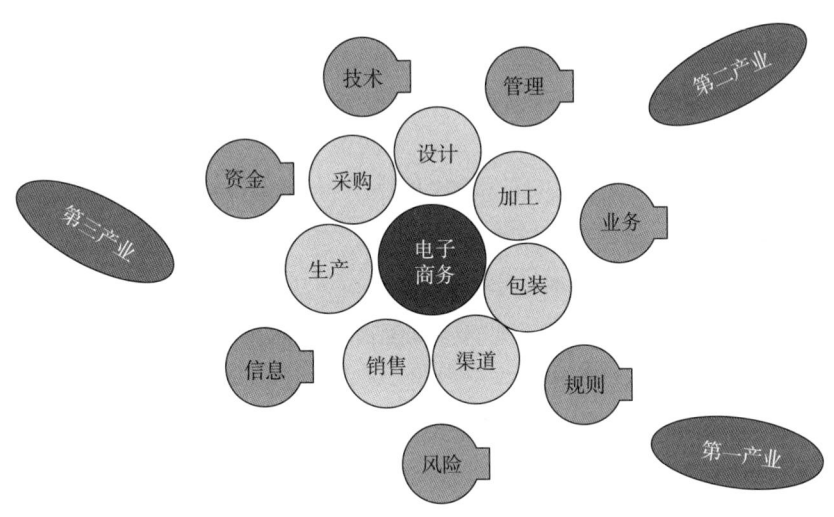

图1-3 县域电商的互联作用

电子商务在生产、商业中的变革也影响了我们的生活、工作与娱乐。在电子商务发展之前,消费者节假日消遣的好去处是各大商场,因此各大商场开展形式多样的促销活动,以刺激需求、拉动消费。而今,电商平台的发展使得消费者随时可以买到所需又实惠的商品，节假日更多被用于旅游、探亲、静养等休闲活动。电子商务平台提供了进销存管理软件、客户关系管理软件，这些软件成了许多工作人员每天必须查看、操作的工作对象，离开了这些系统，工作基本无法开展。电子商务也改变了人们娱乐的方式，微信、微博、QQ 等社交工具使得人们通过虚拟网络的交流越来越多，经常看见一群人聚会却各自低头拨弄手机，热衷于在网上交流而不是面对面聊天的状况。腾讯视频、网易游戏、抖音等新型娱乐工具的出现，使得人们娱乐的方式呈现多元化特征。

三 县域电商的扩张作用

从 2003 年到现在，县域电子商务经历了由无到有、由自发到自觉、由草根到组织、由小到大的发展过程。在"互联网+"政策出台以后，带来了政策环境的变化。电子商务平台纷纷进军农村市场，截至 2015 年 12 月 9 日，农村淘宝已经在 22 个省、202 个县落地，京东也在推动京东帮服务站，达到了 1200 家，包括苏宁在内的很多家互联网企业也纷纷进军农村电商。2015 年，在阿里巴巴零售平台上，网店销售额超过 1 亿元的县域（即"亿元淘宝县"）超过 350 个，其中位于中西部的超过 120 个。[①] 县域电商的扩张作用使其与大城市的联系更紧密，不论是土地的使用，还是基础设施建设，还是产业布局都在向城市扩张，人们的生活方式与思想越来越先进。

县域电商的发展显著带动仓库物流、运营服务、营销推广、视觉设计、人才培训等农村本地电子商务服务业的快速发展。因此，以下将从电商扶贫、农产品上行、农旅融合等方面来说明县域电商是如何缩小城乡差距、促进农村发展的。

(一) 县域电商助力电商扶贫

"电商扶贫"的升温，不仅是因为脱贫攻坚已成为各级政府的硬任务和媒体宣传的主旋律，还因为在互联网时代，数字鸿沟对贫富差距的影响，不亚于城乡差别、区位差距和资源差异。近年来，国家出台了许

---

① 阿里研究院：《中国淘宝村研究报告 (2016)》, http://www.aliresearch.com/blog/article/detail/id/21242.html。

多相关政策，2016年11月，国务院扶贫办印发《关于促进电商精准扶贫的指导意见》，提出三重全覆盖的总体目标：一是对有条件的贫困县实现电子商务进农村综合示范全覆盖。二是对有条件发展电子商务的贫困村实现电商扶贫全覆盖。三是第三方电商平台对有条件的贫困县实现电商扶贫全覆盖。同月，国务院印发《"十三五"脱贫攻坚规划》，也将"电商扶贫"作为产业扶贫的重要内容和工程。

利用互联网将青山绿水变成金山银山。通过在贫困县形成较为完善的电商扶贫政策，配套公共服务，及时供应货物，提供高效的物流服务，培养专业人才，为农村发展电子商务创造机会、提供可能。

(二) 县域电商推动产品流通

在县域电商生态的培育中，着力加快推进本地产品触网上行，发展壮大电商队伍，带动地方经济发展，全力推进"电子商务进农村"示范项目，已成为各县的一个基本共识。阿里研究院发布的2015年中国县域电商发展指数数据，用"电商应用指数"替换了2014年的"网商指数"，使各县域加权平均的"电子商务发展指数"看上去同比大幅增长，与"网购指数"对比的县域电商"逆差"情况也大面积反转。但是产品上行的本质是做生意，仅仅靠行政推动和平台施压并不能真正解决问题。

通过加大县域产品上行的全网营销力度，建立和巩固地域品牌认知。各大网上交易平台和营销渠道分别代表着不同的消费群体和交易规则，只有适不适用、善不善用的问题。无论是全国1000多个"淘宝村"，还是砀山等地出现的"微商村"，最终还是要围绕客户是谁，来解决卖什么产品、谁来投资、由谁来卖、在哪些渠道卖、如何营销这些市场化的问题。互联网是可以快速试错和跨域营销的一种手段。只有让一部分人先挣到钱，才能引导和鼓动更多人去参与，包括本地的电商、在外的乡亲，甚至全国各地的代理和分销，否则都难以持久。各县最初在网上销售起来的，既有国家政策重点支持的农产品及农村制品，也有类似安徽桐城塑料包装这样地方优势产业的产品，甚至有像陕西武功这样卖新疆特产等外地的适销产品，这些县域电商往往先从单点突破、建立优势，再全面开花、优化配套。

(三) 县域电商加快农旅融合进程

2016年8月18日在中国（池州）生态农旅电子商务高峰论坛上，嘉宾分享了内蒙古农旅融合的案例。通过"互联网＋旅游＋农特产品"的设计，让开放牧场的体验式旅游实现超高的口碑和评价，从而带动羊肉等高品质特产的网上超高回购率。用合理的利益分配机制，让牧民用6—9月的旺季接待旅游交朋友，一年中的其余8个月时间通过电子商务继续卖羊肉、面粉和奶制品等，业绩不俗。

互联网的人口红利基本结束后，线上的流量越来越贵，精耕用户成为"下半场"的重点，农旅融合将是很好的商业模式。做好农旅融合要注重参与性和融入性，这比传统的观光更加注重游客的亲身感受，通过互动和体验，让乡村旅游过程成为一段美好的回忆，这已成为县域塑造品牌、留住客户的有效手段。电子商务将原来较低频次的旅游消费变成了体验营销的入口，带来较高频次的网上产品消费，甚至引导客户通过自媒体分享自发制作的内容，从而全面扩展农业的功能和领域，延长农业价值链，实现生态效益和经济效益双丰收。

第三节　国内电子商务扶贫与开发现状

一　国内电子商务扶贫与开发现状

新中国成立后，尤其是20世纪70年代末实行改革开放以来，中国政府一直致力于解决落后地区的贫困问题，在经济和社会全面发展的进程中，有组织、有计划地进行大规模扶贫开发。《中国农村扶贫开发概要》显示，从1978年到2000年，我国政府为了解决农村贫困人口的温饱问题，下了大力气，将2.5亿人吃不饱穿不暖的人数降到了3000万，占农村总人口的比例由30.7%下降到3%左右，基本实现了到20世纪末解决农村贫困人口温饱问题的战略目标。进入21世纪以后，中国政府根据全面进入建设小康社会新阶段和农村依然存在贫困问题的基本国情，制定了新的扶贫战略，全力推进扶贫战略，巩固升华扶贫战果，解决了大部分贫困人口的温饱问题，使人们逐步走向小康生活。

汪向东教授认为,电商扶贫的含义包含两点,一是扶贫,即通过电商帮扶贫困家庭或个人实现收入增加,达到脱贫目的;二是开发,即通过建设电商支撑体系实现当地的交通、通信等基础设施建设、产业发展规划、商品流通体系等,使本地经济发展能够有良好的发展条件,走上健康绿色可持续的发展道路。在电商扶贫开发中,应该创新扶贫开发方式、改进扶贫开发绩效的理念与实践。[①] 而国务院扶贫办社会扶贫司司长曲天军则认为,电商扶贫是将"互联网+"融入政府扶贫工作体系中[②],通过一户带多户,一店带多村的精准扶贫带贫机制,对接城乡大市场,注重农产品上行,促进商品流通,以此拉动贫困户的就业增收,促进城乡经济社会协调发展,实现共赢。

国家大力推动电子商务扶贫与开发工作,自然是通过多方面考虑。一是推进贫困地区的电商发展,有利于满足消费者在食品安全方面的诉求。贫困地区的农产品绿色安全、生态环保、原汁原味、富有特色,在政府精准扶贫政策的推动下,通过电商实现原产地农产品的供应,让消费者有绿色安全食材可选购。二是推进贫困地区的电商发展,有利于促进农村地区经济发展体系的构建。用先进的商业技术与模式去融合落后地区的生产与贸易,这是知识、技术、理念、资金、人力等全方位的渗透,有助于农村地区快速与先发地区进入同一条发展轨道上来。三是推进贫困地区的电商发展,有利于实现区域平衡、缩小贫富差距。通过电商扶贫开发,落后地区的现代化经济基础得以建立,农村地区的家门口能够实现就业,则诸多社会问题就会得到缓解。当然,若要实现这些优势,需要政府、农民、电商、物流和消费者之间的紧密合作[③]。正是鉴于电子商务的出现给农民生活带来巨大改善,在"十三五"规划中,"电子商务扶贫"正式列入扶贫的政策体系,并作为"精准扶贫十大工程"之一。2015 年 7 月 6 日,财政部、商务部公布了 2015 年电子商务

---

① 汪向东、王昕天:《电子商务与信息扶贫:互联网时代扶贫工作的新特点》,《西北农林科技大学学报》(社会科学版)2015 年第 15 期。
② 国务院扶贫办:电商扶贫拓宽贫困农户增收渠道,http://www.cpad.gov.cn/art/2015/5/22/art_ 105_ 49259. html。
③ 黄新彦:《刍议精准扶贫与国家扶贫治理体系建构》,《农村经济与科技》2016 年第 22 期。

进农村综合示范工作的 200 个示范县名单，且中央财政计划安排 20 亿元专项资金进行对口扶持，发展当地农村电子商务。在随后的 24 日，商务部强调 2015 年每个示范县将获得 1850 万元的财政资金，年底将对这些示范县进行绩效评估，对评估合格的县，2016 年继续安排资金 150 万元；评估不合格的将收回全部财政资金。

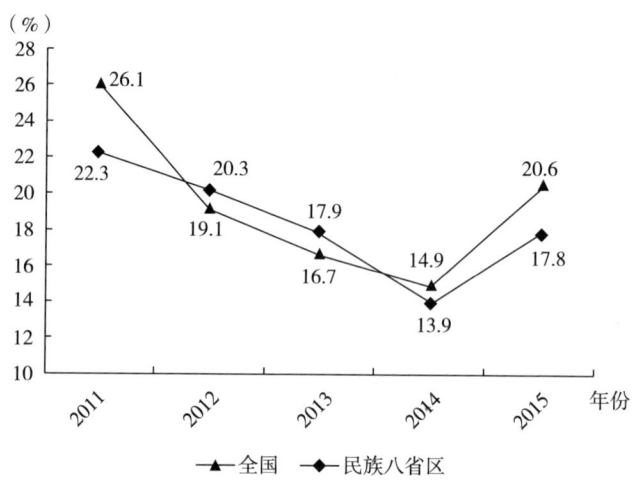

图 1-4　民族八省区与全国减贫率对比

根据国家统计局 2016 年 2 月 29 日发布《2015 年国民经济和社会发展统计公报》，公布 2015 年我国农村贫困人口从上年的 7017 万人减少到 5575 万人，减少 1442 万人（比上年多减少 210 万人），贫困发生率从上年的 7.2% 下降到 5.7%，年度减贫 1000 万人以上的任务超额完成，"十二五"扶贫开发圆满收官。以广西、云南、西藏、青海、贵州、宁夏、新疆和内蒙古为主体的少数民族县域，反贫困是当前民族地区经济社会发展面临的重大理论与政策问题。据国家统计局对全国 31 个省（自治区、直辖市）16 万户农村居民家庭的抽样调查，按年人均收入 2300 元（2010 年不变价）的国家农村扶贫标准测算，2015 年民族八省区农村贫困人口为 1813 万人，比上年减少 392 万人。民族八省区农村贫困人口占全国的比重为 32.5%，比上年（31.4%）略有增加，高 1.1 个百分点。民族八省区减贫率为 17.8%，全国同期减贫率为

20.6%，民族八省区减贫速度慢于全国。民族八省区农村贫困人口占乡村人口的比重，即贫困发生率为12.1%，比全国（5.7%）高6.4个百分点。

2010—2015年，八省区农村贫困人口占全国的比重保持在30%以上，而同期八省区农村人口占全国的比重为17%左右。从减贫率来看，2011—2015年，八省区减贫率分别为22.3%、20.3%、17.9%、13.9%、17.8%，全国同期为26.1%、19.1%、16.7%、14.9%、20.6%，前四年，八省区与全国减贫速度都在逐年下降，到2015年减贫速度明显加快，这反映出在打赢脱贫攻坚战的扶贫开发新阶段，中央和地方进一步加大扶贫投入力度，提高资金使用精准度，精准扶贫到村到户，精准施策带动贫困人口脱贫，形成了全党全社会合力攻坚的新局面。

表1-2　少数民族八省区与全国分年度贫困人口及贫困发生率

指标		2010年	2011年	2012年	2013年	2014年	2015年
贫困标准（元）		2300	2536	2625	2736	2800	2855
贫困人口（万人）	民族八省区	5040	3917	3121	2562	2205	1813
	全国	16567	12238	9899	8249	7017	5575
	八省区占全国比重（%）	30.4	32.0	31.5	31.1	31.4	32.5
贫困发生率（%）	民族八省区	34.1	26.5	20.8	17.1	14.7	12.1
	全国	17.2	12.7	10.2	8.5	7.2	5.7
	八省区与全国对比	高16.9个百分点	高13.8个百分点	高10.6个百分点	高8.6个百分点	高7.5个百分点	高6.4个百分点

少数民族县域由于历史和自然地理原因，困难群众多、群众困难多，贫困程度深、脱贫任务重。广西、贵州、云南三省（区）贫困人口为1430万人，占民族八省区贫困人口的79%，主要分布在滇桂黔石漠化片区、滇西边境山区和乌蒙山片区。全国832个片区和重点县中民族自治地方县421个，占51%。民族八省区减贫速度近两年处于全国倒数位置，说明少数民族地区脱贫攻坚任务难度大。少数民族贫困问题

是我国脱贫攻坚战役的关键点,是影响我国全面建设小康社会的巨大障碍。

随着我国电商行业的迅速发展,信息网络技术和电子商务为扶贫开发工作提供了新途径。通过发展电子商务为推动农村地区的互联网创业和互联网消费,开发贫困地区独具特色的产品成为网货,从而促进我国经济落后地区电子商务的发展壮大。根据《中国淘宝村研究报告(2017)》中的数据显示,全国淘宝村首次突破2000个大关,达到2118个,淘宝镇达到242个。移动支付、互联网消费增幅最大的100个县中75%是中西部,淘宝县中,国家级贫困县就有21个。据《中国淘宝村研究报告(2017)》,到2020年,中国会出现超过5500个淘宝村,超过100万个活跃用户,提供300万个就业机会。淘宝村的经济社会价值日益显著,孵化数十万个草根创业者,创造规模化就业机会,一大批网商通过电商创业,增加收入,摆脱贫困。根据报告,2017年淘宝村出现3个代表词,分别是"产品多选""服务升级""热心公益"。电子商务扶贫正在淘宝村开花结果,国家级贫困县淘宝村达33个,省级贫困县超过400个。人才返回农村,淘宝村成为乡村振兴的先行者。

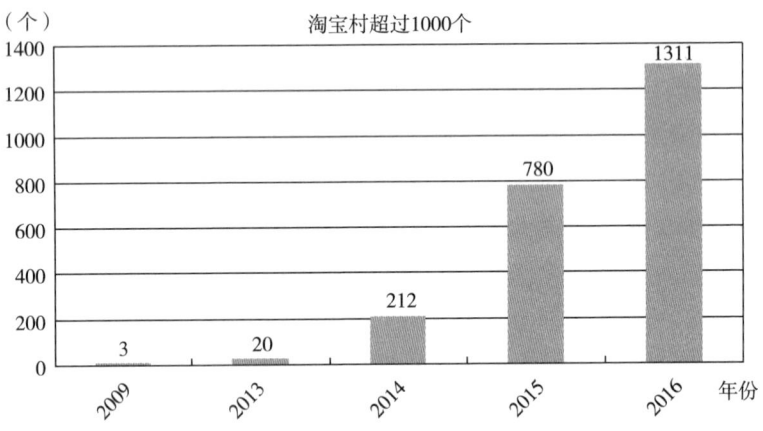

图1-5 中国淘宝村数量

表1-3　　　　　　　2016年中国十大淘宝村集群

排序	区/县	省	淘宝村数量
1	义乌	浙江	65
2	温岭	浙江	54
3	曹县	山东	48
3	普宁	广东	48
5	睢宁	江苏	40
6	晋江	福建	32
6	白云（区）	广东	32
8	番禺（区）	广东	32
9	沭阳	江苏	31
10	瑞安	浙江	30

与此同时，各大电子商务企业也纷纷进军农村电商，为贫困地区的电商扶贫工作贡献力量。例如，阿里巴巴在农村电商的布局中，将生活服务代缴费、消费服务的代购代生产代加工，大学生回乡创业结合在一起，努力实现电子商务走进乡村、农产品卖进城市、农民创业等目标。同时阿里巴巴利用淘宝大学、菜鸟网络、蚂蚁金服等提供系统服务，以达到培养电子商务人才、优化物流环境、提高金融服务，推动从"授人以鱼"到"授人以渔"再到"营造渔场"的生态转型，实现科学化信息化惠农、提升生活质量、灌输先进理念、农副产品登上互联网等扶贫社会目标。京东在电商扶贫中充分发挥自营业务的优势。在农村电商的具体操作上，把农村电子商务业务单独隶属于业务"京东帮"，完成售、送、装、修一体化；其他农产品销售由京东县级服务中心去完成，最大化服务农民，并在农村设点，招聘村级推广员，当下已有10万人之多。苏宁的扶贫策略是与自身O2O的商业模式相匹配，开展网络销售的同时，线下展示必不可少，将营销与体验服务结合，方便大家更好选购；还计划开始生鲜预售、产地直销等业务，建立开放式网络平台，完善物流配送，进一步发挥自身优势。

二　国内农村电子商务开发模式

县域电商风生水起，一时成为县域经济发展的竞争新亮点，其发展迅速的原因有两个方面：一方面，传统县域经济发展面临转型的压力。经济下行压力增大，财政支出压力增大；招商引资的土地、环境约束越来越严，产业转移承接困难；经济转型升级面临基础设施、金融环境、人才支撑等现实制约；经济要素流出格局没有扭转，工业化、城镇化、农业产业化、信息化难以同步。在此情况下，县域经济的发展确实需要新元素、新动力，而电商经济却在2008年世界金融危机之后逆市而涨，发展十分迅猛，并加快向县域渗透，恰好为县域经济发展转型提供了新动力[1]。另一方面，成功的县域电商模式发展带来了成功经验，展示了县域电商的现实潜力。简而言之，电商带给县域经济的五大积极影响，一是民生新福祉，让农村群众享受到了信息化的红利；二是消费新热点，让中央农村工作提出的开发农村消费市场有了现实可能；三是创业新载体，让农村青年返乡创业有了好的载体；四是增收新渠道，以电商促进农产品销售增加农民收入；五是转型新动力，以电商为切入点推动经济发展转型升级。

正是在这样的背景下，随着扶贫开发进程的推进，县域电商作为最主要的发展模式呈现出多元化的发展局面。例如成县模式、通榆模式、赶街模式、武功模式、沙集模式等。每个县的发展都存在自身的特点，通过甄选几个县域电商典型，对其传统经济特点、电商模式等进行解读，希望对日后少数民族县域电商的发展予以启示。

（一）成县模式

1. 地理条件

甘肃省陇南市的成县位于甘、川、陕三省交界，是东出陕西、南下四川的交通枢纽，为物流提供了便利。独特的西秦岭余脉盆地、黄土高原土质和长江流域嘉陵江水系的水源，造就了农业产业在该县的支柱地位，富有我国传统经济特点，于2007年被联合国地名专家组授予"千年古县"称号。由于成县的核桃历史悠久、品质优良，成县于2011年被命名为"中国核桃之乡"。为了推广成县核桃，形成了以县委书记李祥为核心的政府工作人员宣传虚拟团队，政府人员自发地通过微博、微

---

[1] 王嘉伟：《"十三五"时期特困地区电商扶贫现状与模式创新研究》，《农业网络信息》2016年第4期。

信等新媒体宣扬成县核桃。在政府的公信力下，成县核桃享誉互联网。在核桃单品成为网红产品后，成县充分发挥地域品牌的作用，核桃产业为核心，带动当地药材、养殖业、水果、蔬菜、烟叶等农产品的上网销售。到2015年成县农副产品总产值高达8.8亿元，其中，群众从农特产业中获取的收入人均可达3000元。

2. 电商模式

成县的电商模式主要是"农户+电商"。截至2017年10月，成县内共发展网店920家，电商企业22家，电商平台9个，物流快递公司42家，建成县、乡两级网货供应平台26家，17个镇级电子商务服务站和167个村级电子商务服务点，累计销售总额达10.47亿元。成县的县域电商模式呈现出以下特点：

首先，充分利用品牌溢出效应。集中优势力量打造网络爆款——核桃，围绕核桃产业做出成县品牌，继而有了"成县紫皮大蒜""成县土蜂蜜""成县巴马香猪肉""成县手工挂面"等附加产品，带动全县农副产品的电子商务化。

其次，充分利用政府公信力。在电商扶贫的党建要求、政务要求下，政府肩负起农产品网络营销的重任。成县政府充分开展政府营销，县委书记带头，全县工作人员加入，用微信朋友圈、微博平台等网络媒体开展营销活动。由于县委书记李祥实名注册认证新浪微博，通过微博叫卖成县鲜核桃，吸引了众多网友的注意力，获得了一致好评，转发量迅速提高。李祥书记微博的粉丝量突破20万，成县核桃知名度响彻网络，各大媒体推波助澜，相继报道，起到了信息的级联效应。李祥书记被网民称为"核桃书记"。

3. 模式评价

发展县域电商，政府起到了关键作用。当成县的知名度和影响力不足时，县域电商的可信度较低，只有通过政府的权威背书来证明。因此，其他县域在资源有限的时候，可采取集中一切力量做好单品种的营销，以点带面的方式带动别的产品发展。从另一方面看，小型电商的批量出现可以反映出县域对电子商务发展的激情与喜爱，但是提高竞争力才是重中之重，避免出现大面积倒闭。政府为此可以颁布许多相关政策来扶持，健全电商环境，为他们开展培训，使之走向品牌化、集群化道路。

4. 模式应用

各地都可以参考，尤其是有特色产品的地域。

（二）通榆模式

1. 地理条件

通榆县是吉林省白山市的一个传统农业县城，地理位置偏僻、交通困难，贫困程度较高。曾经，批发和零售一直是农产品销售渠道的主要方式，商业贸易停留在传统模式，各种限制使其无法打开局面。但是，通榆县是著名的"杂粮杂豆之乡"，绿豆、葵花等农产品产量丰裕。

2. 电商模式

通榆县采取依托于第三方运营公司的方式。2013年底，民间资本与当地县委政府合力成立了"云飞鹤舞"电子商务公司。"云飞鹤舞"电子商务公司属企业性质，公司负责网络销售，农民负责商品生产。由于有政府的帮助，"云飞鹤舞"电商公司的运营能力在通榆县同类企业中较强。与"遂昌模式"中的"服务商"类似，"云飞鹤舞"公司联结着通榆县电商发展的各个环节：一方面，整合农户、生产车间、农业合作社等资源，统一调配生产出的农产品；另一方面，开设淘宝网店售卖。该项目于2013年10月启动。仅仅一年，通榆县就进入互联网消费者的视线，更是成为我国第三个农村淘宝试点工程县，是阿里集团旗下"千县万村"项目中的一员，通榆县的电商模式有以下特点：

第一，"云飞鹤舞"公司大部分产品以淘宝直销为主，只有少部分产品经网络分销商卖出，大部分分销商来自其他地区。第二，注册新品牌"三千禾"将农产品重新包装、销售和配套服务，建立多层质量监测体系，建立完善的产品溯源系统。第三，成立"通榆县电子商务发展中心"该中心的工作人员均是县委政府各级部门中的骨干力量，积极协同电子商务工作，成立专项基金，出台一系列扶持电商创业的政策。第四，营销创新，营销活动频次高、规模大、类别泛，"东北新鲜葵花淘宝开售""七农下江南""聚土地"等活动的开展提高了品牌知名度。充分发挥社交网络的作用，通过微博互动、微信朋友圈等媒体传递品牌价值。

3. 模式评价

"云飞鹤舞"是通榆县整体电商运营模式上的核心要点，倘若出现问题会对整个县域电商运营产生不良影响，甚至会造成难以估量的损失。另外，限于当地小网商的数量有限，"通榆模式"尚未对其发展起到较好的拉动作用。由于农民缺乏产品认证以及模式标准化的意识，操作难度较大。运营成规模后，需要建立合理的利益分享机制，将周边的独立网商纳入"云飞鹤舞"公司自己的分销体系内。

4. 模式应用

适用地理位置较好、电商基础略差，产品品牌化不足、网商数量稀少的区域。

(三) 赶街模式

1. 电商模式

"赶街"不是一个县名，是浙江农民们对"赶集"的一种叫法。"赶街网"的创建是为了服务于农民进行网络消费。"赶街"模式的独特之处在于其他模式主要讨论"如何把县域产品卖出去"，而"赶街"模式主要解决产品下行问题，即如何带领村民网上消费。我国农村大部分家庭尚未接入互联网，城里人随处可见的网络消费在农村难觅其踪。没被电商覆盖的农村消费者对于网购这件事难以企及，这与农民人均收入形成鲜明对比。赶街网着重解决此类难题，于是便形成了一种独有的电商模式：赶街网＋农村电商代购点＋农户。

"赶街网"是一个迷你型"淘宝"，为乡村生产生活提供许多必需品和农业物资。赶街网在每个乡村设置一个"赶街点"，大多数是以村超市为据点；在超市配置电脑和网络。"赶街点"为农民下单购物。"赶街网"是新农村便民基础设施，不仅为农民打开了电商市场，更能提供代缴费等金融服务，是真正地服务于民。

2. 模式评价

虽然"赶街"模式对县域地区的传统零售业带来了冲击，但它能提供巨大的便利，能降低农民的消费成本，扩宽消费渠道，带来一种与以往不一样的生活方式，这对农村地区的消费者而言，是更大的实惠。

3. 模式应用

适用于基础设施较差的地区开展商品的下行。

（四）武功模式

1. 地理条件

武功县地处关中平原西部，是新疆、青海和甘肃三省（区）东出的交通要地，离陕西省省会西安市仅有70公里，距咸阳国际机场仅50公里；西宝高速公路、陇海铁路、西宝中线、西宝北线和省道107穿境而过，交通十分便利。此地平原辽阔，地理条件极好，是关中地区非常重要的交通枢纽和物流集散点。相对于区位优势，武功县的产业优势并不算突出，以传统经济为主，但他们对本地电子商务的定位充分发挥了比较优势。

2. 电商模式

电子商务模式的发展借助了有利的地理位置和交通便利的优势，武功县提出利用电商网络进行"西货东售"的战略决策，即将新疆、甘肃等地的货物售卖进东部地区。武功县电商模式可以称为：电子商务+集散地。武功县特殊的"铁公机"优势，即铁路、公路、机场，历时多年的发展，已在物流运输、冷链方面有着突出的业绩，这成为武功县电商业务最核心的竞争优势——完备的供应链支撑。这带动了当地电商的整体竞争力。武功模式呈现出以下特点：第一，建设之初，有效利用交通便利、仓储设备齐全、物流行业发达的特点，为当地电商发展提供有力保障。第二，充分发挥设施齐全的电商园区的作用，提供有力的电商基础行业保障，吸引了大批外地电商企业入驻。第三，能动性发挥武功县商品集散地的功能，整合西北丰富的物产资源，保证电商发展有充足的网货来源。

3. 模式评价

在计算机互联网尚未兴起的时代，集散地价值巨大。不仅交通四通八达，而且商品品类繁多、规模集中，货物人人可见，交易处处发生，信息交流快捷。计算机信息网络的到来，尤其是电子商务的迅速发展，能虚拟展览商品，能跨地域快速进行信息交互，集散地的功能价值逐渐被网络市场替代。随着网络市场规模日益增大，电子商务逐渐普及，西北原产地也开始加入电商发展的行列，武功县的货源吞吐量面临下降趋势，部分在传统市场无法获取高额利润的商品被停止供应。因此，"武功模式"发展网络集贸市场的同时，也要防范产业链上游"截流"甚至"断流"。这就需要提高自身竞争力,保留货物的稳定流入,建立起稳定的商品供应体系。

4. 模式应用

适用于地理位置较好、物流基础较强的县域。

(五) 沙集模式

1. 地理条件

东风村是"沙集模式"的起源地,位于江苏省徐州市沙集镇,由于土地面积狭小,人均不足1亩;土质贫瘠,盐碱地众多,经济来源不以农业为主,农民的年收入非常有限,导致东风村的青壮年劳动力大多靠进城打工补贴生活。曾经,东风村试图发展养殖业、废旧塑料品回收业,以改变贫困落后的窘境,但因金融危机和国家政策等各种外界因素的影响,这些转型发展的路子始终未走通。从2006年起,以村民孙寒为首的一批人开始做简易家具电商,以农民为网商主体,摸索出了脱贫致富之路。

2. 电商模式

沙集模式的一般流程是自己开办网络店铺,去工厂拿货再自行网络销售。沙集家具的生产和销售,有着集群经济的特点,大部分网商代理销售专职工厂的货源,少部分网商拥有自己的加工厂。2014年年末,沙集镇东风村电商从业人员达到2000多人,网店开设达到1000余家,全年沙集镇交易额超过24亿元。沙集模式的特点主要体现在以下三点:第一,农民抛弃了曾经的传统产业发展电商行业,机会来源于转变。第二,简易家具制造所需的技术含量不高、资金成本不高,且容易整合产业资源。实体行业选择对了,就走上了快速扩张之路。第三,有着成熟的产业价值链:板材供应商、加工厂、网店、物流快递、包装等各成体系。第四,我国正处于人口流动发展期,大量人员进城务工或异地求职,高房价抑制了这部分人员在新的工作场所立即获得自己房产的能力,租房成了一种生活常态。简易家具为租房客们解决了生活困难,市场需求巨大。

3. 模式评价

沙集的简易家具产业属于市场需求大、价格合理、技术门槛低的产业,类似此行业的电商具有市场吸引力。沙集镇敢于挑战,敢于开拓,摒弃落后产业，置换出产能。这样的转型对于有经济基础、电商基础的县域来说更合适。但对经济基础较薄弱，电商条件不充分的县域而言，不仅要培育电商环境、电商人才，还要有相关产业。这对县域企业的创新能力、运营效率和成本控制能力提出了更高要求。

4. 模式应用

适合有一定创新能力和开拓精神的区域。

（六）清河模式

1. 地理条件

清河县属于河北省邢台市。羊绒产业是清河县最具特色、最具代表力的名片。该产业已形成从原绒采购、分梳、纺纱、织衫、织布到制衣完备的产业链条，2018 年加工经销山羊绒 5000 吨、绵羊绒 18000 吨，分别占全国总量的 50%、75%；建有全国最大的羊绒制品市场，拥有"中国驰名商标" 2 个（宏业、衣尚），被授予"中国羊绒之都""中国羊绒纺织名城"等称号。[1]

2. 电商模式

2008 年，受金融危机的影响，清河羊绒出口额大幅下挫。清河县政府采取诸多挽救措施，发展电商就是其中之一。清河县政府提出了"网上网下互动，有形市场与无形市场互补"的发展思路，即线下市场+线上电商齐头并进。该模式具有以下特点：

第一，以强大的产业生产体系为支撑，以专业的市场和稳定的需求作保障。电商供应能力高、技术优良且产品实惠，具有很强的行业竞争力。第二，前人开路后继有人，随着电商带头企业的发展，生产技艺精湛、产业积累深厚的传统商家也都纷纷效仿，加入电商群体，形成了浓郁的电商运营氛围，电商交易额不断增加。第三，县政府大力扶持，出台相关政策保驾护航，优良的电商环境也推动了电商的发展。

2014 年年末，清河县有 8 个淘宝村和 1 个淘宝镇，全县淘宝网店数量有 2.3 万余家，从业人员达到 6 万余人，年销售金额达 30 亿元以上。在政府提供研发、培育、贷款等专业服务下，清河羊绒制品市场已

---

[1] 清河县人民政府网站，http：//www.qinghexian.gov.cn/index.aspx？lanmuid=40&sublanmuid=531&id=2221。

经聚集了全县700多家电子商务经营户，形成了完善的供应链。

3. 模式评价

传统产业成熟地区，商家发展电商的意愿强烈，愿意不断摸索、开创新的销售渠道。政府部门只需"把好关、开好路"，构建健康的电商生态，辅以政策帮扶，重点扶持出一批带头电商企业家，就可能实现"多米诺骨牌"的连锁效应。但清河县内各商家的产品工业相同，需由政府控制好区域性电商的行业准则，避免出现恶性竞争，同时还需引领企业创新，走可持续发展道路，走出品牌化和独特性的竞争道路。

4. 模式应用

适用于有发达的传统产业的地区，尤其是消费品产业占优势的地方。

综上所述，少数民族县域要想借力电商扶贫，实现跨越发展，就必须开展县域电商，用县域的辐射作用带动贫困地区的经济发展。典型性的县域电商模式如成县模式、通榆模式、赶街模式等，有一些成熟的发展经验值得少数民族贫困地区借鉴，但一定要根据本地实际情况量力而行。

第二章　少数民族县域电子商务扶贫与开发政策

如果想找出阻碍人类进步的因素的话，那么由发展不平衡带来的贫困问题，无疑是主要因素之一。在漫长的人类文明史中，贫困总是以不同的面目依附于历史的时间轴上，且一直是国际上亟待解决的问题。对拥有世界上最多人口的中国而言，更是无法独善其身。改革开放40年来，中国特色扶贫开发道路帮助逾7亿人摘掉了贫困的帽子，但我国国土面积大，人口分布不均，在财富日渐丰饶、发展步步为营的当下，贫穷也依然笼罩着一些角落。据统计，截至2015年年底，我国国家级贫困县尚有592个，仍有7000多万农村贫困人口。[①] 虽说随着社会的快速发展基本已解决温饱问题，但依然有许多贫困人口在社会底层苦苦支撑着，因此国家针对贫困现状出台了一系列政策，以期改善民生状况。

正如李鸿章曾经说过的中国将面临着"3000年未有之大变局"一样，中国社会经济也遇到了3000年未曾有之大转型。自从布莱恩·克尼汉（1978年）在键盘上敲出历史上第一条程序——"你好，世界"（Hello World），人类由工业时代进入信息时代，互联网技术的快速发展，在各行各业深刻改变着人们的生产和生活方式，同时，电子商务、移动互联、物联网、大数据、云计算等新技术的应用，不仅促进了我国东部地区的高速发展，也为西部的脱贫建设提供了有力支持。

利用信息手段使西部落后地区走出大山、走出高原，是一条正确的

---

① 国务院扶贫办：【专家谈】直面贫困这只拦路虎；http://www.cpad.gov.cn/art/2016/10/17/art_ 56_ 54441.html。

发展道路，但人们落后的思想改变，却远远不及信息的发展速度，千百年来男耕女织的传统生活方式，使得当地人对新鲜的外来事物存在一定的陌生感和抵触感，由此政府的积极引导起到了至关重要的作用。本章内容主要从中央扶贫开发政策、少数民族县域电商扶贫开发政策以及电商扶贫开发政策应用，以贵州省少数民族县域为例进行电商扶贫政策解读，以期为各界人士能更好地理解政府发布的扶持政策，从而积极响应号召，帮助贫困地区进一步脱贫，走上良性可持续发展道路。

第一节　国家扶贫开发政策解读

脱贫致富问题是个老问题。从新中国成立之后，尤其是在 1978 年确立了改革开放之后，我国政府把解决落后地区的贫困问题放到了第一位，随着经济和社会的全面协调发展，大规模扶贫在组织、计划下稳步实行。《中国农村扶贫开发概要》显示，我国政府从 1978 年到 2000 年一直致力于解决农村的温饱问题，使得贫困人数从之前的 2.5 亿人降低到了 3000 万人，农村贫困人口温饱问题在 20 世纪末基本解决。进入 21 世纪后，我国政府制定了新的扶贫方略，把全面实现小康社会和助力农村脱贫放在了首位，继续集中力量稳步推进扶贫开发，强化扶贫成果，使农村贫困人口实现温饱，逐步迈入小康生活[①]。

一　中央扶贫开发政策发展脉络

对少数民族贫困地区开展扶贫工作，不仅有利于当地的经济发展，也对社会和谐具有促进作用。中央对少数民族县域的扶贫政策经过多年的探索与迭代，从粗放型的输血式扶贫转向精准的造血式扶贫，从对贫困户的经济援助转为人才的培养、基础设施的完善、思想的引导，由浅入深，从本质上帮助贫困地区实现脱贫。

国家层面的扶贫开发政策颁发部门主要有：

（1）国务院扶贫开发领导小组办公室：主要负责调查研究我国脱

---

① 代正光：《国内外扶贫研究现状及其对精准扶贫的启示》，《甘肃理论学刊》2016 年第 4 期。

贫攻坚的进度，规划、拟定贫困地区经济发展方针和政策，并负责协调处理开发建设中出现的问题，最后督促、检查并交流经验。

（2）中央统战部：基本职能为"了解情况，掌握政策，调整关系，安排人事"，负责管理国内少数民族工作、政权统战工作、华侨工作及东方兄弟党的联络工作，并具体负责筹备召开新政协的工作。

（3）中央直属机关工委：主要承担规划指导、宣传发动、组织实施和监督检查等职责。

（4）教育部：针对贫困地区拟定教育的方针、政策，起草有关少数民族教育的法律、法规草案，强调教育发展的重点、结构、速度，指导并协调实施教育工作。

（5）民政部：以救灾和政权建设工作为重点，巩固少数民族县域的秩序。

（6）财政部：在少数民族扶贫工作方面，制定扶贫资金的管理办法，就社会保障、创业扶持、卫生医疗支出等方面拟定财务管理制度，从税收、小额信贷、专项资金等方面制定扶持政策。

（7）人力资源和社会保障部：为少数民族贫困地区的人才提供培养、引进、指导方针，统筹社会保障制度的完善。

（8）共青团中央：负责组织基层共青团员的培训、教育，深入基层工作，为贫困地区的脱贫攻坚工作提供源源不断的青年血液。

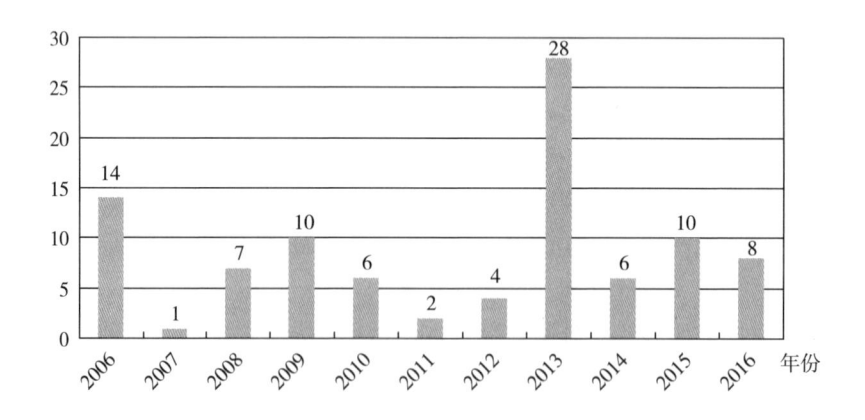

图 2-1 扶贫开发政策文件总数

从 2006 年到 2018 年 7 月 11 日期间，由国务院扶贫开发领导小组办公室网站整理，得到扶贫相关政策的文件总数为 96 份，其中中央政策为 35 份，地方政策为 61 份。[①] 同时可发现，针对我国贫困状况的不断更新，不同阶段的扶贫政策引导方向是不同的，从 1994 年 4 月国务院印发的《国家八七扶贫攻坚计划》到 2015 年"十三五"规划的提出，"集中人力、物力、财力，动员社会各界力量，争取用七年左右的时间，到 2000 年底使农村贫困人口温饱问题得到解决"发展到了"精准扶贫、精准脱贫，拓展基础设施建设空间，实施'互联网+'行动计划，发展物联网技术和应用，发展分享经济，促进互联网和经济社会融合发展来实现脱贫"，整个政策的脉络呈现如下：

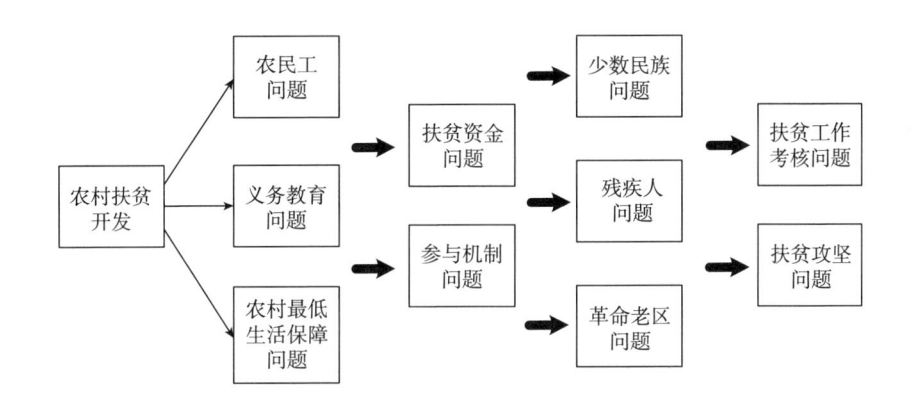

图 2-2 农村扶贫政策脉络

2006 年，中央发布了《中国农村扶贫开发概要》（以下简称《概要》），强调"中国政府制定了新的扶贫方略，把全面实现小康社会和助力农村脱贫放在了首位，尤其针对少数民族区域，在安排扶贫资金时，重点向少数民族县域倾斜"。《概要》提出的扶贫主题为"小康生活"：一是助力当下尚未实现温饱的贫困人口尽早实现温饱。二是助力初步实现温饱的贫困人口巩固温饱成果，提高生活质量。三是加大对贫困农村基础设施建设的投入，打造生态宜居环境，稳步改变贫困地区政

---

① 资料来源：本书作者整理所得。

治、经济、文化等各个方面的落后状态，为实现小康创造有利条件。同年9月，教育部发布了《高等学校毕业生国家助学贷款代偿资助暂行办法》，开始实施"中央部门所属普通高校应届毕业生到西部地区和艰苦边远地区基层单位（县级以下机关、企事业单位和艰苦地区的艰苦行业）就业，服务期在3年以上（含3年）的，他在校学习期间获得国家助学贷款本息全部由中央财政代为偿还"这一行动计划。随着城市化进程的不断推进，农民工问题受到了广泛的关注，也成为脱贫攻坚上的一个热点话题。农民工是大部分贫困地区的经济来源主体，保障农民工的权利、安全，对推进脱贫工作具有重大意义。2006年9月，《国务院关于解决农民工问题的若干意见》（国发〔2006〕5号）开始贯彻实施，要求从"各省级机构认真履行安全生产监管监察职责，加强安全宣传教育培训，积极配合有关部门，一旦出现事故要严厉查处"这些方面来保障农民工职业安全健康权益，进一步发挥农民工在社会主义现代化建设中的作用。同时，针对贫困地区留守妇女、儿童、老人的状况，《农村五保供养工作条例》（以下简称《条例》）在2006年起也已经正式实施。《条例》规定了"在吃、穿、住、医、葬方面给予村民的生活照顾和物质帮助"，进行直接的经济支持与补助。对于留守儿童的教育而言，进一步完善农村的教育体系，保障留守儿童的教育质量，从长远来看对当地扶贫有着重要意义。国务院在《关于深化农村义务教育经费保障机制改革的通知》中，分别从"义务教育阶段免收学杂费；提高中小学公用经费保障水平；建立校舍维修改造长效机制；巩固和完善农村中小学教师工资保障机制"等方面深化农村义务教育经费保障机制改革。

图2-3 农村脱贫一览

纵观全国，发达地区有着先进的科技水平、教育水平、医疗卫生水平，让东部城市对点帮扶西部贫困地区，可大大加快脱贫进程。2007年5月，上海市人民政府印发了《上海市服务全国和对口帮扶"十一五"规划》的通知，旨在对口支援西藏日喀则地区、新疆阿克苏地区、云南文山、红河、思茅、迪庆四州市、三峡库区的重庆万州和湖北宜昌夷陵等地区，积极倡导西部大开发战略①。

2010年，中央进一步强调了农民工问题在脱贫工作中的重要性，并就农村最低生活保障作出了新的指示。2010年1月，国务院印发了《进一步做好农民工培训工作的指导意见》，提出了"逐步建立统一的农民工培训项目和资金统筹管理体制，使培训总量、培训结构与经济社会发展和农村劳动力转移就业相适应"，这一举措促使农民工能掌握一项实用技能，进而提高培训后的就业率。2月，国务院扶贫开发领导小组办公室、中央精神文明建设指导委员会办公室、教育部、科技部、交通部、水利部、农业部、卫生部、国家广播电影电视总局、国家林业局等单位近日联合发出《关于共同做好整村推进扶贫开发构建和谐文明新村工作的意见》，要求坚持整村推进这一脱贫工作的开展。5月，国务院扶贫办、民政部、财政部、国家统计局、中国残联联合发布了《关于做好农村最低生活保障制度和扶贫开发政策有效衔接扩大试点工作的意见》，从原先的发放扶贫资金过渡到了"要根据不同情况，使贫困群众享受专项扶贫和行业扶贫等方面的扶持政策，采取产业开发、扶贫易地搬迁、雨露计划培训、危房改造、扶贫经济实体股份分红、小额信贷、互助资金、教育免费及补助、党员干部和社会各界帮扶等形式，确保扶贫对象受益"。

2011年，少数民族问题、残疾人问题、连片特区攻坚问题跃然中央文件之上，成为又一新的扶贫阶段目标。《中国农村扶贫开发纲要（2011—2020年）》（以下简称《纲要》）一文"提出扶贫开发是长期的历史任务，尤其对少数民族、妇女儿童和残疾人而言，需要重点扶贫，将扶贫开发纳入规划，统一组织，同步实施，同等条件下优先安排，加

---

① 金莲、王永平：《贵州省扶贫开发现状、挑战及发展趋势》，《贵州农业科学》2011年第10期。

大支持力度,继续开展兴边富民行动,帮助人口较少民族脱贫致富"。为了贯彻落实《纲要》,进一步规范财政专项扶贫资金使用,促进提升资金使用效益,财政部印发了《财政专项扶贫资金管理办法》的通知,强调了"中央财政专项扶贫资金分配坚持向西部地区、贫困少数民族县域、贫困边境地区和贫困革命老区倾斜,且专项扶贫资金主要按照因素法进行分配"①。我国地域广阔,少数民族呈现出大杂居小聚居的特点,且主要位于山间、水库等山区地形。针对少数民族的贫困问题,2014年7月,经国务院同意,由国家民委、国家发展改革委、财政部、中国人民银行和国务院扶贫办联合编制的《扶持人口较少数民族发展规划(2011—2015年)》发布,旨在"显著改善人口较少民族聚居区基础设施,加快结构调整步伐,明显改善人民生活,为全面实现小康社会奠定坚实基础"。除了少数民族,残疾人在社会群体中也同样占了很大一部分,他们由于身体或心理障碍,无法像正常人一样工作生活,也成了脱贫工作的主要对象之一。就残疾人问题,国务院残疾人工作委员会制定了《中国残疾人事业"十二五"发展纲要》,从"社会保障、公共服务、支撑条件"三个方面作出指导,健全残疾人社会保障体系和服务体系,使残疾人基本生活需求得到制度性保障,为全面建设小康社会和构建社会主义和谐社会做出贡献。

图2-4 少数民族问题、片区攻坚问题、残疾人问题

随着社会的发展,中央对扶贫工作的引导也在不断更替,对相关措施施行后的考评也建立了一系列标准。2012年6月,国务院扶贫开发

---

① 肖庆华、毛静:《贵州省集中连片特困地区教育扶贫的现状、问题及路径》,《经济与社会发展》2014年第3期。

领导小组印发了《扶贫开发工作考核办法》，要求加强各级部门对扶贫工作开展情况的考核，依据科学分析和判断形势，促进各项政策落实到实处，以此来提高工作成效。

2014年，创新扶贫成为扶贫政策发展过程中的一大热点，同时，革命老区的振兴建设、残疾人小康生活进程也成为相关部门制定政策的出发点与考虑因素。4月，人民银行、财政部、银监会、证监会、保监会、扶贫办、共青团中央于2014年3月联合印发了《关于全面做好扶贫开发金融服务工作的指导意见》（银发〔2014〕65号），提出了"做好扶贫开发金融服务工作的总体要求、重点支持领域、重点工作、保障政策措施和加强组织领导"五方面的内容。同年10月，国务院扶贫办在印发的《创新扶贫开发社会参与机制实施方案》一文中，要求从"完善社会扶贫工作体系、创新扶贫工作机制、健全扶贫支持政策、营造扶贫浓厚氛围"四个方面来形成政府、市场、社会协同推进的大扶贫工作格局。针对革命老区的振兴建设，国务院发布了《关于左右江革命老区振兴规划》旨在着力促进城乡统筹与区域协调发展，弘扬老区革命精神与民族文化，使老区人民共享改革发展成果，与全国同步实现全面建成小康社会奋斗目标。

党和政府高度重视残疾人事业，大力推进残疾人事业与经济社会的协调发展。国务院在2015年1月颁布了《关于加快推进残疾人小康进程的意见》，提出为了全面实现共同富裕、促进社会公平公正，要求到2020年，总体完善残疾人权益保障制度以及公共服务体系，同时提升残疾人的社会保障和基本公共服务水平。11月，国务院在《关于打赢脱贫攻坚战的决定》中，进一步强调了消除贫困、改善民生、逐步实现共同富裕的党的重要使命，推进产业扶持、转移就业、易地搬迁、教育支持、医疗救助等措施实现脱贫。

2016年，关于扶贫政策的中央文件主要有《关于进一步健全特困人员救助供养制度的意见》《关于建立贫困退出机制的意见》《省级党委和政府扶贫开发工作成效考核办法》《关于加大脱贫攻坚力度支持革命老区开发建设的指导意见》，分别从"坚持拖底供养、坚持属地管理、坚持城乡统筹、坚持适度保障、坚持社会参与"来保障城乡特困人员的基本生活；从"贫困村退出、贫困县退出、贫困人口退出"三方面建立相关机制来促进贫困人口、贫困村、贫困县在2020年以前有序退出,确保如期实现脱贫攻坚目标;从"减贫成效、精准识别、精准帮扶、扶贫资金"四个方面考核,在现阶段标准下,保证到2020年贫困县全部脱贫,实现区域性整体脱贫;从"加快老区建设进程、全面增进老区人民福祉、全面推动老区开放开发"三个方面来促使老区基础设施建设取得积极进展,特色产业发展壮大,解决区域性整体贫困[①]。

2017年,在党的十九大上明确提出了在2020年让贫困人口和贫困地区同全国人民一起步入小康社会。出台的政策主要涉及网络扶贫、教育脱贫、旅游扶贫三个方面。

随着扶贫工作的不断推进,中央对扶贫政策的制定也在日趋完善和更新。以《中国扶贫开发纲要(2011—2020年)》为依托,农村扶贫开发进入攻坚阶段,衍生出的农民工问题、义务教育问题、农村最低生活保障问题,成了扶贫进程中的一个个攻坚点,这类问题的解决自然涉及资金和机制,因此对扶贫资金问题和参与机制问题的考量,跃然成为相关政策制定的方向。就贫困主体而言,少数民族问题、残疾人问题和革命老区问题的解决对社会的和谐进步具有重大意义。一旦扶贫取得成效,需要相关部门制定一定的考核机制来评估贫困地区的脱贫程度,来对未来的扶贫攻坚方向提供决策支持。

二 扶贫开发政策涉及的行业

农村扶贫工作的开展涉及多个行业,以农业为主线,延伸出教育、科技、金融、商贸、物流、卫生等方面的扶持任务,来推动贫困地区的经济建设。农业是民生之本,是贫困地区主要的经济支柱;教育,对改变落后地区的思想起到至关重要的作用,将从根本上杜绝落后的意识;科技,让贫困地区的群众即便足不出户,也能通过新技术、新模式将当地的特色产业推出大山;金融,对扶贫具有"输血式"的作用,一方面能直接保障贫困群众的基本生活,另一方面借助小额信贷、专项资金

[①] 范东君:《精准扶贫视角下我国产业扶贫现状、模式与对策探析——基于湖南省湘西州的分析》,《中共四川省委党校学报》2016年第4期。

的方式，大大促进了当地的创新创业；商贸和物流，共同促进着贫困地区的交通、通信、网络等基础设施的建设；卫生，是保障所有活动开展的前提。

（一）农业

农业是民生之本，而农业扶贫，指加快培育贫困地区优势特色农牧业，推动贫困地区经济社会又好又快发展。2015年2月，中共中央、国务院印发了《关于加大改革创新力度加快农业现代化建设的若干意见》，提出从主要追求产量和依赖资源消耗的粗放经营转到数量质量效益并重、注重提高竞争力、注重农业科技创新、注重可持续的集约发展上来，走产出高效、产品安全、资源节约、环境友好的现代农业发展道路。2015年7月，国务院办公厅印发了《关于加快转变农业发展方式的意见》，提出加快转变农业发展方式，以增强粮食生产能力为前提，把提高质量效益作为主攻方向，把促进可持续发展作为重要内容，推进改革创新，尊重农民主体地位①。同年11月，中共中央办公厅、国务院办公厅印发了《深化农村改革综合性实施方案》，提出农村的制度体系改革，各类所有制经济尤其是农村集体资产所有权、农户土地承包经营权和农民财产权的保护制度更加完善，新型农业经营体系、农业支持保护体系、农业社会化服务体系、农业科技创新体系、适合农业农村特点的农村金融体系更加健全。2016年，国家发改委在印发的《关于支持贫困地区农林水利基础设施建设推进脱贫攻坚的指导意见》中提出支持贫困地区农林水利基础设施建设、加快发展贫困地区特色产业、推进脱贫攻坚，从贫困地区水利工程建设、农村产业融合、农村沼气开发饮水安全工程、贫困地区农业防灾减灾体系等方面提出引导贫困地区的农业建设建议。

中央对农业扶贫的重视不言而喻，结合各个贫困地区的产业与环境因素，农业扶贫政策由原来的粗放型向精准扶贫转型，且更符合现代的创新、持续发展要求。

---

① 刘晓安、黄文群、廖萍：《"互联网+"时代电子商务扶贫现状、问题及对策研究——以吉安市为例》，《现代商业》2017年第7期。

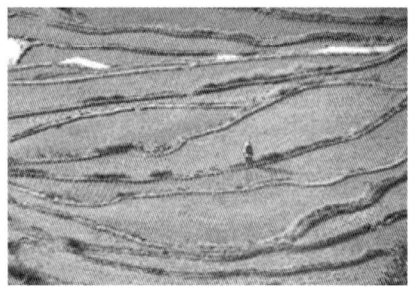

图 2-5　农业扶贫

（二）教育

教育扶贫就是创造出扶贫扶志扶智的氛围，去除传统贫困人口"等靠要"老旧观念，力争做到素质先脱贫，让贫困家庭主动致富。习近平总书记曾说过，扶贫必扶智，现阶段的重要任务就是让贫困地区的孩子们接受良好教育，这也是阻断贫困代代相传的有效手段。"治愚"和"扶智"，根本就是发展教育。"教育扶贫"相对于经济、政策扶贫等策略，深入扶贫的根本，有效地解决了农村困难人口的贫困问题。

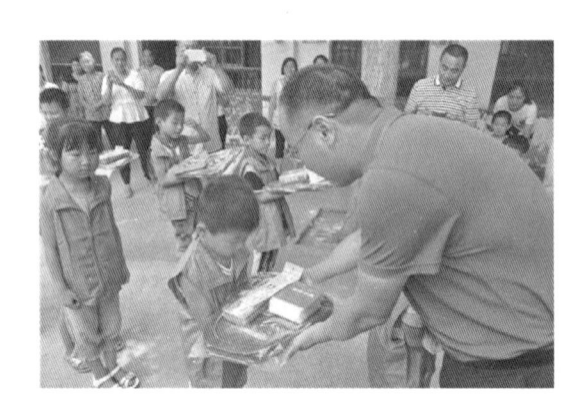

图 2-6　教育扶贫

2011—2016 年，共有 20 项教育扶贫相关政策，内容包括办学条件、营养改善、教学自助、两免一补、定向招生、对口支援、贫困地区儿童发展计划、乡村教师支持计划等。在这 20 项教育扶贫政策之中，涵盖了推进贫困地区教育的总规划、面向全国各地老师、学生的政策和举措，同时也包括改善与教育相关的基础设施，注重强化学生的身体素质。其中，《国家贫困地区儿童发展规划（2014—2020年）》将680个连片特困县的农村儿童作为发展对象，紧紧环绕健康、教育两大核心领域，形成一张社会对儿童关爱的安全网，确保贫困儿童。而《乡村教师支持计划（2015—2020年）》，是惠及了乡村教师、孩子的民生工程，通过提高教师福利待遇，拓宽教师来源渠道等举措，稳固乡村教师队伍，保障每个孩子接受公平、优质的教育机会，阻断贫困代代相传[①]。

（三）科技

科技扶贫是反贫困战略中一项重要的措施，其目的是通过科学技术变革打破贫困地区封闭的模式，促进农民的科学文化素养，使资源利用水平和劳动生产率大大提高，助力商品经济发展，推动农民致富。在中华人民共和国科学技术部的网站中，关于"科技扶贫"的政策及报道有1124条（截至2018年10月10日），以地方科技扶贫开发政策居多。

2016年，党中央、国务院召开全国科技创新大会，颁布实施《国家创新驱动发展战略纲要》，提出了科技创新"三步走"战略目标，吹响了建设世界科技强国的号角。同年，科技部印发了《关于科技扶贫精准脱贫的实施意见》（以下简称《意见》），旨在以科技创新驱动精准扶贫精准脱贫，在坚决打赢脱贫攻坚战的实践中充分发挥科技创新的支撑引领作用的总体要求。《意见》明确了科技扶贫精准脱贫4项主要任务：一是开展智力扶贫，增强贫困地区发展内生动力。推进贫困地区科技人才队伍建设，强化贫困地区新型职业农民培训，加强贫困地区科普工作，选派科技干部和科技人员到贫困地区挂职锻炼。二是开展创业扶贫，提升贫困地区产业发展水平。培育贫困地区创业主体，打造贫困地区创业载体壮大贫困地区特色支柱产业，鼓励与贫困地区对接帮扶。三是做好定点扶贫，确保如期完成脱贫任务。加强定点扶贫县科技创新体系建设，支持定点扶贫县产业园区发展。四是加强片区扶贫，切实推进秦巴山片区精准扶贫工作。

[①] 范国旭、王志凌：《贵州精准扶贫的现状、措施、成效与发展探讨》，《改革与开放》2017年第15期。

图 2-7　科技扶贫

科技扶贫涉及贫困地区人才的培养与引进，相关部门唯有加强当地教育，从思想上进行改变。少数民族所特有的传统技艺，如何结合现代工艺技术，通过互联网的途径推广出去，也是科技扶贫中需要解决的一个重要问题。

（四）金融

金融扶贫，体现在政府部门对贫困户的财力支持，主要从两个方面入手：一是到户的小额扶贫贷款；二是发放给龙头企业以及基础设施建设的扶贫贷款。用金融的力量助推精准扶贫，是促使少数民族县域实现脱贫的有力保障。

2011年11月，中央出台了《中国农村扶贫开发纲要（2011—2020年）》（以下简称《纲要》），把全国14个"连片特困地区"作为新时期扶贫开发主战场，提出了以"区域发展带动扶贫开发，扶贫开发促进区域发展"的片区扶贫开发战略。中国人民银行高度重视金融扶贫工作，按照中央的总体战略部署，不断创新工作机制，充分发挥金融在新时期扶贫开发战略转型中的作用，依据《纲要》强调从完善普惠金融组织体系、健全普惠金融市场体系和创新金融服务提供方式这三个方面来增强贫困地区金融供给能力。2014年，中国人民银行发布了《关于全面做好扶贫开发金融服务工作的指导意见》提出了融资结构日益优化、金融扶贫开发组织体系完善、金融服务水平提升的目标，通过加强对企业上市的培育,实现资本市场融资取得新进展;商业性金融机构网点持续下沉,农村信用社改革不断深化,新型农村金融机构规范发展,形成政策性金融、商业性金融和合作性金融协调配合、共同参与的金融扶贫开发新格局。同年针对小额信贷,中央财政厅联合各省扶贫办发布了《关于创新发展扶贫小额信贷的指导意见》,提出了丰富扶贫小额信贷的产品和形式,创新贫困村金融服务,改善贫困地区金融生态环境的目标,促使扶贫小额信贷覆盖建档立卡贫困农户的比例和规模有较大增长,贷款满足率有明显的提高,努力促进贫困户贷得到、用得好、还得上、逐步富。

(五)物流

物流对少数民族的经济发展起着决定性作用。少数民族县域物流发展迟缓,交通、通信等物流业基础设施不足,无法满足市场需求,表现在运输网络密度小、运输结构矛盾比较突出、各种运输方式尚未形成合理的分工关系等现象。由于少数民族县域风俗、人口素质等因素造成了管理不集中,社会化服务水平低,因此物流企业服务能力有待提高,物流业结构有待调整。

图 2-8 农村物流促发展

如何提升农村物流效率和普及率一直是扶贫工作开展过程中不得不面对的关键问题,2015 年共有 5 项政策,共同的目的是推进农村物流健康发展,为现代化农业提供良好服务。国务院在 2015 年发布了《关于大力发展电子商务,加快培育经济新动力的意见》,强调支持物流配送终端及智慧物流平台建设，推动跨地区跨行业的智慧物流信息平台建设，并鼓励发展物流配送新模式。可见智慧物流的建设是将来的发展方向，在新经济体时代的背景下，"互联网＋物流"已不再新奇，而如何将互联网与农村电商相结合，却是相关部门考虑的热门话题①。

（六）卫生

医疗卫生事业关系到千家万户的幸福，是重大民生问题。少数民族县域医疗卫生还存在工作基础薄弱、投入不足、医疗保障制度不健全、药品生产流通秩序不规范、医疗卫生人才严重不足、分级诊疗难度大等现象。从现在到 2020 年，是我国全面建设小康社会的关键时期，少数民族县域能否与全国同步建成小康，关键还要看民生的保障。

2016 年 3 月 24 日，国家卫生计生委召开扶贫开发与对口支援工作领导小组会议，部署实施 2016 年健康扶贫工程，要求坚决贯彻党中央、国务院对健康扶贫工作的总要求，落实精准扶贫措施，确保实现"十三五"实施健康扶贫工程良好开局。2016 年 6 月 8 日，国务院明确健康扶贫的五个举措：一要加大住院医疗费用的报销比例以及对大病的支持力度，给予适当的财政补贴，降低贫困人口的医疗负担。二要及时分类医治慢性病和患大病的农村贫困人口。三要继续推行先诊疗后付费，实现"一站式"即时结算，解决结算难的问题。四要确保每个连片特困地区县和国家扶贫开发工作重点县至少有 1 所县级公立医院、每个乡镇有 1 所标准化乡镇卫生院、每个行政村有 1 个卫生室②。五要变革公立医院的绩效机制，提高医务人员服务水平。在 2016 年 6 月 21 日，国家卫生计生委发布了《关于实施健康扶贫工程的指导意见》，从加强医疗卫生投入、强化人才综合培养以及充分动员社会力量等方面来实现到 2020 年，实现贫困地区基本医疗服务全覆盖，重大疾病的医疗费用大大降低，减轻贫困人口医疗负担，有效防治重大传染病和地方病，基本公共卫生指标接近全国平均水平，人均预期寿命进一步提高的目标。

---

① 王介勇、陈玉福、严茂超：《我国精准扶贫政策及其创新路径研究》，《中国科学院院刊》2016 年第 3 期。

② 章元、丁绎镁：《一个"农业大国"的反贫困之战——中国农村扶贫政策分析》，《南方经济》2008 年第 3 期。

（七）旅游

改革开放以来，中国旅游业经历了起步、成长、拓展和综合发展四个阶段，我国实现了从旅游短缺型国家到旅游大国的历史性跨越，奠定了以国民大众旅游消费为主体、国内与国际旅游协调发展的市场格局。根据《"十三五"旅游业发展规划》，"十二五"期间，旅游业全面融入国家战略体系，成为国民经济战略性支柱产业，随着全面建成小康社会持续推进，旅游已经成为人民群众日常生活的重要组成部分，我国旅游业进入大众旅游时代。

2018年1月国家旅游局、国务院扶贫办印发了《关于支持深度贫困地区旅游扶贫行动方案》，该方案明确指出到2020年要让旅游推动深度贫困地区的脱贫进程，公共基础设施进一步完善，扶贫减贫措施更加深入人心，开发特色旅游项目，打造具有地方特色的乡村旅游品牌，旅游收益持续上升，旅游扶贫成果不断巩固。2018年3月印发了《国家旅游局关于进一步做好当前旅游扶贫工作的通知》，通知指出：当前旅游扶贫工作已进入精准施策、深入攻坚的关键时期，按照"中央统筹、省负总责、市县抓落实"的工作机制，建立各负其责、各司其职的旅游扶贫工作责任体系。稳步推进重点工作，结合当地旅游资源特色，发展一批贫困户广泛参与的乡村旅游产品，建设一批依靠乡村自然风景、传统文化为特色的乡村旅游景区，以农家乐、度假山庄为主题，加入采摘、农活等互动形式的娱乐互动，开发徒步、农村休闲运动、民宿等新产业，共同打造多姿多彩的特色文化演艺活动[①]。让乡村旅游扶贫大有可为。

三 扶贫开发的焦点策略

党的十八大以来，中央政府提出精准扶贫概念，推动中国扶贫战略实现重大转变。2015年11月，习近平在中央扶贫工作会议发表讲话说，坚持精准扶贫、精准脱贫，就要把真正的贫困人口弄清楚，把贫困人口、贫困程度、致贫原因等搞清楚，以便做到因户施策、因人施策。

---

① 王丽华：《基于地缘性贫困的农村扶贫政策分析——以湘西八个贫困县为例》，《农业经济问题》2011年第6期。

随着扶贫工作的不断推进，扶贫开发的焦点策略从粗放型向精准型转变，目前的焦点策略包括建档立卡、驻村帮扶、片区攻坚、老区建设、产业扶贫、易地扶贫、整村推进、人才培训、考核评估、金融合作、定点扶贫、东西协作等。

（一）建档立卡

建档立卡，是指为贫困户信息制作一个档案，里面包含贫困户的各类信息，相关部门便能精准了解贫困村、贫困户的状况，分析致贫原因，摸清帮扶需求，进而落实帮扶措施，开展考核问效，实施动态管理。这一举措可以监察以及评估各个贫困地区，了解扶贫工作进度，为扶贫开发决策和考核提供依据。国务院扶贫办在2014年4月印发了《扶贫开发建档立卡工作方案》，要求"采取规模控制，各省将贫困人口识别规模逐级分解到行政村"，并严格按照工作流程进行宣传培训、材料印制、数据录入及信息化建设，来保障专项督查的质量。建档立卡，是实现精准扶贫的前提与保障，对考量我国贫困现状具有重要意义。

（二）驻村帮扶

驻村帮扶，指党员干部和贫困群众一道吃、住、劳动，融入群众，以手把手、面对面地指导来深化扶贫工作的进行，而非仅仅依靠书案提议。政府的强农、惠农、富农政策通过驻村帮扶能够更好地惠及贫困村、贫困户。同时，驻村帮扶是精准扶贫的重要环节，也是改善帮扶者和被帮扶者关系的重要纽带，进而是提高扶贫绩效的重要策略。

贫困人口脱贫不能靠"等"，自身需要具有脱贫的内在信心。内在信心充足，帮扶就会事半功倍；内在信心不足，帮扶就会事倍功半，甚至徒劳无功，所以，扶贫的重要任务不能只是为他们盖新房，而是要激发他们的内在动力。芝加哥大学的西奥多·舒尔茨教授，诺贝尔经济学奖获得者，他在其代表作《改造传统农业》一书中，作出了贫困农民"贫困而有效"的结论。该结论的基本含义是，贫困人口同样有能力根据自己掌握的知识、技能、经验、信息和可利用的基础设施等条件，使其可支配的资源配置最优化。外部帮扶应注重教授知识、技能、经验，以及从完善基础设施条件等方面入手，激发贫困村和贫困户内在的动力。驻村帮扶是做好这些工作不可或缺的环节。帮助他人的同时，也帮助了自己。驻村帮扶给帮扶人员创造了机会，提高了他们的能力，同时也得到了贫困户的帮助。长期深入基层工作的干部，往往会有"得到的比付出的更多"的深切感受。尤其重要的是，帮扶人员的思想观念也会随着驻村帮扶的锻炼而得到洗礼。他们会被农民的善良、质朴、勤劳等优良品质所感染，因此，驻村帮扶是培养历练青年干部的重要途径。

（三）片区攻坚

2015年，是中央启动实施连片特困地区区域发展与扶贫攻坚战略第五年。在全力实施精准扶贫精准脱贫方略的大背景下，以六盘山片区、乌蒙山片区、高原藏区、秦巴山区、大小凉山区、大别山片区为代表的特困地区成为政府部门开发建档立卡的重点对象，对致贫原因进行全面分析。片区集革命老区、粮食主产区和沿淮低洼易涝区于一体，是国家新一轮扶贫攻坚主战场之一，因病致贫、因缺资金致贫、因缺技术致贫、因缺劳力致贫、因学致贫，是主要的致贫因素。针对这些致贫问题，片区相关部门坚持"区域发展带动扶贫开发，扶贫开发促进区域发展，市场决定取舍、绿色决定生死、民生决定目的"的思想，从"无从下手、无业可扶、无力增收、无责可担"五个方面入手。早在2012年12月，国务院扶贫办就印发了《关于大别山片区区域发展与扶贫攻坚规划（2011—2020年）》，提出了"到2015年，区域内贫困人口数量减半；到2020年，稳定实现扶贫对象不愁吃、不愁穿，义务教育、基本医疗和住房都能得到保障"的脱贫目标。2013年，国务院扶贫办下发了《关于印发大别山片区区域发展与扶贫攻坚规划的通知》，进一步要求安徽省、河南省、湖北省切实加强对片区的组织领导，加强大别山片区跨省协作，打破行政分割，发挥比较优势，实现资源共享、优势互补，促进交流合作。

片区攻坚并非靠一省之力就能实现，需要相关各省、市部门的密切合作，实施建档立卡过程中资源、数据的共享和流通，为全方位实现片区的脱贫目标打下基础。

（四）老区建设

革命老区，是指毛泽东和中国共产党等革命者在抗日战争时期和土地革命时期建立的革命根据地，这些地区人民为中国革命胜利做出了牺牲和贡献,于党有恩,于社会主义事业有恩,扶贫让老区先行,其意义不止于脱贫。2016年2月,国务院办公厅印发了《关于加大脱贫攻坚力度支持革命老区开发建设的指导意见》,从"加快重大基础设施建设,积极有序开发优势资源,着力培养壮大特色产业来增强'造血'功能,同时切实保护生态环境,全力推进民生改善"等方面深入实施精准扶贫,加快老区人民脱贫。

吃水不忘挖井人,让老区率先脱贫,意义更在于彰显中央脱贫决心,在于树立一个脱贫的示范,在于强化国人对全面脱贫攻坚的信心和期待。然而让老区脱贫,在政治意义外,实际的操作更具挑战。显然,基于客观因素的制约,有必要对老区扶贫制定系统式的、专项的扶贫政策、方案,投入更多资金,引入产业扶持,增加内生发展动力,把老区打造成全面脱贫示范区。

(五) 产业扶贫

产业扶贫,是指以市场为导向,以经济效益为中心,以产业发展为杠杆的扶贫开发过程,是促进贫困地区发展、增加贫困农户收入的有效途径,是扶贫开发的战略重点和主要任务。积极引导贫困地区的产业创新发展,对地区的经济持续发展、实现"造血式"脱贫具有重大意义,其基本内容为:在县域范围,培植主导产业,发展县域经济,增加资本积累能力;在村镇范围,增加公共投资,改善基础设施,培育产业环境;在贫困户层面,力争到2020年,贫困县提供就业岗位,提升人力资本,积极参与产业价值链的各个环节。[①]

党的十八大以来,习近平总书记多次到国内贫困地区考察,与当地干部群众共谋脱贫策,共算脱贫账。他不仅要求贫困地区要尽快脱贫,而且还要阻止贫困的代际传递,彻底拔掉穷根,而产业扶贫是铲除穷根的根本之策。2016年5月,《贫困地区发展特色产业促进精准脱贫指导意见》由农业部、国家发展和改革委员会、财政部、中国人民银行、国家林业局、国家旅游局、银监会、保监会、国务院扶贫开发领导小组办公室联合印发,从"科学确定特色产业,促进一二三产业融合发展、

---

① 蔡晓良、谢强、陈宝国:《习近平新时代精准扶贫思想研究》,《广西社会科学》2017年第12期。

发挥新型经营主体的带动作用，完善利益联结机制，增强产业支撑保障能力，加大产业扶贫投入力度，创新金融扶贫机制"等方面，力争到2020年，帮助贫困县建设一批特色的产业基地，建成一批特色产品加工、服务基地，提高贫困人口的参与度，逐步打造成特色产业体系。同年9月，农业部再次印发了《促进贫困地区特色产业精准扶贫的意见》，旨在推进农业部建设项目和财政资金向贫困地区倾斜，支持特色产业精准扶贫。

（六）易地扶贫

易地扶贫，指将缺乏生产生活区域的贫困人口搬迁安置到其他地区，并完善安置区的生存条件、创造收入渠道，扶持搬迁人口稳步脱贫致富。在"十三五"规划期间，易地扶贫搬迁对象主要为居住环境差以及地方病多发的、不具备生产发展条件，以及限制或者禁止开发区域的农村贫困人口，并优先自然灾害频发地区的贫困人口。2015年12月8日，国家发展和改革委员会、国务院扶贫开发领导小组办公室、财政部、国土资源部、中国人民银行5部门日前联合印发《"十三五"时期易地扶贫搬迁工作方案》，明确用5年时间对"一方水土养不起一方人"地方的建档立卡贫困人口实施易地扶贫搬迁，力争在"十三五"期间完成1000万人口搬迁任务，让他们同全国人民一道共享小康社会[①]。

易地扶贫搬迁是我国脱贫攻坚的重大工程，能够实现"输血"与"造血"、外部支持与内在动力的统一，极大调动了贫困地区群众改变贫困面貌的积极性，对实现建成小康的奋斗目标具有重大意义。

（七）整村推进

整村推进，是指以增加扶贫重点村贫困群众的收入和推动社会经济文化协调发展为目标，以改善贫困群众的生活条件、完善基础设施、促进社会公益事业发展为工作重点，整合资源、科学规划、集中投入、规范运作、分批实施、逐村验收的扶贫开发工作方式。

在《中国农村扶贫开发纲要（2001—2010年）》中，"整村推进"

[①] 魏淑艳、田华文：《我国农村贫困形势与扶贫政策未来取向分析》，《社会科学战线》2014年第3期。

是新阶段如期实现小康社会的重要措施,其能够使扶贫资金精准入户,整合扶贫资源,充分调动农户的积极性,提升人口综合素养和贫困地区的可持续发展能力。2012年,国务院扶贫办联合国家发展改革委、财政部等11个部委共同编制印发了《扶贫开发整村推进"十二五"规划》。根据这一规划,"十二五"期间,我国将在中西部21个省(区、市)的3万个贫困村和西藏200个贫困乡镇实施整村推进扶贫开发,以提升贫困农户自我发展能力、改善贫困群众生产生活条件、培育特色优势产业、提高农村劳动力素质为重点,集中力量解决影响贫困群众脱贫致富的最突出制约因素,促进贫困村全面可持续发展。国务院2015年2月1日印发的《关于加大改革创新力度加快农业现代化建设的若干意见》中,进一步明确强调了"大力推进农村扶贫开发,推进精准扶贫,实施整村推进、移民搬迁、乡村旅游扶贫等工程"的任务。

(八)人才培训

为加快贫困人口脱贫的步伐,国家倡导"造血式"扶贫,即通过提升贫困对象的自我发展能力来帮助他们脱贫,"造血式"扶贫中,能力建设是关键,即人才的培养。习近平总书记把精准扶贫工作概括为"扶贫对象精准、项目安排精准、资金使用精准、措施到户精准、因村派人精准、脱贫成效精准"。要落实好这六个精准,关键在于能否有一支高素质的精准扶贫人才队伍,这样的队伍包括各类专业技术人才、贫困乡村干部、大学毕业生。2013年,教育部、国家发展和改革委员会、财政部、国务院扶贫开发领导小组办公室、人力资源和社会保障部、公安部、农业部联合发布了《关于实施教育扶贫工程的意见》,要求"充分发挥教育在扶贫开发中的重要作用,培养经济社会发展需要的各级各类人才,促进集中连片特殊困难地区(以下简称"片区")从根本上摆脱贫困",并从"全面加强基础教育、加快发展学前教育、推动普通高中多样化发展、重视发展特殊教育、保障移民搬迁学生就业、加强民族团结教育、鼓励教师到片区从教"等方面来深化人才扶贫的工作。

(九)东西协作

东西协作,即东部发达地区对西部落后地区实现"一对一"式的定点帮扶的扶贫措施。习近平总书记2016年7月在银川主持召开东西部扶贫协作座谈会并发表重要讲话,指出东西部扶贫协作和对口支援必须长期坚持下去。东西协作战略决策的实施具有如下意义：不断促使东西部发展差距扩大的趋势得到逐步扭转，提高西部地区发展的质量和效益；推进东部产业向西部梯度转移，实现东西部互利双赢、共同发展；开创优势互补、长期合作、聚焦扶贫、实现共赢的新局面。

在新形势下稳步开展东西部扶贫协作以及对口支援工作，有助于实现先富帮后富、最终实现共同富裕，同时也有助于深入推进西部大开发战略，带动经济增长，拓宽我国经济的发展空间。

（十）金融合作

金融支持扶贫是脱贫攻坚战中必不可少的环节。金融支持扶贫，有利于充分开发扶贫资源，从而进一步拓宽扶贫资金覆盖面，加强扶贫力度，加快扶贫步伐，有助于发展特色产业、把扶贫工作从"输血型"转换为"造血型"。金融合作扶贫工作的开展需要考虑以下三点：

定位金融扶贫对象。把之前整体式扶贫模式向精准脱贫模式转变，金融扶贫要确保扶贫充分利用有限的扶贫资金，坚持有目标、有侧重的原则，使扶贫成果最大化。更要充分利用扶贫工作组"建档立卡"记录的资料，同时运用信息技术建立金融精准扶贫数据库，充分掌握贫困人口的数量、贫困原因、贫困程度等信息，推动扶贫资金紧紧围绕贫困户、帮扶力量向贫困对象聚合。

定位金融扶贫主体。各类金融机构的专业优势要充分利用，在此基础上，应加大对贫困地区的信贷投放量，保证贫困人口多样化的需求得到满足。比如，农发行等政策性金融机构应着重支持扶贫搬迁以及贫困地区基础设施建设；商业银行应积极在各个贫困地区设立服务网点，创造更多的就业岗位和创业机会给贫困人口；农信社等合作性金融机构则应该加强小额信贷管理，助力精准扶贫。

定位金融扶贫手段。在不同的扶贫开发时期有不同的复杂性和特点，因此要找准扶贫方向，有针对地制定差异性、多样性的扶贫方案，让金融扶贫资金发挥最大效果。针对不同的贫困人口合理地制定不同的金融服务以及产品，有创新地针对贫困群体量身设计，扩大抵押物品种以及范围，提高贫困地区获得金融服务的比例，着手解决贫困人口"贷款难"和金融机构"难贷款"的两难问题。

(十一)定点扶贫

定点扶贫，指选择一个或几个特定的地方进行扶贫工作，是"五位一体全面小康"建设中动真格的具体部署，是滴水穿石、啃硬骨头而非"蜻蜓点水式"的扶贫措施。2010年7月，中共中央办公厅、国务院办公厅印发了《关于进一步做好定点扶贫工作的通知》，指出定点扶贫工作是中国特色扶贫开发工作的重要组成部分，是加大对革命老区、民族地区、边疆地区、贫困地区发展扶持力度的重要举措，也是定点扶贫单位贴近基层、了解民情、培养干部、转变作风、密切党群干群关系的重要途径，要求各地区各部门进一步做好定点扶贫工作，坚持不懈地消除贫困现象。

(十二)考核评估

扶贫考核评估，是监督和管理精准扶贫工作的一项举措，能够引导各级领导班子和干部真正把心思放在精准扶贫上、把精力投在精准扶贫上、把成效体现在精准扶贫上，从而加快脱贫致富步伐。

2016年2月，中共中央办公厅、国务院办公厅印发了《省级党委和政府扶贫开发工作成效考核办法》，要考核建档立卡贫困人口减少数量、贫困农民收入增长情况，以及考核群众对驻村帮扶小组工作的满意度；按照财政专项扶贫资金绩效考评办法，在各省（自治区、直辖市）从规划、使用、监管、成效四个方面针对预期目标设置考核指标，充分发挥社会监督作用；坚持结果导向、奖罚分明，坚决打赢脱贫攻坚战。

(十三)"互联网+扶贫"

随着科技、经济的快速发展，"互联网+"的模式应运而生，这也给目前我国扶贫政策的制定提出了新的要求和方向。习近平总书记2015年6月在贵州调研期间提出了"扶贫开发贵在精准，重在精准，成败之举在于精准"的精准扶贫方针，要求合理制定政策、利用资源，最大化地将有限的扶贫资源运用到真正贫困的群众。互联网具有易分享、快捷等特点，因此在社会资源配置中互联网发挥了重要的作用。随着国家把"互联网+"定为重大战略，"互联网+精准扶贫"成为贫困地区赶超的重要手段。

在《中共中央关于制定国民经济和社会发展第十三个五年规划的建议》（以下简称《建议》）中，针对新经济体背景下的贫困现状，中央提出了拓展网络经济空间和实施脱贫攻坚工程两个方面的工作。其中，结合当前互联网技术，《建议》强调了拓展基础设施建设空间，实施"互联网+"行动计划，发展物联网技术和应用，发展分享经济，促进互联网和经济社会融合发展，并实施国家大数据战略，推进数据资源开放共享，以完善电信普遍服务机制。开展网络提速降费行动，超前布局下一代互联网，推进产业组织、商业模式、供应链、物流链创新来支持基于互联网的各类创新。《建议》中还强调了精准扶贫、精准脱贫，实行脱贫工作责任制，来进一步完善中央统筹、省（区、市）负总责、市（地）县抓落实的工作机制，重点考核贫困县的脱贫成果，加强对脱贫攻坚工作的责任考核。同时，要结合金融扶贫，加大各级财政对扶贫资金的投入，充分利用有限的扶贫资源，构建新的扶贫资金渠道，鼓励企业、社会组织、个人以承包的形式参与扶贫，把革命老区、民族地区、边疆地区、集中连片贫困地区作为脱贫攻坚重点。

党的十九大后，工业和信息化部印发《关于推进网络扶贫的实施方案（2018—2020年）》，要求到2018年，提前完成国家"十三五"规划纲要中的"宽带网络覆盖90%以上的贫困村"的目标；到2020年，全国12.29万个建档立卡贫困村宽带网络覆盖比例超过98%。要保障建档立卡贫困人口方便快捷接入高速、低成本的网络服务，保障各类网络应用基本网络需求，让更多的贫困人口都有机会通过农村电商、远程教育、远程医疗等享受优质公共服务、实现家庭脱贫。

第二节　少数民族县域电商扶贫开发政策解读

一　少数民族县域扶贫政策现状

"全面实现小康，一个民族都不能少。"这是2015年初习近平总书记在云南考察少数民族工作时提出的殷切希望。这句话不仅反映出党和国家对改善少数民族群众生活工作的关注，同时也说出了全国各族人民的心声。历史的经验告诉执政者，只有让各族人民真正富足，才能催生安定团结、和谐共生的政治局面。

在《中国农村扶贫开发纲要（2001—2010年）》中，民族自治地方确定的国家扶贫开发工作重点县达 267 个,占全国扶贫开发工作重点县数 592 个的 45.1%。西藏作为特殊片区,74 个县(区、市)整体列入国家扶贫开发工作重点。在《扶持人口较少民族发展规划(2005—2010 年)》中,提出将人口在 10 万以下的 22 个民族(统称人口较少民族)聚居的行政村达到当地中等或以上水平作为发展目标,具体体现为"四通五有三达到"。在《少数民族事业"十二五"规划》中,以专栏形式明确了 26 项工程和 10 个方面的政策支持。在《中国农村扶贫开发纲要(2011—2020 年)》中明确要求加大对民族地区扶持力度。在国家公共政策的导向下,经历多年的努力,扶贫开发取得了显著成效,为促进民族团结、社会和谐、边疆稳定发挥了重要作用。2014 年底,民族八省区常住人口 1.93 亿,占全国总人口的 14.1%,地区生产总值 7.1 万亿元,占国内生产总值的 11.1%,人均 GDP 接近 3.7 万元,地方一般公共预算收入 0.8 万亿元,地方一般公共预算支出 2.2 万亿元[①]。这些数据表明,我国对于少数民族地区扎扎实实进行了政策倾斜,而且这些政策的实施是有成效的。

二 电商扶贫开发的重要作用

电商扶贫开发,是借助电子商务这种经济形态促进贫困落后地区土地、人力、文化等方面的经济系统构建,从而形成贫困地区的内生经济增长力,达到脱贫的目的。

(一)电商扶贫开发不是纯粹发展电子商务

电商扶贫开发是在国家反贫困的大战略背景下诞生。贫困是收入水平极低的生活窘态,是国家发展不充分的表现,是人民内部矛盾产生的根源,是影响国家安定团结的潜在因素。因此,反贫困是任何一个国家乃至国际社会都必须面对的难题。通常而言,区域贫困与环境背景密切相关。不同的地域自然环境、历史发展过程、民族文化思想等,都对贫困产生重大影响,使贫困有着不同的表现形式。个体贫困与个人能力息息相关。当贫困人口因缺乏生活必需品,陷入物质生活窘态之中时,必

---

① 张丽君、吴本健、王润球:《中国少数民族地区扶贫进展报告(2016)》,中国经济出版社 2017 年版。

然会导致其在教育、健康乃至精神自由等方面的权利被削弱甚至是被剥夺，从而使个人缺乏创造收入的能力，丧失自我发展机会。发展电子商务是一个系统工程，不仅需要生产要素基础，也需要社会人文基础。不顾少数民族县域现状实际，单纯为了发展电子商务而开展的任何工作，都是缺乏根基的空中楼阁。

（二）电商扶贫开发不是只对贫困户的电商

纵然电商扶贫的目的是减少贫困人口，但是电商扶贫不是只针对贫困户的电商活动，而是面向贫困区域的全域活动。电商扶贫体现了经济、政治、社会、文化的多元融合，是在国家政治意志下对贫困地区进行生产要素优势梳理、百姓能力意识探察与教育、产业结构布局与优化、产业组织构建与启用、商品贸易开展与促进、经济秩序维护与规范的系列活动。反贫困（Anti-Poverty）在实践中有以下四种不同的表达：（1）减少贫困（Poverty reduction），强调降低贫困发生的因素，注重反贫困过程。（2）减轻贫困（Poverty alleviation），强调缓和贫困，注重反贫困的方式。（3）扶持贫困（Support poverty），简称扶贫，强调扶持贫困对象进行自我发展进而摆脱贫困。（4）消除贫困（Poverty eradication），强调完全、彻底地消除贫困，突出反贫困的最终目标。电商扶贫是对贫困地区整体消除贫困的重要举措，是通过对全域经济的统筹，直接或间接扶持贫困人口参与电商经济活动，增强生产力、提高生产率，进而提升生活水平、消除贫困。

（三）电商扶贫开发的重点是对县域经济的全盘开发

开发是指通过研究或努力，开拓、发现、利用资源，从而创造新价值的过程。被开发的资源包括荒地、矿山、森林、水力等自然资源，也包括智力、技术、文化等人文资源。《汉书·孙宝传》："时帝舅，红阳侯立，使客因南郡太守李尚占垦草田数百顷，颇有民所假少府陂泽，略皆开发，上书愿以入县官。"瞿秋白《饿乡纪程》九："地力的开发，还存着莫大的富源。"《北史·崔赡传》："东宫弱年，未陶训义，卿仪形风德，人之师表，故劳卿朝夕游处，开发幼蒙。"宋欧阳修《与修史学士书》："辱教，开发蒙滞，实寡陋者之幸也。"

长期以来，我国对广大贫困人口一直采取帮扶政策，希望通过外因促进内因，扶助贫困户达到生活满足基本需要的水平。但是，随着经济形态的快速发展，贫困人口已经不能靠自身力量来改变贫困状态，必须依托一定平台或机构来获取生存发展机会。因此，减贫政策从面向贫困人口辐射至面向贫困人口所在的区域。不仅是针对贫困人口的扶贫，还是实现贫困区域的开发。

扶贫开发，是指以贫困人口所在区域为对象，在政府主体作用下，通过相应扶持政策推进基础设施建设、经济系统构建、教育医疗系统重塑等，实现贫困地区与相对富裕地区的社会经济发展水平接近，为贫困地区注入经济发展活力，实现产业基础、产业组织、市场体系、管理机制等方面的良性循环，从而创造更多就业机会，实现贫困人口的脱贫。

对少数民族县域而言，交通、信息、人口素质等是导致贫困产生的最大因素，结合当今热行的电子商务，使传统制约中的时空距离成为"零距离"，贫困地区群众只需要轻点鼠标，就能得到和其他地区一样的信息资源和产品市场。

电子商务扶贫开发的最佳接入点。多年来，各级党委、政府一直把扶贫开发作为改善民生的重点方向，探索总结了产业扶贫、移民搬迁扶贫、社会救助扶贫、教育提升扶贫、城乡结对帮扶等多种方式，有效改善了贫困地区群众生产生活状况，但不论是基础设施，还是生产生活水平，贫困山区与发达地区的差距仍然存在。贫困地区的特色产品和自然资源，大多藏在大山深处或戈壁荒漠。电子商务为这些优质农产品走出大山荒漠提供了机会。

然而，电子商务在县域的发展不能单纯依托信息网络建设，重点要依靠当地经济发展的基础。因此，电子商务扶贫是促进当地实现交通、通信、农业、商业、教育等多行业开发的重要契机。

三　农村电商扶贫开发政策发展脉络

农村电商概念的提出并非新鲜事，早在2013年，阿里研究院就专门总结、提出并推广了"遂昌模式"，让许多人开始注意到农村电商。此后，"成县模式""通榆模式""沙集模式""清河模式""武功模式"等频繁出现在人们的视野当中，让人们对农村电商有了形象认识。

涉及农村电商政策颁发的部门有：国务院办公厅、商务部、农业

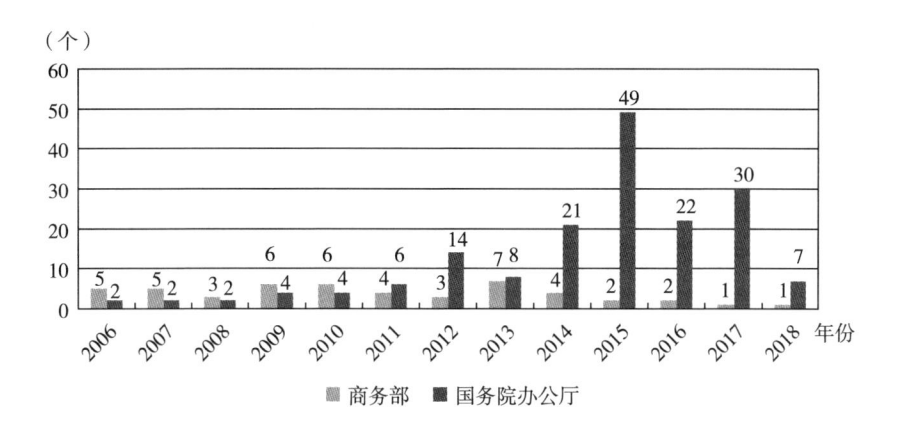

部、工信和信息化部、交通部、各省人民政府办公厅以及各省商务厅。

图 2-9 我国农村电商历年相关政策总数

2006 年至 2018 年 7 月，由中华人民共和国中央人民政府、商务部电子商务和信息化司网站整理，发现共出台的电商相关政策总数为 177 份，其中农村电商政策数为 37，占了 20.9%。十年中，以 2012 年为转折，国家层面的电商政策数出现了大幅度上涨，可以看出电商在扶贫中的重要作用。对比近五年"一号文件"，中共中央和国务院对电子商务的重视程度持续提升。往年"一号文件"更多是从农产品流通视角关注电子商务，如"加强农产品市场体系建设"（2014 年）、"创新农产品流通方式"（2015 年）、"加强农产品流通设施和市场建设"（2016 年）。而在 2017 年"一号文件"中，专设一节从多个方面强调"推进农村电商发展"。此外，在 2017 年的"一号文件"中，"电子商务"（含"电商"）出现的频次也是近五年最高的一次，共达到 8 次，2014 年、2015 年、2016 年三年出现的次数分别是 1、3、5 次，而在 2013 年未出现。可见，农村电商扶贫已成为一个必不可少的扶贫途径。

电子商务对农村的最重要影响体现在了流通体制的变革与发展，以及贫困地区传统产业的巩固。早在 2005 年，国务院办公厅联合中编办、中农办、国家发展和改革委员会、教育部等部门发布了《关于进一步加强农村工作提高农业综合生产能力若干政策意见有关政策措施的通知》，要求各部门研究提出具体实施意见并认真加以落实。在 2006 年，国务院发布了《关于完善粮食流通体制改革政策措施的意见》，要求从"加快推进国有粮食购销企业改革，转换企业经营机制；加快清理和剥离国有粮食企业财务挂账，妥善解决企业历史包袱；积极培育和规范粮食市场，加快建立全国统一开放、竞争有序的粮食市场体系；加强粮食产销衔接，逐步建立产销区之间的利益协调机制；进一步加强和改善粮食宏观调控，确保国家粮食安全；加强粮食流通的监督检查，做好全社会粮食流通统计工作加强领导，确保粮食流通体制改革顺利推进"这几个方面来健全体制机制，加大改革力度，确保粮食流通体制改革的顺利推进。

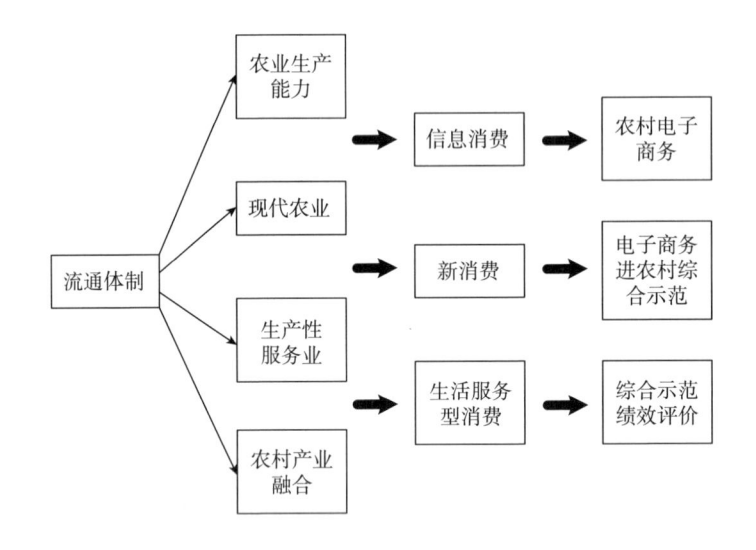

图 2-10 农村电商政策发展脉络

随着农业扶贫措施的不断推进，以东北地区为代表的老工业基地得到了振兴与发展。但其仍然面临基础设施薄弱、缺乏科技支撑能力、农业生产效率效益较低，农业资源不可持续利用。为建设发展农业的现代化建设，2010年，国务院发布了《关于加快转变东北地区农业发展方式建设现代农业指导意见的通知》，旨在加快转变农业发展方式，夯实农业发展基础，优化农业产业结构，强化农业科技支撑，创新农业经营机制，把东北地区建设成为维护国家粮食安全的战略基地。

2012年2月，国务院以国发〔2012〕4号印发了《全国现代农业发展规划（2011—2015年)》，要求"粮食等主要农产品供给得到有效保障，农业结构更加合理，物质装备水平明显提高，科技支撑能力显著增强，生产经营方式不断优化，农业产业体系进一步完善，土地产出率、劳动生产率、资源利用率明显提升，东部沿海、大城市郊区和大型垦区等条件较好区域率先基本实现农业现代化"。而农业的产业化离不开企业的创新、运营和管理。农业产业化龙头企业（以下简称"龙头企业"）集成利用资本、技术、人才等生产要素，带动农户发展专业化、标准化、规模化、集约化生产，成为构建现代农业产业体系的关键。同年，国务院发布了《关于支持农业产业化龙头企业发展的意见》，要求从"加强标准化生产基地建设，保障农产品有效供给和质量安全；大力发展农产品加工，促进产业优化升级；创新流通方式，完善农产品市场体系；推动龙头企业集聚，增强区域经济发展实力；加快技术创新，增强农业整体竞争力；完善利益联结机制，带动农户增收致富"等方面支持龙头企业发展，有利于提升农业组织化程度、加速转变农业发展方式、促进现代农业建设以及农民就业增收。农村经济产业快速发展的同时，相应的服务性产业也受到了政府的广泛关注。生产性服务业触及农业、工业等产业的多个部分，专业性强、创新活跃、产业融合度高是其显著特点，同时也是全球产业竞争的战略制高点。加快发展生产性服务业是推动经济稳定增长的重要举措，既能够激发内需潜力、带动社会就业、逐渐改善人民生活，也能促使产业逐步走向价值链顶端。2014年，国务院发布了《关于加快发展生产性服务业促进产业结构调整升级的指导意见》，要求从"鼓励企业向价值链高端发展；推进农业生产和工业制造现代化；加快生产制造与信息技术服务融合"等方面加快重点领域生产性服务业发展，进一步推动产业结构调整升级。

在2015年的国办发78号文件中，"农村电子商务"得到了重点强调。《关于促进农村电子商务加快发展的指导意见》一文，指出"转变农业发展方式的重要手段之一是农村电子商务，它也是精准扶贫的重要载体"，要求从"积极培育农村电子商务市场主体；扩大电子商务在农业农村的应用；改善农村电子商务发展环境"三个方面进行扶贫开发和产业扶持，到2020年，农村电子商务市场体系逐步完善，农村第一、第二、第三产业与农村电子商务深度融合，在促进农民创业就业、拓宽农村消费市场、推动农村扶贫开发等方面达到预期目标。而推进农村第一、第二、第三产业融合发展，是拓宽农民增收渠道、构建现代农业产业体系的重要举措。针对产业融合，12 月，国务院办公厅发布了《关于推进农村第一、第二、第三产业融合发展的指导意见》，提出了发展多类型农村产业融合方式、培育多元化农村产业融合主体、建立多形式利益联结机制、完善多渠道农村产业融合服务等目标。随着新经济体成为时代背景，产业融合发展下对"新消费"的要求热度不减。在《关于积极发挥新消费引领作用加快培育形成新供给新动力的指导意见（国发〔2015〕66 号）》中，国务院指出"以传统消费提质升级、新兴消费蓬勃兴起为主要内容的新消费，及其催生的相关产业发展、科技创新、基础设施建设和公共服务等领域的新投资新供给，蕴藏着巨大发展潜力和空间"，要求以消费升级带动产业升级，坚持创新驱动和市场导向，实现潜在需求向现实增长动力的有效转换，为经济长期健康发展提供保障。同年出台的还有《2015 年电子商务工作要点》（商办电函〔2015〕116 号），要求落实"互联网＋"行动计划，全面推进以互联网为核心的信息技术在商品流通和对外贸易领域的应用，发挥电子商务拓市场、促消费、带就业、稳增长的重要作用；《关于积极推进"互联网＋"行动的指导意见》（国发〔2015〕40 号），提出"到 2018 年，互联网与经济社会各领域的融合发展进一步深化，基于互联网的新业态成为新的经济增长动力，互联网支撑大众创业、万众创新的作用进一步增强，互联网成为提供公共服务的重要手段"；《国务院关于大力发展电子商务加快培育经济新动力的意见》（国发〔2015〕24 号），提出"到 2020 年，统一开放、竞争有序、诚信守法、安全可靠的电子商务大市场基本建成"；《国务院关于促进快递业发展的若干意见》（国发〔2015〕61 号），指出"现代先导性服务业的重要组成之一快递业，能有效促进流通方式转型、推动消费升级"，要求到 2020 年，基本建成普惠城乡、服务高效、绿色环保、技术先进的快递服务体系，形成覆盖全国、联通国际的服务网络。

2016 年中央一号文件明确提出，支持农产品营销公共服务平台建设，推动农村电子商务快速发展，打造线上线下高度融合、消费品进城下乡的双向流通格局，同时要求推行"快递下乡"工程，鼓励并引导各大电商平台优化农村电商服务，建立健全服务体系。对于少数民族县域开展电商扶贫的绩效评价方面，商务部办公厅发布了《关于开展第一批电子商务进农村综合示范绩效评价工作的通知》，要求各省对用于电子商务进农村综合示范支出的经济性、效率性和效益性，进行客观分析和评价。

2017年中央一号文件指出要持续助力农村电商稳步发展，使新农业主体、加工企业和电商企业实现融合，打造线上线下共同发展的道路，找到适合农村电商发展的结构体系。推动农村电商服务站点的建设，健全农村的物流体系，打通物流配送的最后一个环节。鼓励并引导地方发展电商产业园，聚集品牌推广、物流集散、人才培养、技术支持、质量安全等功能服务。全面推行信息入户工程，在全省范围内推进示范。完善农产品的流通网络建设以及食物冷链等基础物流设施建设，为农产品构建一条完整的直供直销体系。推进"互联网+"现代农业行动①。

在2017年10月18日召开的党的十九大上，习近平总书记再次把扶贫提高到新的战略高度，要确保到2020年我国现行标准下农村贫困人口实现脱贫，贫困县全部摘帽，解决区域性整体贫困，做到脱真贫、真脱贫。紧接着，2018年中央一号文件由新华社受权发布，文件题为《中共中央国务院关于实施乡村振兴战略的意见》，对实施乡村振兴战略进行了全面部署。其中值得注意的是，2018年中央一号文件在推进农村电商和物流发展方面也给出了具体目标。

在构建农村第一、第二、第三产业融合发展体系中，中央一号文件指出："农产品的销售是急需解决的重点问题，建设现代化农产品冷链仓储物流体系，打造农产品销售公共服务平台，鼓励供销、邮政及各类企业把服务网点扩展到乡村，健全农产品产销稳定衔接机制，大力建设具有广泛性的促进农村电子商务发展的基础设施，鼓励支持各类市场主体创新发展基于互联网的新型农业产业模式，深入实施电子商务进农村

---

① 周海琴、张才明：《我国农村电子商务发展关键要素分析》，《中国信息界》2012年第1期。

综合示范，加快推进农村流通现代化。"①

纵观十年的电商政策发展脉络，发现中央部门在"摸石头过河"的同时，对电商扶贫战略的实施满怀信心。流通体制改革，使传统产业的物流、资金流、信息流更好地迎合"互联网+"时代的要求；之后通过扶持农村基础农业，促使其向现代化转型，同时发展服务型产业并辅以物流业的快速发展；随着新经济时代的到来，信息消费、新消费、生活服务型消费等消费形式逐渐传播开来，农村电子商务深入民心②。

四 少数民族县域农村电商政策涉及的行业

通过电商扶贫战略来实现建设小康社会的目标，是一条有效的发展道路，是区别于传统扶贫方式的改进。农村电商扶贫涉及农业、教育、科技、金融、商贸、物流、文化、公共服务等行业的发展，需要相关部门多方位的协调与共建。

（一）农业电商扶贫

要发展农村电商，自然离不开传统农业的转型与升级。少数民族县域自给自足的生活方式，无法形成资本积累，加上由于地势、气候等条件的限制，使得贫困地区的农业无法有效支撑起当地的经济发展。而农村电商在帮助推广产品的同时，对农业的基础设施也颇具要求。我国农业电子商务发展仍处在初级阶段，面临着基础设施条件差、标准化程度低、流通链条不顺畅、市场秩序不混乱、缺乏诚信体系等问题，亟须提高认识，采取有效措施切实加以解决。按照《国务院关于大力发展电子商务加快培育经济新动力的意见》（国发〔2015〕24号）和《国务院关于积极推进"互联网+"行动的指导意见》（国发〔2015〕40号）的部署要求，让电子商务在推动经济发展中发挥重要作用，使农业电子商务稳步发展，农业部、国家发展和改革委员会、商务部在2015年9月共同研究制订了《推进农业电子商务发展行动计划》，要求高度重视农村与城市、农产品与农业生产资料和消费品、线上与线下相融合，并

---

① 孙洁：《开启三农工作新篇章 解读〈中共中央国务院关于实施乡村振兴战略的意见〉》，《中国农村科技》2018年第3期。
② 李玲芳、徐思远、洪占卿：《农村电子商务：问题与对策》，《中共福建省委党校学报》2013年第5期。

将移动互联网、云计算、大数据、物联网等新一代信息技术贯穿到农村电子商务的整个环节中,实现"到2018年,一批农业电子商务品牌迅速崛起,具备重大影响力。基础设施条件显著完善,制度体系和政策环境基本健全,电子商务在农产品和农业生产资料流通中的比重显著提高"这一目标。

(二) 教育长智扶贫

2011年至2016年10月,涉及农村教育的国家政策共有20项,分别从办学条件、营养改善、教学自助、两免一补、定向招生、对口支援、贫困地区儿童发展计划、乡村教师支持计划等方面来扶持农村教育。开展农村电商,首先要做的便是"扶智",让少数民族群众接受"互联网+"的概念与思维,从而利于电商扶贫工作的开展;其次,便是对电商人才的培养、引进、留住,包括技术人员、营销人员、客服人员、数据分析人员等。2016年7月,商务部办公厅发布了《农村电子商务服务规范》,提出"通过农村电子商务培训体系建设,免费开展电子商务理论和实操课程,使农村群众掌握电子商务技能;打造一支素质过硬、动手能力强的农村电子商务人才,提升新型农业经营主体电子商务应用能力"的发展途径[①]。

对贫困地区群众进行帮扶、指导以及培训,着重提高贫困人口素质、创业、就业能力,发挥人口的数量优势,把压力转变为资源,让脱贫致富的步伐进一步加快。

雨露计划每年打造百万产业工人

2014年11月,国务院扶贫办刘福合在北京提到由国务院扶贫办正式启动的"雨露计划",每年受益的青年贫困人口达100万。到"十一五"末,500万贫困农民和20万贫困地区复员士兵将通过专业职业技能培训,完成上岗就业。由于我国工业化进程加速,企业提供了大量就业岗位。但是,自身素质不足、缺少必备职业技能限制了贫困地区的大

---

① 郑岩、宿伟玲:《我国推进旅游扶贫工作的相关政策文件解读》,《农村经济与科技》2017年第24期。

多数劳动力参与就业。即使走出大山的农民工参与了工厂劳动，收入也很低。与他们舍弃家乡的农田、老人和孩子的损失相比，他们宁愿返乡。大量农民工返乡造成了东南沿海等区域的用工荒，劳动力的供需结构问题突出，急需得到解决。而"雨露计划"的实行，则能为制造业的发展持续输送有技能的生产工人，有效缓解东南沿海的民工荒①。

近年来，有165万人成功受到"雨露计划"的培育，被安置就业人数达126.7万人，全国各类扶贫培训基地已发展到2323个。社会各界积极参与和支持"雨露计划"，上海金丝猴集团、上海开泰投资有限公司、苏州英格玛集团等大企业都在积极地贡献自己的力量。比如，为了在全国提升"雨露计划"的知名度，2007年4月23日，全国"雨露计划"成果展暨首届"金丝猴杯"贫困劳动力供需洽谈会在北京成功举办，用工单位在此次洽谈会上和扶贫培训基地确立了长期合作关系。根据资料显示，全国贫困地区可培训转移劳动力为3143万人，平均每年可新增培训贫困劳动力250万人。这对于广大农民朋友而言，无疑是获取自身发展的好机会。

图 2-11　"雨露计划"

"雨露计划"是一项由政府主导、社会各界广泛参与的公益性活动，其目标是提高贫困人口就业以及创业能力，主要以中职（中技）学历职业教育、劳动力转移培训、创业培训、农业实用技术培训、政策业务培训为方法，帮助农民消除在就业、创业出现的问题，实现贫困人

---

① 汪向东、王昕天：《电子商务与信息扶贫：互联网时代扶贫工作的新特点》，《西北农林科技大学学报》（社会科学版）2015年第4期。

口收入增加，生产力发展，最终带动贫困区域经济发展。和"雨露计划"相似的还有"春潮行动""阳光工程"。

（三）科技推动扶贫

随着互联网的快速发展，农村电商工作任务的开展也出现不断地更新，因此，加强农村教育发展、深化科技扶贫，对电商扶贫的进展具有重大意义。《"十三五"国家科技创新规划》（国发〔2016〕43号）文件中，指出"应对人口老龄化、消除贫困、增强人民健康素质、创新社会治理，迫切需要依靠科技创新支撑民生改善"。在《关于印发全民科学素质行动计划纲要实施方案（2016—2020年）的通知》（国办发〔2016〕10号）（以下简称《通知》）中，国务院办公厅提出了"加强对薄弱地区的科普精准帮扶"这一任务，要求推行科普精准扶贫，加强对各个贫困地区妇女儿童、老人的科普宣传力度，建立科普所需的基础设施，同时强化对新疆、西藏等地区的科普工作，把科普资源合理地集中运用到贫困地区，加强双语科普创作与传播。

为深化《通知》中科普扶贫的精神，科技特派员制度应运而生。科技特派员的诞生源于基层群众需要，主要目标是将科技、信息、管理等现代化生产要素与创新人才和单位整合，在农村基层前沿展开科技创业与服务，建立"风险共担、利益共享"的共同体，促进农村创新创业有序进行。在《关于深入推行科技特派员制度的若干意见》（国办发〔2016〕32号）中，中央强调了"农村创业"这一任务，要求从"切实提升农业科技创新支撑水平；完善新型农业社会化科技服务体系；加快推动农村科技创业和精准扶贫"三个方面，紧贴农村实际需要，加强政策帮扶力度，培育新型的农村创业主体，进而实现大众创业、万众创新的大好局面。

（四）金融保障扶贫

对于少数民族贫困地区而言，无论是基本生活保障，还是创新创业，资金的支持是大问题。在电商扶贫工作开展前期，对于贫困个体户而言，开一个网店并非马上有收益，需要一定的知识、技能与资金去获取流量，提升客户重复购买率，提高顾客单价。对于农民而言，原始资本的积累对于农民而言是非常辛苦的过程，哪怕是村里的致富能手，也是靠起早贪黑辛苦劳作才能攒下积蓄，再投资到再生产、再运营的过程中，一旦投入见不到利润，对他们而言无疑是一个返贫困过程。

2015年《政府工作报告》提出，要大力发展普惠金融，普惠金融必须要全力发展，要保证所有的市场主体都能享受到普惠金融带来的好处。在商业可持续原则和公平的情况下，普惠金融立足为社会各阶级提供可负担、有用的金融服务。我国开展的普惠金融重点为小微企业、农民、城镇低收入人群、贫困人群和残疾人、老年人等特殊群体服务。同年12月，《关于印发推进普惠金融发展规划（2016—2020年）的通知》（国发〔2015〕74号）中提到，中央要求到2020年，普惠金融服务和保障体系与小康社会一道全面建成，尤其是要让小微企业、农民、城镇低收入人群、贫困人群和残疾人、老年人等能够及时取得合理、安全、便捷的金融服务。

（五）商贸促进扶贫

在农村电商扶贫过程中涉及的商贸，是指构建农产品商业体系、规范农村市场、促进农产品流通等内容。2015年有8项与农村商贸相关的政策，其中代表的有：《关于推进线上线下互动加快商贸流通创新发展转型升级的意见》（国办发〔2015〕72号），文件提出了"部署推进线上线下互动，促进实体店发展工作"这一目标；《关于落实发展新理念加快农业现代化实现全面小康目标的若干意见》，要求加速线上线下融合发展，构建农产品进城与消费品下乡双向流通格局，打通商贸流通、供销、物流等服务网络和设施，鼓励并引导电商平台完善农村电商服务体系；商务部等10部门联合印发了《全国农产品市场体系发展规划》，强调了要加快农产品流通信息化建设，加强移动互联网、物联网、二维码、无线射频识别等信息技术在农产品流通领域应用，开展"互联网+农产品流通"模式。同时要着力培育农产品电商平台，鼓励并引导各电商、物流、金融等企业参与到平台建设以及运营中。

（六）物流深化扶贫

在开展电商活动过程中，物流的重要性不言而喻，也一直是相关部门制定政策的重要内容。2015年，中共中央在《关于加大改革创新力度加快农业现代化建设的若干意见》中提出了完善全国农产品流通骨干网络，加大重要农产品仓储物流设施建设力度的目标，并加强农产品产地市场建设，加快构建跨区域冷链物流体系，继续开展公益性农产品批发市场建设试点。

在开展电商活动过程中，物流的重要性不言而喻，也一直是相关部门制定政策的重要内容。2015年，中共中央在《关于加大改革创新力度加快农业现代化建设的若干意见》中提出了要进一步打通我国农产品流通网络，加大力度全力建设跨地区农产品冷链物流的目标，并加强对农产品市场的规范，公益性农产品批发市场试点继续推进。

《关于深化供销合作社综合改革的决定》（中发〔2015〕11号）文件提出了加强供销合作社农产品流通网络建设，把大型农产品批发市场建设在集散中心，依靠现代化的物流中心实现快速配送，在农产品生产地设立收购市场和储存仓库，进入市区、社区生鲜超市等零售终端，打造一个从产地到零售端便捷安全、布局合理的市场网络。

《关于积极推进"互联网+"行动的指导意见》（国发〔2015〕40号）指出，要全力解决农产品标准化、物流现代化，建设冷链仓储等主要问题，构建配送和综合服务的农村电子商务网络，开展个性化的农产品定制服务。

《关于深入实施"互联网+流通"行动计划的意见》（国办发〔2016〕24号）指出发展农村电商，需要鼓励并引导物流企业结合农村物流资源，设立农村物流服务网点，真正解决农产品进城"最初一公里"和工业品下乡"最后一公里"的问题。

农业部在《关于扎实做好2016年农业农村经济工作的意见》（农发〔2016〕1号）中，要求继续强化农产品加工、储运的布局发展，构建实物和电子商务相结合的物流体系建设，推动物流配送、冷链设备等发展。在《"互联网+"现代农业三年行动实施方案》（农市发〔2016〕2号）中，农业部、国家发改委、中央网信办等8部门联合指出要加强对农产品电子商务的基础设施建设，包括网络、加工、包装、物流、冷链、仓储、支付等，促进农产品从生产到销售的标准化建设，包括产品包装、配送等，为农村电子商务打造绿色的发展环境。

商务部等六部门印发了《全国电子商务物流发展专项规划（2016—2020年）的通知》（商流通发〔2016〕85号），旨在借助"电商进农村"等工程，充分利用各县、乡镇的物流资源，建立健全农村电商的物流体系，与此同时，鼓励并引导各大电商平台、企业在农村建立物流服务网点，构建消费品下乡和农产品进城的双向流通通道。

交通运输部、农业部、供销合作总社、国家邮政局在《关于协同推进农村物流健康发展加快服务农业现代化的若干意见》中提出了"推行农村电子商务"的目标，要求各行业积极参与到农产品电商平台的建设中，鼓励并引导农村站点与电商平台衔接，让农村经营主体能借助电商服务平台展开业务。设立农村地区的快递服务网点，积极推进农产品电子商务的建设，鼓励网络消费等交易方式，普及电子商务在农村的应用方式，从而减少流通成本。

（七）文化推动扶贫

少数民族开展电商扶贫的过程中，难免会接触到许多外来文化，且互联网上的许多仿冒商品也会对传统的民族产业造成冲击，例如银饰和刺绣是少数民族的一种传统产品，但是类似的产品中却少见十字架、动漫系列的图案，究其原因，只是少数民族对外来的宗教信仰、文化包容性不够。如何跨越电商背景下文化差异的鸿沟，更好地保护少数民族文化，是中央一直关心的热点问题。

2016年，国务院发布了《全国打击侵犯知识产权和制售假冒伪劣商品工作要点》，提出依法严厉惩处影响创新发展、妨碍公平竞争和侵害消费者合法权益的侵权假冒违法犯罪的措施，为推动经济社会持续健康发展提供有力保障。同年发布的《关于推动文化文物单位文化创意产品开发若干意见的通知》，提出促进优秀文化资源实现传承、传播和共享，充分运用创意和科技手段与产业发展相结合，推动文化资源与现代生产生活相融合的目标。

（八）公共设施服务扶贫

少数民族县域的公共服务建设主要指信息基础设施建设、电商服务站建设、合作社建设等。稳固基础设施建设，实现农村宽带全覆盖，完善乡村基础设施建设，能够促使农民和企业间形成高效对接，农民使用信息化的能力也会随之提高，这对开展农村电商战略具有重大意义。

信息基础设施主要指电信网、固定互联网、移动互联网、广播电视网、数据中心及其支持环境，是国家战略性公共基础设施，是经济社会发展的重要基础。2015年11月，国务院发布了《关于打赢脱贫攻坚战的决定》，要求加快电信普遍服务补偿机制的完善，加速实现贫困村的宽带全覆盖，鼓励并引导各大电商开展农村业务，推进农产品的网络售卖平台建设，扩大信息进村入户覆盖面。在农村物流的信息化建设方面，以贵州省少数民族县域为例，建立了"综合服务点+合作社（企业）+网店+物流快递"模式，打通农产品进城的"最初一公里"和工业品下乡的"最后一公里"，促进黔货出山和网货下乡，形成线上线下融合、覆盖全程、综合配套、安全高效、便捷实惠的现代农村商品流通和服务网络，以此降低农民生产资料和生活资料采购、消费成本。

（九）旅游助力脱贫

随着我国经济的飞速，旅游业也成为助力脱贫的重要支柱。我国政府计划到2020年前，旅游业的发展助力1200万人口脱贫，这部分人占全国脱贫人口的17%。乡村旅游业的可持续性是贫困人口最直接的脱贫方式。"乡村旅游+精准扶贫"是指开发具有旅游资源、地理优势和配套基础设施的贫困地区，通过旅游业来推动经济的发展，实现每村每户都能在旅游业的带动下脱贫。乡村旅游下的精准扶贫，是打赢这场脱贫攻坚战的重要方式。

2016年中央一号文件提出要全力培育休闲农业和乡村旅游，加强力度保护文化遗产以及生态环境，发展一批具有民族特色，地域风情、文化底蕴的美丽、宜游的生态景区。紧接着，国务院印发《关于加大脱贫攻坚力度支持革命老区开发建设的指导意见》，要求各地区各部门依托革命老区良好的自然环境，打造一批具有吸引力的生态、休闲、度假农业基地。随后，国家发改委等七部门联合印发《关于金融助推脱贫攻坚的实施意见》。指出了金融助力脱贫攻坚的具体举措，对连片特困地区、革命老区、民族地区、边疆地区给予倾斜。2016年12月，国务院印发《"十三五"脱贫攻坚规划》，在产业发展脱贫的规划中，提出了旅游扶贫的详细措施，包括：（1）因地制宜发展乡村旅游；（2）大力发展休闲农业；（3）积极发展特色文化旅游[①]。

2017年2月，中央一号文件强调要把乡村休闲旅游产业作为重点

---

① 张玉强、李祥:《集中连片特困地区的精准扶贫模式》，《重庆社会科学》2016年第8期。

发展产业,力争打赢脱贫攻坚战。2018年的中央一号文件在产业兴旺中也提出了明确的要求"打造设施齐全的休闲农业和乡村旅游精品工程";除此之外,在乡村大力发展生态农业、设施农业、体验农业,以及创意农业、特色文化产业等,很大程度上也需要借助乡村旅游搭建的市场新渠道。文件明确规定,"加快发展森林草原旅游、河湖湿地观光、冰雪海上运动、野生动物驯养观赏等产业,积极开发观光农业、游憩休闲、健康养生、生态教育等服务。打造一条富有特色的生态旅游路线以及模范村,建立一条环保的乡村生态旅游产业链"。可见,旅游业是与"乡村宜居"最为兼容的产业,也是将乡村生态资源转化成经济来源的首位产业。在这样一个大背景下,迫切需要将旅游业作为乡村经济振兴的主体产业,稳步提高旅游经济在乡村经济中的比重,通过特色旅游业的发展为乡村振兴注入新的动力。

五 开展农村电商活动的主体

开展农村电子商务活动离不开农民的执行与管理、行政部门制定规范与服务、企业扶持农村电子商务业务、金融机构提供的资金帮扶以及科研、教学单位对电商人才的培养,提供人力资源服务。

(一)三农

对于农民,专业大户、家庭农场、农民合作社等各经营成分,共同促进了农村经济的构成与发展。专业大户具有丰富的农产品种植、畜牧养殖的经验与技术,对于农村电子商务的线上农产品质量能够起到把关作用。家庭农场是一种主要从事农业规模化、集约化、商品化生产经营,并以农业收入为家庭主要收入来源的新型农业经营主体,以其独特的管理方式优化开展农村电商活动的过程中的管理步骤和方式。农民合作社是以农民为对象,提供农业生产资料的购买,农产品的销售、加工、运输、贮藏以及与农业生产经营有关的技术、信息等服务的互助性经济组织。合作社是农产品通往城市的中转站,在开展农村电子商务活动中,对农村、城市具有双向信息传递的作用。在带动农民创业就业方面,贵州重点从驻村干部、村干部、大学生村干部、援教员、信息员、返乡青年、大学生、网络经纪人、能人大户中培育电商创业带头人和实用型人才,鼓励电商职业经理人到农村发展,鼓励社会资源参与构建农村购物网络平台，吸引农民工返乡创业就业，引导"一方水土养不活一方人"的万人易地搬迁。

（二）相关政府部门

行政部门在农村电子商务活动中主要发挥对农业、商务部门牵线搭桥的作用，根据国家制定的农村电商发展方向与规范，引导贵州省的贫困人口根据现实情况走出一条适合其自身发展的电商扶贫路。2016年12月，贵州省商务厅副厅长在石门乡调研中提出"要对照国家级电子商务进农村综合示范县逐项对标，规范实施，突出地方特色，把产品做出特色；要以网络零售额为中心，加大培训，借鉴先进典型，讲思路、讲方法，围绕'人'和'扶贫'，用心、用情扎实推进电商各项工作；要进一步挖掘特色产品，拓展销售、配送渠道，做实农产品上行工作，实事求是地把电商工作做出亮点，做出成效，真正让老百姓增产创收、脱贫致富"。向上响应国家方针，向下心系百姓、切身体会，方能调和出真正促进贵州当地电商发展的良药。

（三）企业

企业一直是经济发展的领头羊，对地方经济的增长起到重要支柱作用。在开展农村电子商务扶贫计划中，在开展农村电子商务扶贫计划中，企业能充分运用其资金、技术、管理方面的优势，通过共建共享、投资兴业、提供就业、捐赠扶贫等多种形式参与到电商扶贫的进程中，以此焕发市场活力，使其发挥辐射以及联动作用。

图2-12 万达集团帮扶丹寨

企业帮扶　整体脱贫

贫困户黄锦和老人世代居住在贵州兴仁镇烧茶村，从来没有想过自己有一天也会参与"入股"，得到"分红"。

2014年12月1日国务院扶贫办、贵州省扶贫办与贵州省丹寨县签订扶贫协议，"投入10亿元，重点产业扶贫，5年人均收入翻番"。这一举措让像黄锦和老人一样的5万多名贫困户感受到了希望。

此次万达与丹寨走的是"企业包县，整体脱贫"的扶贫模式，摒弃以前的捐款、兴建工程的老路数，更加侧重走多方位的、长期的、整体脱贫的扶贫道路。

万达集团深入考察了丹寨县产业特点，最终选择了从较为热门的土猪养殖和硒锌茶叶种植入手，投资兴办加工企业：建设若干具有一定规模的土猪养殖场，30万头规模的土猪扩繁厂、屠宰加工厂和饲料加工厂，由企业运用先进技术统一管理，集中养殖；成立硒锌茶叶加工厂，和种植硒锌茶叶的农民签订收购协议，加大农民收入。

上述帮扶方式只是扶贫规划的第一步。万达集团还同时与贵州的3所职业技术学院达成协议，每年招收300—500名丹寨籍学生，毕业后万达对他们择优录取，提供万达集团就业岗位。"投资大与小不是重点，重点是要构造可复制、推行的企业扶贫模式，真正惠及农民。争取用5年左右的时间，实现丹寨整县脱贫"，董事长王健林强调。万达还将在丹寨设立销售公司，专门负责向全国销售丹寨的农产品，构建一条农民生产、企业加工、销售的产业链。

据统计，截至2013年，丹寨共计人口171641人，贫困人口达51311人。企业的教育和产业扶贫，将让全县3万余户农民受益，做到贫困人口全覆盖，真正完成普惠扶贫。国务院扶贫办主任刘永富表示："企业是市场的主体，也是扶贫开发的新生力量。希望通过这个试点，不仅帮助丹寨如期实现小康社会，更能为民营经济参与扶贫开发，闯出一条新路。"

案例中，万达集团正是发现了贵州兴仁镇烧茶村的土猪养殖与硒锌茶叶种植这两大传统产业所具有的巨大潜力，从利润分红、人才培养、建设销售公司等方面来引导当地农民的创业致富道路，不仅积极响应了政府提出的扶贫口号，而且体现了企业的社会责任，为消除社会贫困起到正向影响作用。

（四）金融机构

用金融的力量助推精准扶贫，是促使农村电商发展的有力保障。2011年11月，中央出台了《中国农村扶贫开发纲要（2011—2020年）》（以下简称《纲要》），把全国14个"连片特困地区"作为新时期扶贫开发主战场，提出了以"区域发展带动扶贫开发，扶贫开发促进区域发展"的片区扶贫开发战略。中国人民银行高度重视金融扶贫工作，按照中央的总体战略部署，不断创新工作机制，充分发挥金融在新时期扶贫开发战略转型中的作用，依据《纲要》强调从完善普惠金融组织体系、健全普惠金融市场体系和创新金融服务提供方式这三个方面来增强贫困地区金融供给能力。

图 2-13 贵州省供销社与贵阳银行《战略合作协议》签约仪式

2016年1月，贵州省供销社与贵阳银行《战略合作协议》签约仪式暨"贵农网"与贵阳银行《农村金融服务站项目合作协议》签约仪式在贵阳银行总部隆重举行。贵州省供销社主任苗宏表示，贵阳银行近年来的发展欣欣向荣、硕果累累，贵州省供销社携手贵阳银行共同推进农村电商、金融服务站建设，构建横向到边、纵向到底、覆盖全省的农村电商、金融服务网络体系，是深入落实"大数据""大扶贫"两大战略行动的具体体现，也是双方实现跨界联合、优势叠加、服务创新，助力贵州省广大农民脱贫致富的重大举措。目前，农村金融和农村电商还是一片蓝海，此次签约，标志贵州省供销社与贵阳银行在这片蓝海上扬帆起航，正当其时。

陈宗权表示，供销社拥有遍布城乡的网点资源、良好的社会声誉和根植于贵州广大农村的深厚感情基础。贵阳银行和贵州省供销社、贵农网的合作能够充分发挥各自优势。通过对资源的融合、要素的聚集和服务的创新共同搭建为农服务平台，让电商、金融的服务惠及更广泛的农村地区和更多的农民是我们共同的使命。此次合作，大家开拓进取，共同翻开了大力扶持"三农"、奋力打好扶贫攻坚战的新篇章。

根据协议，双方将整合供销社农村网点资源，融合贵阳银行的农村金融创新发展模式，大力推进农村电商、金融服务站点建设。

2015年12月，贵州人民银行贵阳中心支行联合有关部门，代拟了《关于全面做好金融服务推进精准扶贫的实施意见》，着力推广以扶贫对象精准、金融机构精准、金融产品和服务、扶贫信贷风险补偿与分担精准以及组织保障平衡的"四精准一平衡"的金融扶贫新模式，解决好"扶持谁""谁来扶""怎么扶""扶得好"的问题，让贫困群众具备可持续发展的基本能力。

（五）科研教学单位

高校和科研单位对电商人才的培养，是少数民族县域电商扶贫活动得以开展的不竭动力，尤其基于大数据时代，对人才的需求体现在各行各业，云计算、物联网、数据挖掘等新技术的产生，不仅成为经济发展的重要工具，也是电商扶贫工作的重要手段。早在2012年，中央在黔单位党委（党组）发布了《中共贵州省委关于进一步实施科教兴黔战略大力加强人才队伍建设的决定》，强调"贯彻主基调、实施主战略、推进'三化同步'和跨越发展，根本上要依靠人才、依靠科技教育，因此要牢固树立人才是加快发展的资源等科学的人才观，切实增强推动科教兴黔、人才强省的自觉性坚定性，进一步解放思想、解放人才、解放生产力，奋力开创人人皆可成才、人人尽展其才的生动局面"。

图 2-14 贵州高校帮扶

2016年4月1日，贵州财经大学党委书记褚光荣、校长蔡绍洪率贵州财经大学帮扶工作调研组一行近20人到台江县开展帮扶工作调研，并召开了帮扶工作座谈会。

台江县委书记吴世胜，县委副书记、县长杜贤伟，县委常委、县委组织部部长、县委统战部部长杨胜刚，副县长刘朝勇陪同调研和参加座谈。

贵州财经大学一行在台江期间，先后深入老屯乡施洞镇就该县银饰刺绣产业发展情况、农村电商示范点建设、党建扶贫示范点建设等进行调研。在座谈会上，贵州财经大学帮扶调研工作组与与会领导和有关单位负责同志就帮扶该县以来的情况，所取得的成果、经验，下一步帮扶计划进行了友好交流。座谈会发言踊跃，气氛热烈。贵州财经大学帮扶调研组一行与该县就党建扶贫工作、发展农村电商、大数据云平台建设、智力培训等工作达成帮扶意向。

自2014年以来，贵州财经大学先后派出2批共15名干部到该县南宫乡驻村帮扶，其中有7名同志还担任村"第一书记"。贵州财经大学还在干部培训、编制村寨"十三五"规划、爱心结对帮扶、关爱农村特困群众和贫困学生、组织大学生开展"三下乡"和社会调查等方面做了大量工作。

2013 年，在《中共贵州省委贵州省人民政府关于加强人才培养引进加快科技创新的指导意见》中要求加大科技创新和职业技能人才教育培养力度，大力培养引进重点岗位管理人才，实施"百千万人才引进计划"，把贵州建设成为"中国人才创业首选地"。2015 年，贵州省政府办公厅就目前已取得的人才培养成果，发布了《省人民政府关于大力发展电子商务的实施意见》（以下简称《意见》）。《意见》强调要重视培养高等院校电子商务人才，扶持贵州省成立电子商务高等技术学院，并按照贵州省电子商务的发展，对人才的需求实行规划，鼓励并引导各大院校开设电子商务专业，以及扩大招生规模，促进电商企业和各类型院校加强合作，实现共建基地、共享资源，对在实习期间表现优异的学生毕业后可直接签署就业协议。

六　少数民族县域电商扶贫实行手段

（一）人力支持：党建扶贫

电商扶贫的开展，仅仅依靠政策的引导和指向还是远远不够的，还需要各地相关部门以身作则，从群众中来到群众中去，认真践行扶贫工作并落实到位。习近平总书记强调："扶贫开发离不开基层组织建设，要落实好村党组织的领导责任，引导思想觉悟高、作风优良、能力强的优秀青年干部、高校毕业生、退伍军人深入到贫困村工作，带领基层党组织成为脱贫攻坚战中的主力军。"

为响应中央号召，黔直党于 2016 年 3 月发布了《关于认真组织省直机关党组织和党员干部开展助推脱贫攻坚"五千行动"的通知》，旨在充分发挥省直机关党组织和广大党员干部在全省大扶贫战略行动中的战斗堡垒作用和先锋模范作用，全力推动全省脱贫攻坚，由此决定在省直机关党组织和党员干部中开展助推扶贫攻坚"五千行动"：千个支部结对帮千村，千名支部书记牵头帮千户，千名领导干部进千村蹲点调研，千名专业人才进千村帮难解困，千名党员干部进千村服务发展。

"水能载舟，亦能覆舟"，任何政策的制定离不开百姓的心声。电商扶贫是少数民族县域实现脱贫的一条捷径，相关部门牢牢把握住"实践是检验真理的唯一标准"，贴入百姓的真实生活，方能促使政策有效施行。

(二) 财力支持

财力资金主要从政策性金融债和专项资金两个方面来对扶贫开发起到助推作用。政策性金融债，是我国政策性银行为筹集信贷资金，经国务院批准由中国人民银行用计划派购的方式，向邮政储蓄银行、中国农业银行、区域性商业银行、城市商业银行等金融机构发行的金融债券。2015年11月，针对贫困地区以金融债券的形式进行创业资金保障，国务院出台了《关于打赢脱贫攻坚战的决定》，其中明确提出"采用适当的政策引导，运用财政贴息资金和金融机构的部分资金，打通获取扶贫资金的通道，满足政策性、发展性金融机构的资金需要。同时可由国家开发银行及中国农业发展银行发行微利或者保本的政策性金融债，中央财政给予90%的贷款贴息，专项资金用于帮扶易地扶贫搬迁"。结合贵州针对自身贫困的现状特点，少数民族县域政府主要从小额信贷、再就业小额担保贷款、"青年创业"贷款、"融资+融智"以及"扶贫+扶智"等方面对贫困地区的创新创业进行扶持。

（1）小额信贷的服务对象主要为城乡低收入群体，通过为他们提供小规模金融服务，让他们获得自我就业和自我发展的机会，促进其走向自我生存和进一步发展。基于《中国农村扶贫开发纲要》的内容，为保障农村创新创业扶贫的顺利进行，从小额信贷扶持的角度出发，中央办公厅、国务院发布了《关于创新机制扎实推进农村扶贫开发工作的意见》（中办发〔2013〕25号），文件中强调了"进一步推广小额信用贷款，推进农村青年创业小额贷款和妇女小额担保贷款工作"。次年，中国人民银行发布了《关于全面做好扶贫开发金融服务工作的指导意见》（银发〔2014〕65号），提出了力争贫困地区每年各项贷款增速高于当年贫困地区所在省（区、市）各项贷款平均增速，新增贷款占所在省（区、市）贷款增量的比重高于上年同期水平的目标。为完善扶贫贴息贷款政策和机制，推进扶贫小额信贷工作，促进贫困人口脱贫致富，国开发办在总结了两个《意见》的基础上，发布了《关于创新发展扶贫小额信贷的指导意见》（国开办发〔2014〕78号），明确了三大目标：丰富扶贫小额信贷的产品和形式，创新贫困村金融服务，改善贫困地区金融生态环境；扶贫小额信贷覆盖建档立卡贫困农户的比例和规模有较大增长，贷款满足率有明显的提高；努力促进贫困户贷得到、用得好、还得上、逐步富。

图 2-15　小额信贷

2006年，贵州息烽县大量的农户为了发展河流网箱养殖、草莓大棚等，借用月息千分之二十的个人高利贷来解决资金短缺。据国家统计局《中国农村统计年鉴2008》显示的各行业的成本数据，全国淡水鱼农户精养的月收益率可达千分之二十七，而据贵州省农业厅《农村社会经济调查2006》中的数据显示，2006年淡水水产的月收益率可达千分之六十。但是，市场供求关系和价格的大幅度波动，淡水养鱼的价格和收益率已经大幅度下降。草莓大棚也面临着同样的问题，草莓的价格比往年已经下降了很多，销量也远不如从前。

一位贵州普安农村的乡干部谈到提到：很多贫困户连最基本的生计都没有办法维持，过年期间他的一位亲戚来访，他借给300元让亲戚买点种子、化肥种粮食，没想到小钱起了大作用，维持了亲戚一家人基本的温饱。毕节县的一位农经干部说他也常常遇到类似的情况，有些农户甚至只借30—50元钱买点种子、饲养家禽、购买盐巴等生活必需品。

早前，贵州省紫云县格凸河一带的农户大部分人家的年收入只有三四百元，非常贫困，居住条件差、有的还住在山洞里，甚至一家人共用一套像样的衣服外出使用。21世纪初，政府帮助当地兴办旅游业。起初，农民们缺乏资金，有没有担保向正规金融机构取得借款，因此一户人家狠下心向个人借了1500元高利贷，盖起了竹楼用作旅店和饭店。

一段时间后，由于经营较好，当地政府又借给1500元购置电冰箱等餐饮设备，两年后不仅还了高利贷和借款，并且彻底走出了贫困。有了一定的资金支持后，加上旅游业的助力，大部分人家的人均年收入达到了1500元。由此可见，贫困户的发展离不开小额信贷，且由于当地民风淳朴、血缘关系等原因大部分借贷都是亲情借贷，或者是给予粮食、肉等食物作为感谢。

案例中，贵州得天独厚的环境使得农业、手工业、畜牧业相对于其他地区具有巨大的发展潜力，但资金的暂时缺乏往往限制了传统产业经济的发展，也因此许多贫困地区人民不得不通过民间贷款、高利贷的方式为创业筹集资金。普安村农民只需要少量资金，便能依靠辛勤的劳作、传统的技艺获得丰收，再结合电子商务战略，使产品通过网络营销的途径快速销售出去，这对当地的经济发展具有重大意义。而贵州省政府正是认识到了小额贷款对农民创业脱贫的重要意义，制定了一系列提供小额贷款的电商扶贫政策，来帮助贫困地区的农民实现创业。

（2）再就业小额担保贷款，是指为下岗失业人员自主创业提供的小额贷款。针对那些信誉良好、有劳动能力和愿望的下岗人员，提供资金保障其在创业过程中遇到缺乏资金，以及难以获得银行等金融机构贷款的真正困难。向银行等金融机构申请的专项再就业小额贷款，由政府主导成立再就业担保基金，再通过担保机构承保。根据《国务院关于做好促进就业工作的通知》（国发〔2008〕5号）、《中国人民银行财政部人力资源和社会保障部关于进一步改进小额担保贷款管理积极推动创业促进就业的通知》（银发〔2008〕238号）、《财政部关于积极发挥财政贴息资金支持作用切实做好促进就业工作的通知》（财金〔2008〕77号）、《财政部中国人民银行人力资源和社会保障部关于印发〈小额担保贷款财政贴息资金管理办法〉的通知》（财金〔2008〕100号）、《财政部人力资源和社会保障部中国人民银行中华全国妇联关于完善小额担保贷款财政贴息政策推动妇女创业就业工作的通知》（财金〔2009〕72号）、《关于实施更加积极就业政策进一步做好促进就业工作的通知》（黔府办发〔2009〕102号）及有关小额担保贷款政策的文件精神，以贵州省为例，省就业局发布了《贵州省就业小额担保贷款实施办法》，强调进一步做好小额担保贷款工作，充分发挥小额担保贷款政策对就业的促进作用。到 2016 年 12 月，财政贴息资金支持的小额担保贷款额度为：高校毕业生最高贷款额度 10 万元，妇女最高贷款额度 8 万元，其他符合条件的人员最高贷款额度 5 万元，劳动密集型小企业最高贷款额度 200 万元。对合伙经营和组织起来就业的，妇女最高人均贷款额度为 10 万元。

（3）"青年创业"贷款，是指为了积极推进农村的发展、激励农村青年创业，而设置的一种贷款，且贷款额度在 3 万元以内，一般不超过 5 万元；贷款期限一般设定在 3 年以内，最长不超过 5 年。少数民族县域得天独厚的自然环境，造就了当地绿色有机蔬菜、水果种植、农副产品养殖、农产品深加工等产业的蓬勃发展，尤其在互联网高速发展的今天，许多年轻人借助电子商务的途径，将家乡的特色产业以多姿多彩的方式告诉世人。

为了鼓励更多的贵州青年返乡创业致富以及贯彻落实《国务院关于大力推进大众创业万众创新若干政策措施的意见》（国发〔2015〕32 号）精神，营造有利于大众创业、万众创新的良好政策环境、制度环境和公共服务体系，贵州省人民政府发布了《关于大力推进大众创业万众创新的实施意见》（黔府发〔2016〕25 号），要求深入实施全省"万名大学生创业计划"，以"黔微贷"和"创业担保贷款"等为依托，整合发展高校毕业生就业创业基金。落实到具体，贵州省扶贫办开发办公室联合下发了《关于做好农村青年创业就业贷款工作的通知》，共同引导和帮助青年创业就业。并与农行贵州分行就青年小额贷款工作达成共识，签订《支持农村青年创业就业合作协议》，以青年为主体、以产业为基础、以"惠农卡"为载体，共同推进全省青年小额贷款工作。目前，青年创业小额贷款工作已成为各级团组织帮助创业青年解决资金瓶颈、改善创业条件、实现以创业带动就业的一项重要措施。

（4）融资，是经过资本扩张，集中生产要素来减少生产成本；融智，是通过致力扩张，利用自身知识资源的重复使用性和广泛辐射性进行市场创新。对贵州的扶贫现状而言，融智，不仅有助于贫困地区寻找市场新的生长点，更有助于使农民在通过电子商务创业的过程中借鉴他人经验而有效回避风险，拓展融资渠道，提高融资效益，扩张融资总量，变知识为技术，变技术为市场，变市场为利润，使两种要素相互促进、协同发展。

2016年6月2日,开发性金融支持贵安新区"十三五"发展合作备忘录签字仪式在国家开发银行贵州省分行举行。贵安新区管委会、贵安新区开发投资有限公司分别与国家开发银行贵州省分行签署《开发性金融合作备忘录》。

合作中,贵安新区将发挥组织协调优势结合开发银行中长期投融资综合服务优势,围绕贵安新区"十三五"经济社会发展目标的实施,通过规划先行、政策引导、市场建设、融资推动,营造良好的投资环境、金融环境、市场环境,共同促进贵安新区经济社会可持续发展。

开发银行将联合其他金融机构,为贵安新区民生基础设施、产业优化升级、大数据产业、生态文明建设等项目提供资金保障。

开发银行除了提供融资支持,还将按照贵安新区发展目标,充当"思想库"和"智囊团"的有效角色,通过提供专业化的咨询顾问服务,支持贵安新区投融资领域的体制机制建设和融资模式创新,培育充实投融资主体,营造市场发展良好环境。

在"十二五"期间,开发银行为贵安新区棚改、地下综合管廊等大型建设项目提供了多种方式的融资,成为贵安新区经济发展的助推器。

在大数据时代,知识已成为重要的经济来源组成要素,资金决定项目的启动,而知识,则决定了项目能否持续收益。贵安新区发展合作备忘录的签订,标明贵州省发展知识经济的决心,出台金融扶持政策的同时,辅之以技术、知识支持,这大大促进了脱贫工作的快速、有效开展。

(5)教育资金支持。"扶贫必先扶智,治穷必先治愚",单单依靠物资援助来扶贫犹如抱薪救火,不仅无法从根本上解决贫困问题,反而还会加深贫困地区人民的依赖心理,因此,真正帮助贫困地区群众脱贫,就要从过去"输血式"扶贫向"造血式"扶贫转变,从单纯的物资支援向人力资源的开发转变,只有这样才能阻断贫困的"代际传递"。扶贫要先扶"智",只有让当地群众认识到掌握一门技能的重要性,才能更有效地发挥扶"智"的作用,让贫困人员能"一技促脱贫"。

习近平同志在 2015 年减贫与发展高层论坛的主旨演讲中强调,"授人以鱼,不如授人以渔。扶贫必扶智,让每一个孩子享受公平良好的教育,是当下扶贫工作的重要目标,更是打破贫困代代相传的重要手段"。在互联网高速发展的背景下,贵州积极响应中央号召,注重传统产业生产技能与网络营销技能的培训,发布了《关于进一步加强农村贫困学生资助推进教育精准扶贫的实施方案》(黔党办〔2015〕40 号)(以下简称《方案》),旨在按照"精准资助、应助尽助"的原则,完善学生资助政策体系,将农村贫困学生资助纳入年度财政预算,切实解决农村贫困学生上学期间费用负担问题,提升贫困人口的教育水平以及素质,推动贫困地区经济发展。为贯彻落实《方案》,2016 年,贵州省教育厅制订了《贵州省教育精准脱贫规划方案(2016—2020 年)》,强调全面落实国家精准扶贫、精准脱贫基本方略和省委省政府大扶贫战略行动,充分发挥教育造血式扶贫功能,深入推进教育精准扶贫,坚决打赢教育脱贫攻坚战。改善教育扶贫措施,例如,农村寄宿制学校建设工程、农村远程教育工程、完善义务教育经费保障机制等等,来提高贫困地区群众的素质和劳动技能,对从思想上达到扶贫目标具有重要意义。

与政策性金融债不同,专项扶贫资金是指国家财政预算安排用于支持各省(自治区、直辖市)农村贫困地区、少数民族县域、边境地区、国有贫困农场、国有贫困林场、新疆生产建设兵团贫困团场(以下简称各地)加快经济社会发展,帮助贫困人口改善基本生产、生活条件,实现其自我发展,提高收入,推动解决贫困的专项资金,不需要贫困户在日后偿还。早在 2011 年,财政部、国务院扶贫办就发布了《财政专项扶贫资金管理办法》(财农〔2011〕412 号)文件,强调为贯彻落实《扶贫纲要(2011—2020 年)》(中发〔2011〕10 号)精神,提出进一步加强和规范财政专项扶贫资金使用与管理,促进提升资金使用效益。贵州省的专项资金主要体现在以下方面:一是围绕特色种植业高效生产技术推广开展技术服务。组织园艺、茶叶、果树、辣椒、中药材、亚热带作物等专业技术人员,围绕以特色蔬菜、有机茶叶、精品水果、道地药材等科技支撑,对安龙、册亨等 38 个县开展了高效生产技术推广与服务。二是围绕特色养殖业高效生产技术推广开展技术服务。组织畜牧兽医、草业和水产等专业技术人员,围绕种草养畜、生态养殖等科技支撑，对关岭、赫章等28个县开展高效生产技术推广与服务。三是围绕主要粮油作物优质高效生产技术推广开展技术服务。组织水稻、旱粮、油料、油菜、马铃薯等专业技术人员，围绕以优质水稻、特色高粱、休闲观光和特色马铃薯等科技支撑，对岑巩、赤水等35个县开展高效生产技术推广与服务。四是围绕综合农业技术研发开展技术服务。组织土肥、植保、信息和现代农业等专业技术人员，围绕测土配方施肥、作物病虫草害防控、现代农业与科技信息等科技支撑，对大方、独山等24个县开展了技术推广与科技服务。

七 西南各少数民族县域电商政策概要

少数民族主要聚居于我国西南腹地，以四川省、云南省、广西壮族自治区、湖南省、甘肃省等省份居多。针对我国西南地区不同省份来探讨少数民族区域的贫困问题而采取的措施，对当前扶贫政策的解读具有重要意义。

（一）四川省

四川省位于我国西南腹地，是除西藏外全国最大的藏族、彝族聚居区和全国唯一的羌族聚居区，坐拥西部地区综合交通枢纽，经济总量连续多年位居西部第一，因物产丰富，资源富集为被誉为"天府之国"。四川藏区具备独特的农业优势，一些草饲牲畜，譬如牛羊马等以及其畜产品在整个四川乃至全国都占有着重要的地位，是四川牛羊肉产品供应的主要来源和基地；此外，四川藏区的虫草、菌灵芝、松茸、猴头等可做药用或者食用的菌类可达60余种，其中不乏诸多名贵药材例如麝香、鹿茸、虫草、贝母、天麻等，是支撑当地经济发展的重要产业之一。而多民族聚居的格局，使得当地的经济发展并不平衡，目前尚未脱贫的农村贫困人口大都处于深度贫困，减贫成本更高、脱贫难度更大，特别是藏区、彝区等民族地区极端贫困现象依然存在。

四川藏区发展电商，是一条扶贫的捷径，主要体现在以下几点：

（1）四川藏区气候条件、地理环境恶劣，铁路以及高速公路的不普及以及其他国省干道公路的条件相对较差，这些问题都导致了其较高的建设和维护成本；不仅如此，多发的自然灾害与地质灾害对这些交通的影响也不可忽视。电子商务扶贫战略，帮助当地农户突破了地理环境的限制，使更多的消费者能够了解、购买到大山深处的特产，对当地的脱贫起到积极作用。

（2）随着经济的快速发展，越来越多的人群开始关注健康问题，以保健品为代表的医疗卫生行业欣欣向荣，发达城市对正品药材的需求，使四川藏区的特色药材有着巨大的市场空间，农业产品的下行，促使藏区工业产品的上行得到提升。

为了强化社会对少数民族贫困的关注度，四川省人民政府办公厅印发《关于深入动员社会力量参与扶贫开发的实施意见》（川办发〔2015〕57号）（以下简称"《意见》"），提出既要摸索出一条新的扶贫道路，同时又要完善人人参与的机制。除此之外，要构建社会各界积极参与扶贫开发的新常态。根据该《意见》的指导思想，2016年4月，省商务厅出台了《2016年四川省电商精准扶贫工作要点》，强调在天府网交易平台增加四川电子商务精准扶贫功能，把"天府网交会"打造成集销售展示、综合服务、信息发布为一体的电子商务精准扶贫信息枢纽和综合服务中心，同时"四川爱心扶贫网"等其他公共服务平台共享信息，横向合作，通过平台聚合与服务，提升决胜电子商务精准扶贫脱贫的水平。同年5月，四川省商务厅联合各市州、企业，为贫困地区、贫困家庭提供"订单式"电商精准扶贫服务，基于电商精准扶贫"云"图帮助广大贫困户脱贫致富。

作为2015年市场拓展"三大活动"的网上平台，第三届"2015天府网交会·惠民惠企网购活动"1月22日正式启幕。活动为期36天，有1万余家商贸流通、生产型企业、专业市场和电商企业参与，网民可集中采购上万种、数百万件四川名优特新产品。

活动由省委农工委、省商务厅、省经济和信息化委联合主办，将设线上四川商品特色馆，并举行"惠民购物月"分区活动、特色市州等主题促销活动，推动网络营销+现代物流+供应链优化相结合，鼓励大宗商品交易方式创新，推进移动电子商务、网络分销、互联网金融、供应链融资等新型电子商务模式。

经过三年培育，天府网交会成为西部地区规模最大、辐射面最广、品牌效应最强的四川产品线上电子商务公共平台。2014年四川省电子商务交易额达1.2万亿元，同比增长40.5%，规模跻身全国第一梯队。

2014年四川省加快"中西部电子商务中心"建设,着重培育健全电商生态链。

四川省政府通过创新精准扶贫模式,结合自身的环境与特色产业,利用电商"云"图来引导少数民族县域的创新创业道路,取得了很好的效果。

(二)云南省

云南省是贫困发生率最高的省份之一,到2015年底,约有贫困人口471万人,居全国第二位。同时,云南省少数民族众多,其人口约占全省总人口的1/3。以蔗糖、茶叶、橡胶、马铃薯、蔬菜、蚕桑、咖啡、生猪、肉牛、特色水产10类优势特色产业为代表,云南省的农副产品作为开展电商的产业基础是可行的,但是较低的互联网普及率成为当地开展网络营销的瓶颈。据《中国互联网发展状况统计报告》阐述,云南互联网普及率低于全球的平均水平,在全省844万人,普及率为18.6%,在全国31个省份中排名第27位。较低的互联网普及率,造成电子商务在云南省的各个行业的发展并不平衡,对支柱产业而言,云南烟草行业的VSAT卫星通信系统遥遥领先于全国各省,信息化和网络化程度普遍较高,开展电子商务的基础条件比较好。但其他的行业如矿业、农副产品业却依然延续老旧的商业模式,几乎不涉及电子商务。同时,云南省以山地为主,只有在交通便利的几个城市正如火如荼地发展电商,而不是在全省范围推广。为了加快对云南省开展电商的引导和扶持,支持电商人才的培养,配合企业更好地发展电商,2016年7月22日,省政府印发了《云南省人民政府办公厅关于促进农村电子商务加快发展的实施意见》(云政办发〔2016〕69号),紧紧围绕国务院和省委省政府对加快农村电子商务发展的部署和要求,以"云上云"行动计划为统领,以电子商务进农村综合示范为抓手,探索创新农村现代流通模式,加快电子商务在全省农村的推广应用,培育和壮大农村电子商务市场主体。随着"十三五"时期的到来,云南省政府发展电商的态度是强劲的:在《云南省人民政府关于加快信息化和信息产业发展的指导意见》中提出,至2020年,云南将基本建成面向南亚、东南亚的国际通信枢纽和区域信息汇集中心;《云南省人民政府关于促进电子商务及跨境电子商务发展的实施意见》(云政发〔2015〕90号)提出加快传统企业的转型升级以及跨境电商平台的搭建；《云南省人民政府关于加快推进"互联网+"行动的实施意见》（云政发〔2015〕92号）提出推动互联网与云南社会经济各领域的融合发展；《云南省人民政府关于加快高速宽带网络建设推进网络提速降费工作的实施意见》提出要加速推动宽带网络的基础设施建设，进而实现真正的提速降费，不断提升服务水平；《云南省人民政府关于促进云计算创新发展培育信息产业新业态的实施意见》要求到2020年统一规范云南省电子政务网络；《云南省贯彻落实运用大数据加强对市场主体服务和监管若干意见的实施办法》（云政办发〔2015〕99号）提出高效采集、有效整合、运用政府数据和社会数据，增强政府服务和监管的有效性，并加强对市场主体的事中事后监管，推动简政放权和政府职能转变。

云南省开启了"云上云"的行动计划，意在推动云南信息化的建设以及信息相关产业发展，通过不断对经济和产业结构进行改善，逐步向开放的、创新的以及进一步的绿色化、信息化、高端化提高。

第一批"云上云"计划共有9个重点项目，总投资约为153亿元。在这些项目中，园区基础设施的建设项目有4个，信息化的产业共5个：云南省政务信息中心项目（一期）、浪潮昆明云计算产业园（一期）、云南移动云计算中心项目、昆明呈贡科技信息产业创新孵化中心项目、中国电信云南公司"全光网省"项目。这些项目当中8个项目计划于当年竣工，中国电信云南分公司"全光网省"的项目则在2016年完成。这个建设目标包括：通过全云南省电信基础的网络光纤化改造，以达到全云南光纤宽带的覆盖率实现100%，城市以及乡镇的用户的光纤宽带接入能力可以达到100M，其普及程度实现45%；除城市以及乡镇外，在农村的目标则是完成在所有行政村光缆建设，农村居民的宽带接入力可以有50M，普及程度为40%，整个互联网络的省际出口带宽超过4.8TB、省内出口的总带宽实现6.4TB。

云南省希望能在五个方面取得新的进展以及突破，进而可以进一步推动云南省信息化和信息相关的产业发展。其一，建设新型的信息基础设备，同时完善基础服务的相关平台，构建一个安全可控的网络信息安全体系，以求得在信息基础设施的构建上获得新的进展；其二，实现科学规划、完善政策，创新服务以及创新的招商模型，高标准地去打造一代电子信息产业集群，集中地、高要求地建设呈贡信息产业园区，这是在电子信息产业发展上获得的新进展；其三，充分运用信息技术以达到经济快速转型升级、生产模式变革以及构建新商业模型，扩大电子商务的发展空间，实现信息消费内容的大丰富，在拓展新型信息服务上表现积极的态度，这是在信息消费上获得的新进展；其四，在关注国家实施"互联网＋"和"中国制造2025"的战略时，直面机会与挑战，深度融合、充分应用、不断提高，推动信息化与工业化的更进一步合作发展、实现与城镇化的和谐发展、与现代化农业发展的协同，进而拔高公共服务以及社会管理信息化的水平，这是信息化在应用上获得的新进展；其五，充分发挥政府的作用，充分展现市场对资源配置的重要作用，以及好的创新驱动作用，这是信息化发展在体制机制谋求创新的新进展。

"云上云"计划体现了云南省政府积极响应中央号召，推动精准扶贫的同时通过"互联网＋"的模式，将云南省各产业进行信息化转型升级，推进政务云、工业云、农业云、商务云、益民服务云、智慧城市云、区域信息服务云建设，推动教育、医疗、旅游、林业、交通物流等重点领域的行业云和大数据中心建设，并力争成为支撑全国的行业大数据服务平台。

（三）广西壮族自治区

广西壮族自治区地处中国南疆，是中国最主要的多民族聚居的自治区，世居有壮族、汉族、瑶族、苗族、侗族、毛南族、回族、京族、彝族、水族、仡佬族、仫佬族12个民族，另有满族、蒙古族、朝鲜族、白族、藏族、黎族、土家族等40多个其他民族也在这里定居。全区70%以上的贫困人口的居住环境恶劣、交通不便、环境闭塞，成为脱贫攻坚的"硬骨头"。贫困人口分布广、贫困整体程度深、扶贫资金缺口大，是广西扶贫的主要难点，结合当地的制糖工业、食品工业、机械工业、铝工业、汽车工业、冶金工业、建材工业的特点，开展跨境电商来支持扶贫工作，对促进当地经济发展具有重要意义。

2015年5月26日，广西壮族自治区人民政府印发《关于加快电子商务发展的若干意见》，提出以建设中国—东盟跨境电子商务基地为目标，使广西电子商务产业竞争优势突出、市场辐射广阔、产业集聚明显、支撑保障有力、应用深入广泛、创新创业活跃。

自治区党委组织部等5部门关于印发《广西"党旗领航·电商扶贫"2017行动计划》的通知，以自治区确定的计划2017年出列贫困村、摘帽贫困县为主要对象，以"党旗领航·电商扶贫"2017行动战略支持单位为重点骨干，以电商进农村综合示范县建设为重要抓手，着力做到"六个一批、六个提升"，即新建一批互联网领域企业行业党组织，两新领域基层党建引领发展的功能作用明显提升；帮助一批贫困群众解困脱贫，两新组织投身脱贫攻坚的参与度贡献率明显提升；打造一批贫困县物产品牌，贫困地区特色物产的电商营销价值明显提升；落实一批电商扶贫载体项目，电商进农村的运转效能明显提升；培育一批农村电商创业人才，电商骨干致富带富的能力素质明显提升；推广一批扶贫脱贫榜样典型，社会各界特别是贫困群众借助电商打赢攻坚的精气神明显提升。

（四）湖南省

湖南省地处中国中部、长江中游，是一个多民族的省份，有汉、土家、苗、侗、瑶、白、回、壮、维吾尔等50余个民族，同时也是全国贫困面比较广、贫困程度比较深的省份之一。到2016年中旬，全省有51个扶贫工作重点县，其中国家连片特困地区县37个，片区外的国家扶贫开发工作重点县有3个，省扶贫开发工作重点县11个；有8000个贫困村，占行政村总数的19.23%，其中51个重点县共有6153个贫困村。截至2015年底，全省还有465万建档立卡贫困人口，贫困发生率为8.2%，贫困人口规模居全省第五位；其中51个国家和省扶贫工作重点县有贫困人口约315.9万，贫困发生率为12.9%。

这些贫困县集中在湘西、湘西南地区以及周边的山区，是江南丘陵向云贵高原山地的过渡地带，区内山峦重叠，岭谷交错，山多地少，耕地零散，土层贫瘠，植被破坏严重，水旱灾害频繁，水土严重流失，恶劣的自然环境是这些地区人口贫困的一个重要原因。再加上地理位置偏僻，又远离中心城市，交通极为不便，这导致了资金、技术、人才、商品等重要经济发展的要素受到了限制，进而使得贫困地区长期处于被孤立、隔绝的封闭条件，使得当地的经济发展受到了相当大的限制，资源优势转换不成经济优势，严重影响贫困地区社会经济发展进程。

为了改善当地的少数民族贫困现状,结合椪柑、茶叶、百合、黄牛等特色农业产品,省政府采取电商扶贫的措施,联合省国税局出台了《湖南省电子商务企业认定办法》(湘商电〔2015〕6号),对电子商务企业认定和电子商务政策资金支持范围进行了规范;出台了《湖南省电子商务示范体系认定办法》(湘商电〔2015〕7号),明确了电子商务示范基地、示范企业和重点培育项目的认定范围、标准和程序。省经信委联合省农委出台了《湖南省移动互联网与农业产业化融合发展实施方案》,开展农业企业电商应用推广示范工程和县域农村电商推进示范工程;制订了《湖南省"互联网+商贸流通"行动计划》(湘商电〔2015〕18号),依照"大市场,大平台,大数据,大流通"的总体方案和思路,目标在2020年将湖南打造成国内中西部电子商务产业的生态发展平台。

湖南省商务厅出台了《关于做好2018年全省电商扶贫专项行动有关工作的通知》(湘商电〔2018〕6号),通过进一步加强和各大电商平台的合作,着力打造"一县一品"品牌,并进一步完善贫困地区农村电子商务服务体系和物流体系。

(五) 甘肃省

甘肃省位于黄土高原、青藏高原和内蒙古高原三大高原的交叉地带,独特的地势地貌,海拔悬殊,沙漠、高山、戈壁滩随处可见,属于高原地貌。同时,甘肃是多民族聚居的省份,有54个少数民族,千人以上的民族有16个,主要有回、藏、蒙古、东乡、哈萨克、保安、裕固、撒拉、土和满族等,其中东乡、保安和裕固族是甘肃特有民族。截至2016年9月,省内现有少数民族人口244万人,占全省总人口的9.4%,少数民族贫困人口47.58万人。针对当地的特色产业,蔬菜、马铃薯、草食畜牧业、中药材、优质林果、制种和酿酒原料这六大产业因地制宜,成为支撑甘肃经济发展的重要组成部分。

如何利用互联网来打造属于甘肃省自己的发展"天路",更好地辅助扶贫开发工作的进行,成为政策的指定方向。2015年6月,甘肃省商务厅省、工信委、省扶贫办联合出台了《关于精准扶贫电商支持计划的实施方案》,方案指出2015年至2017年,全省70%以上的贫困乡要利用电子商务的手段,出售其特色商品,销售额年均增长20%以上,全省95%以上的行政村要实现固定和移动宽带的覆盖。2018年至2020年，全省贫困地区要提高电子商务应用的普及率，逐步完成县级地区实现农村电子商务服务中心，乡有电子商务服务站，村有电子商务服务点，实现贫困户不仅可以利用电子商务销售自产货品，同时可以购买生产生活所需的物资资料，同时要实现全省贫困农村家庭宽带普及率的提升，4G网络全面覆盖。次年，中共甘肃省委、甘肃省人民政府出台的《关于打赢脱贫攻坚战的实施意见》中，亦强调了继续实施《精准扶贫电商支持计划》，加强电子商务与精准扶贫紧密结合，支持本地结算的国内知名电商平台在我省推广发展，打造具有甘肃地方特色、地域特性、市场容量的电商品牌，引导商贸流通企业线上线下融合发展，促进农产品上网销售。

2017年4月，甘肃省人民政府办公厅印发了《甘肃省"十三五"脱贫攻坚规划》，规划中写道，2020年要实现现行标准下农村贫困人口不愁吃穿，实现义务教育、实现基本医疗和住房安全保障，58个片区县农民人均可支配收入与2010年翻一番以上，使得农村贫困人口实现真正的脱贫，贫困县全部摘帽，从而根本解决区域性贫困的问题。

（六）西南各省少数民族县域电商扶贫政策可借鉴之处

综观西南各省的扶贫现状，主要结合当地的特色产业、地理现状、民风习俗和电商发展趋势等方面的内容，来制定因地制宜的政策。

四川省物产丰富，药材和菌类产品闻名全国，经济发展实力在西南地区首屈可数，开展电商脱贫工作的重点，体现在打造具有四川特色的电商平台。四川省政府利用天府交易平台和电商"云"图来提供精准扶贫的帮扶，积极推进移动电子商务、网络分销、互联网金融、供应链融资等新型电子商务模式。

云南省的互联网普及率是偏低的，且发展极不平衡，因此在电商扶贫的过程中，政府对于如何引导人们思想观念的转变、加快电子商务的推广和相关人才的培养，是重中之重的环节。为响应中央提出的"互联网+"口号，云南省政府出台了"云上云"计划，推进政务云、工业云、农业云、商务云等工程的开展，实现扶贫。

广西壮族自治区的物流、交通极不便利、自然环境恶劣、扶贫资金缺口大，这些是阻碍当地电商扶贫工作开展的主要因素。当地政府部门积极推进网络基础设施的建设，结合当地的出口优势，将"互联网+"模式应用到工业产品的出口，这成为当地电商扶贫的方向。

湖南省处于长江中游，开展电商的难点体现在环境的闭塞和灾害的频发，导致产业的发展受到限制。当地政府通过引用大数据手段，构建属于自己的平台来实现茶叶、百合、黄牛肉等产品的网上销售，来突破当地的环境约束，实现脱贫。

甘肃省地处高原，以戈壁荒漠为主，畜牧业是当地经济发展的重要组成部分。如何实现当地网络环境的全面覆盖，是甘肃省政府制定电商扶贫政策的方向。同时，普及电子商务进村活动，各个贫困村有电子商务服务点，帮助当地群众实现农业品下行与工业品上行的稳定，是电商扶贫的重点。

第三节　贵州省少数民族县域电商扶贫政策解读

一　响应国家号召，鼓励电商扶贫

贵州省虽然在"十二五"时期取得了持续快速发展，基础条件日益改善，发展环境不断优化，但在"十三五"时期还面临许多难题，贫困人口基数多、贫困范围面广、贫困程度深，这也就使得脱贫任务加重，全省90%以上人口为贫困人口、贫困乡镇和贫困村集中整片地区，脱贫攻坚难度加剧。少数民族县域传统的脱贫手段主要从三个层面开展：法律层面，制定相关的法律法规；组织机构层面，成立专门机构；财政政策层面，加大财政补贴和资金投入。

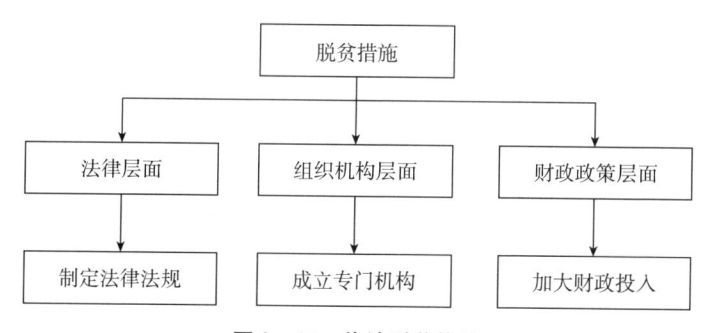

图 2-16　传统脱贫措施

通过对"十二五"时期取得的成果分析以及对"十三五"规划解读，贵州政府针对2016—2020年这五年期间提出了两个重点扶贫目标：

（1）紧密结合贵州省脱贫攻坚实际，以易地扶贫搬迁、产业脱贫、建设绿色贵州、基础设施建设、教育医疗脱贫、社会保障兜底为重点，攻克农村地区贫困。

（2）以建设数据强省为中心，深入国家大数据综合试验区的建设，以信息基础设施建设为基础，全面落实"互联网+"行动计划，逐步推进大数据同经济社会的发展、同脱贫攻坚相融合，从而使得经济转型升级。

由此，电商扶贫的方法应运而生。伴随互联网普及率持续增长，电子商务也表现出极速发展的良好势头，许多农民也加入到了电子商务创业中，尤其是近些年自下而上快速崛起，并且呈全面爆发之势的各种"淘宝村""电商村"，这无疑展示了贫困地区借用电子商务之势实现巨大的发展。正是鉴于电子商务给部分农村地区带来的巨大变化，在"十三五"规划中，"电商扶贫"正式被纳入扶贫的政策体系，并作为"精准扶贫十大工程"之一。2015年7月6日，财政部、商务部公布了2015年电子商务进农村综合示范工作的200个示范县名单，且中央财政计划安排20亿元专项资金进行对口扶持，发展当地农村电子商务。在随后的24日，商务部强调2015年每个示范县将获得1850万元的财政资金，年底将对这些示范县进行绩效评估，对评估合格的县，2016年继续安排资金150万元；评估不合格的将收回全部财政资金。12月，为了加大"互联网+"扶贫力度，党中央、国务院下发了《关于打赢脱贫攻坚战的决定》，明确了健全精准扶贫工作机制；发展特色产业脱贫；引导劳务输出脱贫；实施易地搬迁脱贫；加快交通、水利、电力建设；加大"互联网+"扶贫力度；加大财政扶贫投入力度；加大金融扶贫力度等30项具体脱贫扶贫举措。

二 发展民族地区产业

对国家政策的解读，确定整体发展方向，再结合贵州省的特色产业制定脱贫方针，是当地推广电商脱贫的重要依据。以贵州白酒产业为例，白酒产业一直是贵州省经济发展的支柱，尤其在电子商务战略的支持下，许多贵州白酒公司成立头几年便已取得巨大的成果。据食品网显示：2015 年度，贵州省从事白酒生产的企业数在全国名列第三位，白酒年产量达到 42.8 万千升，占全国产量的 3.3%，且产量的增速为 11.1%，年销售收入约为 500 亿元。而天猫商城有关数据显示，到 2015 年，"贵州茅台"等本地白酒在天猫商城的年销售额已经突破亿元大关，在这之中茅台 3798 万元、金沙 2815 万元、国台 2014 万元、董酒 1850 万元，在天猫酒类销售榜排名前十。

贵州白酒企业的"弯道超车"跨越式发展，离不开电商扶持政策的服务和引导作用。2016 年 9 月 26 日，贵州省人民政府办公厅印发了《贵州省推动白酒行业供给侧结构性改革促进产业转型升级的实施意见》，指出加强营销网络建设是推动全省白酒行业供给侧结构性改革、促进行业结构优化和转型升级、提高白酒企业发展质量和效益的有力手段，要求创新商业模式，改变营销策略，拓宽营销网络渠道，合理改进营销网络布局，精细划分、选择营销目标地区，持续展开以茅台酒为代表的宣传活动，为企业构建良好产销平台；并支持重点企业加快全国化和全球化布局，加大对重点市场、潜力市场的开拓力度，鼓励白酒企业结合消费地区特点以及自身产品特点，开展针对不同地区的精准营销，积极开发县级和农村市场，借助民营、个体商业的活跃性，建立多载体、多层次、多渠道的营销网络体系。贵州省政府对省内白酒电子商务的发展是十分重视的，通过融合贵州白酒的文化价值与电子商务战略，再辅之以相关政策，贵州白酒企业在经济发展中正发挥越来越重要的作用。

除了白酒产业闻名遐迩，贵州还有许多其他产业有待借助电商平台实现发展，如少数民族文化、红色文化、旅游文化等。产业扶贫是帮助农民脱贫的长期策略，也是其他方式扶贫取得成效的基石。农村电商此种新型的扶贫模式已经覆盖农产品产业链，有力地推动了农业改革，指明了农村发展的新方向，为农村人口增加了收入，是实现精准扶贫的必要途径。

三 制定电商扶贫目标

贵州省电商扶贫政策的目的，是响应中央提出的"互联网＋扶贫"

的号召，希望借助电子商务平台来促进本省的企业交流与发展，从而带动当地经济，实现脱贫。对传统产业辅之以电子商务战略，《贵州省"互联网+"精准扶贫专项行动计划》要求深入落实习近平总书记"脱贫困、奔小康"和"两个所有"的国家减贫战略，促进互联网与精准扶贫的快速融合，开辟一条不同于东西部的富有贵州特色的信息化扶贫道路，最终实现精准扶贫的目标，并制定了如下目标：

2015年，完成投资6280万元。建设精准扶贫建档立卡动态管理应用系统、扶贫项目资金监管应用系统、移动巡检应用系统，加强贫困村、贫困户网络基础知识培训，以及基层业务人员专业技能培训。

2016年，完成投资4590万元。建设贫困监测绩效评估应用系统、远程监控应用系统、精准扶贫个案管理应用系统、电商扶贫应用系统，全省新建3000个贫困村电商扶贫试点。2017年，完成投资2920万元。建设遥感地理信息应用系统、社会扶贫应用系统，全省新建2000个贫困村电商扶贫试点。

2018年，完成投资1890万元。进一步完善电商扶贫应用系统，全省新建1000个贫困村电商扶贫试点。

2025年，建成全方位、多角度的综合服务体系，各类扶贫信息的资源实现共建共享，打通从国家到村镇的六级信息流通通道，"互联网+"精准扶贫大体完善，资源配置更加合理，极大提升了服务能力，最终打造一个全社会参与、监督、可拓展的全国领先型扶贫系统。

目前，贵州省发展农村电商主要依托贵州农业云——"大数据+现代山地特色高效农业+旅游业"的平台，按照"一县一业、一乡一特、一村一品、一户一策"的思路，鼓励进行绿色、有机、无公害、地理标志、著名和驰名商标认证，鼓励并引导贫困户与合作社、生产基地、农业示范园区、农产品加工企业、龙头物流企业和电商企业的融合，开展订单式生产，打造一批高质量、高价值、高声誉的特色电商扶贫农产品。同时，通过用好"农村青年电商培育工程""快递向西、向下服务拓展工程""电商扶贫工程""巾帼电商创业行动""电子商务进农村综合示范工程"等供销综合电商服务平台，贵州省政府支持本地电商平台做大做强，积极推进阿里巴巴"千县万村"、京东"千县燎原"、苏宁"农村电商"计划落地，帮扶当地企业利用第三方电商平台搭建区域性电商服务平台。

贵州省第十二届人民政府第 61 次常务会议提出了到 2017 年，全省 100%市（州）建有电子商务产业园，70%以上的县（区）建有电子商务综合服务中心，60%以上的乡镇设有电子商务服务站，并培育涉农电商主体 1000 家，依托知名电商交易平台建设网店 10000 家，培训农村电子商务应用人才 10 万名的目标。

图 2 - 17　大方县积极发展电商

以大方县为例，2015 年出台的《大方县农村电商物流体系建设实施方案》强调了认真贯彻落实《国务院关于大力发展电子商务加快培育经济新动力的意见》（国发〔2015〕24 号），围绕"构建贵州黔西北交通枢纽和现代物流中心"这一目标，依托全县 2772KM 的农村交通运输网络，构建"畅通内外、统筹城乡、综合协调、安全高效"的综合交通运输网络，不断引导现有的农村运输、仓储、农产品加工、商贸流通等企业进行资源整合，形成大型物流企业与大量小型物流企业集聚的物流产业格局。利用园区标准化厂房，大方县电子商务运营中心（县级电商公共服务中心）于 2015 年 12 月建成投入运营，中心占地 4000 平方米，建筑面积 5500 平方米，集管理服务、物流配送、线下展示、人才培训及创业孵化功能于一体，中心建设投入资金 850 万元。全县 31 个乡（镇、街道），299 个建制村，12 个社区，目前已建成乡镇级电商服务网点 31 个，乡镇覆盖率 100%，建成村级电商服务站 120 个，其中村淘服务站 44 个，"村淘+邮乐购"服务站 14 个，邮乐购服务站 62 个，目前 120 个服务站运行状态良好。为加快推进农村电商服务网络建设工作，该县整合阿里巴巴"村淘"网络平台及邮政"邮乐购"平台资源，以"村淘+邮乐购"的新模式建设农村电商服务站，目前试点工作取得初步成效。同时，大方县政府利用园区标准化厂房建成县级电商物流配送中心，截至 2016 年 10 月，阿里巴巴物流、邮政电商物流两家企业入驻，仓容面积 2100 平方米，工作人员 17 人，配送车辆 7 台，月均发出量 31000 件，月均发入量 26000 件，配送中心配送服务覆盖 31 个乡镇，120 个建制村，乡镇覆盖率 100%，建制村覆盖率 40%。目前全县共有快递物流企业 18 家，月均发出量 55060 件，发入量 345900 件，从业人员 185 人；由贵州城乡通电子商务科技有限公司承建的"F2C"农产品仓储配送基地于 2016 年 6 月在园区开工建设，基地建成后将进一步完善大方县电子商务物流配送体系。

第三章 少数民族县域电子商务扶贫与开发策略

第一节 智力渗入：电商培训

一 培训对象

农村发展电子商务已是必然之势。少数民族作为我国大家庭中的重要组成部分，主要聚居在环境较为封闭的县域地区，难以依靠地方传统经济实现脱贫目标，因此，在国家大力扶持下，地方部门需要对传统商业模式进行整改，建立基于电子商务销售为主的运营渠道，借助电子商务促进少数民族县域经济发展，实现2020年全面建成小康社会的伟大目标。

大部分少数民族习惯了"自产自销，自给自足"的传统购销模式，对互联网思维下的现代营销方式比较陌生，对新兴网络技术在扩大经济效益方面所起到的作用持怀疑态度。由于思想观念的封闭，农户难以接受电商服务；而传统工商企业和有关部门对电子商务重视不足，发展电商意识薄弱，不愿增加运营成本投资电商，对电子商务的应用均持观望态度。因此，开展电商培训活动是电商扶贫的关键。

在少数民族县域进行电子商务培训的参与主体是政府官员、企业家及致富高手、农民或农民工。

（一）政府官员

目前，促进网络购物的相关产业发展成为政府部门在制定电商扶持政策时考虑的热点方向，即符合条件的电子商务企业将有望获得一定的财政支持。在贫困地区，电子商务运行环境需要政府进行引导，创建一定的电子商务运营集群，提供较为优厚的政策吸引企业进入，推动少数民族县域的电子商务发展。

大力发展电子商务的措施在少数民族县域显得尤为重要。早在2010年3月温总理所作的《政府工作报告》中，就明确提出[①]明确提出要"加强商贸流通体系等基础设施建设，积极发展电子商务"，通过对政府部门的培训，能够更好地发挥他们的领导作用，对引导地区开展电商活动具有重要意义。

（二）企业家、致富高手

对于企业家而言，可以实施人才专项计划，这个专项计划主要针对电商人才，同时以专项人才为基础来开展电商运营人员培训等延展活动，让人才带动人才。发展少数民族县域电商的任务重点是实现农村产业与企业发展战略相衔接，落实战略任务并提升决策能力、发展能力和创新能力。在这一任务环节中，企业将要面对更加激烈的竞争环境和更加不确定的未知挑战，要成为优胜劣汰的成功者，企业家个人的远见、魄力和智慧可能比战略更显珍贵。纵观马云对阿里巴巴互联网发展的把控、刘强东对京东电商模式发展的坚持、张代理对红领C2M经营模式转型的贡献等案例，无不证明企业家才是撬动信息技术时代电子商务巨大能量的关键人物、是不可替代的创新动力源泉。互联网时代，企业家对电子商务的引领作用将会集中体现在三个方面：（1）电商传统产业转型升级的价值和作用，首先需要得到企业家的深刻理解和认知才能加以实施。（2）电商与传统产业的融合发展需要进行战略性的资源重组和整合，只有企业家才能具备统揽一切的推动力。（3）电商在推动创新发展的过程中需要承担巨大风险并排除各种体制机制约束，企业家需要具有一往无前的勇气和驾驭能力。

对致富能手而言，他们能够在地方电子商务发展过程中挖掘潜在的增收途径，例如成为以资金为基础的电商合伙人，建设良好稳定的电商

---

① 资料来源：中国政府网，《温家宝所作政府工作报告（十一届人大三次会议）》，http://www.gov.cn/2010lh/content_ 1555767. htm。

渠道，打通从需求到产品的畅销之路。也可以搭建农副产品的中介企业，直接从农户购买商品进行销售，但需注意的是这样的电商合伙人缺乏专业知识素养，无法高效地利用农村电商平台的功能与服务。同时，致富能手作为农民中的一员，当借助电子商务实现增收增产的目的时，对其他农民会产生辐射作用，在一定程度上加快了电商概念的渗透。因此，对致富能手的培训显得尤为重要①。

（三）农民或农民工

作为农村电商的服务主体，农民的培训教育是首要任务。农民以农业、畜牧为生，电商知识缺乏，可以加强对重点组织专业大户、家庭农场、农民合作社等新型农业经营主体和农业企业负责人的电商培训，并进行产权变革，引进社会资本，避免资金链断裂，采取股本式农村合作。合作形式有以下类型：农民自发型，市场、基地领办型（专业市场货生产－销售地＋农户），"龙头"企业领办型（部门＋合作社＋农户＋基地），复合型合作社（农业专业协会、合作社＋农户）等，将他们的农业成果以另一种形式转换出去，也就是电子商务。农民工也可以在做工的同时从事电商业务，在基本收入上，为生活增添一层保障。培训过程分为两个部分：一部分以思想培训为主，比如帮员工了解电商发展现状；另一部分则是实操培训，如熟悉C2C主流平台淘宝等开店流程、掌握物流、采购、支付等关键环节等实操技术。

贵州财经大学结合贵州省台江县政府对农村各类人员的培训需求，制订并实施了四期对台江县农村电子商务的扫盲培训方案，第一期共培训台江县8个乡镇，培训对象包括县、乡镇、村干部以及创业青年共计1000余人；第二期为期4天培训，此次培训将台江县60名创业青年、致富能手作为培训对象，在培训过程中如何开设淘宝网店、如何经营、装修等实操课程。培训的重点分为两个部分：第一部分通过了解并分析电商发展现状来培养员工的电商思维能力和职业嗅觉；第二部分则是掌握各类平台开店流程、熟悉从物资的采购到销售的结算等一系列实操技术。培训地点设置在贵州财经大学北校区，本次培训取得良好效果。第

---

① 李丹青：《"互联网＋"战略下的电商扶贫：瓶颈、优势、导向——基于农村电商扶贫的现实考察》，《当代经济》2016年第12期。

三期培训，贵州财经大学发挥学校学科优势和人才优势，从区域化营销策略、品牌推广及图片处理、物流管理、网店经营技巧方面开展培训，全县的乡镇干部、农村致富能手、创业青年等约 1000 人参加培训，每一场培训时长达 4 个小时，培训取得很好效果。第四期培训，培训对象为宾馆酒店负责人及从业人员、旅游景点负责人及从业人员、乡村农家乐负责人及从业人员、旅游产品销售从业人员等，在解决和提升旅游规划和管理方面的知识的同时，培训旅游行业礼仪规范，同时运用电子商务技能，结合台江县目前旅游业的基本特点，开展旅游规划与开发、景区（农家乐）经营和管理、旅游行业礼仪行为规范、旅游电子商务应用模式与运营（产品、酒店、网站）等不同项目的课程中体会旅游＋电子商务的意义，使学员能够充分熟练运用应用所学知识，达到脱贫致富的目的。

县委、县政府高度重视，贵州财经大学针对培训农村致富能手、创业青年、乡镇领导及工作人员的培训工作得到了县委县政府的大力支持，当地村镇干部和农户反应热烈，培训效果非常好。以下是贵州财经大学在台江县为致富能手、创业青年、乡镇干部开展培训的图片资料。

图 3-1　贵州财经大学帮扶台江电子商务培训

高校与地方政府合作的方式，是电商人才培训的有效途径，一方面为农民、县域政府、地方企业提供智力支持，另一方面也有助于农村电商"输血式"帮扶转变为"造血式"，利于长远发展。

二　培训组织方式

（一）政府牵头，邀请不同对专家"走下去"

针对地方数量较大的务农人员、务工人员以及创业青年，政府部门可采取"走下去"的工作方式，即通过组成培训教师团队、自带培训设备、上门开展培训来落实农村扶贫工作。这个方式由政府班子统一领导，邀请权威专家，聚集电商各个阶层的人员来进行授课，组织起一个授课及实践于一体的培训中心，而针对不同的培训对象，根据其商业特征会组织不同的培训内容。例如：以创业青年、致富能手作为培训对象时，在培训过程中主要涉及如何开设淘宝网店、如何经营、装修等实操课程。课程设置为两部分：第一部分是了解并熟练掌握较为基础的物流、采购、支付等应用技术；第二部分则是偏管理方向的专业化培训，主要项目有帮助员工钻研店铺运营技巧、研究相关政策并给出应对策略、突发状况的解决方法等。

当培训对象为宾馆酒店、旅游景点、乡村农家乐的负责人及从业人员，以及旅游产品销售从业人员时，不仅需要做到传授旅游规划和管理方面的知识，还需要结合电子商务操作技能，根据地方旅游业的基本特点，开设旅游规划与开发、景区（农家乐）经营和管理、旅游行业礼仪行为规范、旅游电子商务应用模式与运营（产品、酒店、网站）等不同课程。只有在课程中讲透旅游＋电子商务的意义，才能使学员能够熟练运用应用所学知识，达到脱贫致富的目的。

专家具备将一件事情进行透彻分析的能力，他们掌握基本的专业知识，能以恰当的教授方法，将技术与知识，传递给普通的民众。政府对于人民群众有强大的号召力，可以邀请不同的对象来听课，来接受培训的对象可以是农民或者知识分子，并根据他们的电子商务工作角色需求开展培训，培育本地智力资源，避免人才空心化。基于整个电子商务的运行模式，通过将不同的人才放在相应的地位，促使电子商务活跃起来。

培训不单是传递知识与技术的一种重要形式，更是从生产经营到再生产的一种结果。按照这种"走下去"的培训模式，将培训中心建设成培养电商从业人员技术基地,将进一步促进电商的发展①。

(二)组织人员去电商发展好的地方学习——"走上来"

电商在中国的发展已是必然之势,但少数民族县域在借鉴成功电商模式的同时,需要结合地方的特征形成符合自身发展的电商道路。这时应当采取"送上来"战略,也就是当前期概念性的知识培训实施完毕后,地方应当将县、乡镇、村干部分批次送到学校再次进行操作层面的培训,这个培训涵盖农村养殖、果树栽培、财务、水产等方面;同时,组织当地人员去电商发展好的地方参观,了解成熟的电商模式,汲取他们发展好的原因进而激发学习和实践的意愿,提高学员的水平。只有从底层了解需求才能制定相应的电商战略,慢慢向上延伸才能有更深刻的理解。

(三)集中授课,一对一操作式培训

将授课对象集中起来,采取面对面授课方式进行一对一的操作培训。少数民族县域的经济发展大多比不上中心城市,不仅人们居住分散,而且大多数文化素质不高,将他们聚集起来是培训成本较低的方式;通过培训人员一对一地指导操作,使他们能够熟知电子商务的流程,具备独立操作的能力,是培训中高速有效的方式。

培训的时间可以设在寒假,以便吸引大量返工农民工参加。这期间,各地农民工因春节临近而回家,有机会在家门口参加电子商务从业人员培训,一方面,农民工可感受到政府的关心;另一方面,也可提升技能,感受家乡的变化。组织培训的单位也避免平时因人员稀少而培训成本较高的问题。当经过了春节,这些农民工重新考虑工作去向时,农村电商或许就是他们的选择。这样,也为县域留住了人力。

三 培训效果

通过系统的实操培训,在少数民族县域培育出一批创业人员从事电商,全面提升他们的电商运营能力,为发展少数民族人员脱贫致富奠定坚实基础。

---

① 林广毅、康春鹏:《精准扶贫战略下的电商扶贫》,《中国科技财富》2016年第6期。

图 3-2　农村电商培训

培训中，结合少数民族人员的基本特点，设置网站基础、店铺注册与基本设置、商品发布与分类、订单管理、网络营销、网站实战经验分享等课程，开展电商专项定制，使少数民族创业人员了解前沿的电商咨询和理念，拥有扎实的开店实操能力，使学员具备基本电商实操能力。参与培训的人员包括少数民族创业大学生、农村致富能手、创业青年等。通过电商培训来授之以渔，是帮助少数民族开智和创富扶贫的明智且长久之举。

(一) 授课方法多样

授课的方法多种多样，在培训中主要采取讲授法、研讨法、直接指导法。每个方法都有其优势但又有限制，综合使用是发挥电商培训效果的最好方法。

(1) 讲授法。讲师单向地向学员传递训练内容。这个方法的优点是：面对多名学员且授予知识及观念；知识普及效果好；经济实惠、基本不受人数限制；讲述的资料容易记录并能保证其有效性；对学者来说是最熟悉的教学方式。其缺陷在于缺乏将知识付之行动的实践环节，且学员缺乏自主思考，被动性大，因此实操教学则受到较大限制。

(2) 研讨法。在受众达到基本知识水平之后，专家与之探讨最前沿、最具有争议性的问题，以达到传道、授业、解惑的目的。优点在于易激起学者的学习兴趣；借由讨论易启发个人思考，锻炼个人表达能力以及批评与自我批评的技巧；能集体思考，易与工作失误相结合；增进学者之间的人际关系。限制在于人数过多时，会影响讨论的效果，且耗时长；对具争议性的问题讨论可能难下结论，而且讨论结果的可控性和性价比都不高。

（3）直接指导法。由受过训练的教导员和资深员工直接指导。优点是比较适合于技术性较好的项目，以及对新手的训练。限制在于经济成本较高，不适用于人数较多的教授场合。

当使用多种方法综合教授时，会相互弥补他们之间的不足，能够较好地实现教学目的，产生较好教学效果。

（二）课堂组织有序

电子商务培训是一场较大规模的集体学习行为，需要有良好的课堂秩序，才能协调学员们的学习精度与进度。在课前根据教学内容选好合适的场地，或教室或机房，在教室情境下主要讲授理论知识，准备好基本材料，到机房将理论付诸实践。以淘宝实战为例，如果申请淘宝店铺的主申请人的身份证、银行卡、手机号码都未在淘宝注册，则在培训现场之前必须准备充分，银行卡需为四大行（中、农、工、建）并开通网银（村镇银行及信用社无法开通网银）；大部分网银使用都需要U盾或相关加密介质，需要求学员随身携带。由于店铺认证提交后，审核时间可能会达48小时，为不影响培训进度，最好的方式是请学员提前完成店铺认证工作。

课前要做好相应的准备，保证每场培训达到目的，且课堂中需要选择合适的管理人员协调好每个人的具体操作、行为规范等。例如学员在培训期间外出必须向班主任请假，出具请假条说明去向，经班主任和带队老师批准后方可请假；要求学员在上课期间把手机调整为静音或关机状态；培训人员要预留工作人员的电话，当学员们不懂或者遇见困难时，能够及时寻求帮助等。

（三）听课感想深刻

在培训之后，组织学员对培训进行心得整理。学员在整理学习心得的过程中，回顾所学知识，梳理学习收获，检查理解不足的概念，进而认识到培训的重要性，增强培训效果。同时，在培训感受交流中，不同学员从不同角度讲述他们的学习心得，或是学习经历的，或是同学互助的，或是与教师交流的，从而引发学习的集体意识，构建深厚的同学情、师生情。这份感情在学员今后的创业、工作、服务农村电商的活动中，是珍贵的无形资源。

四　培训中存在的问题

（一）短期培训与系统学习有差距

培训与系统学习之间有很大差距。尤其是在时间长短上存在较大差别。系统学习的目的在于夯实基础，从最底层的知识到最新的技术都要掌握，只有学习时长达到一定标准后，才能达到知识的厚积薄发。培训只是短期学习，只是学习整个电商的大概流程，不会要求学员精细化掌握学习内容，有的可能只有几个月，或者边学习就边上战场了，在实践中可能会只知其一不知其二。

（二）学习愿望与学习毅力有差距

培训是一次短期的学习，所以学员们对电商最初的了解不会很多，在学习热情上会造成两极分化，一是对电商没有兴趣，导致学习不认真；二是三分钟热度，刚开始豪情满满，后面却会半途而废。这与系统学习是有极大差距的，所以这需要培训者或者组织者对学员多点耐心与鼓励。

（三）学习难度与文化基础有差距

电商的发展与信息产业的发展息息相关。学习电商需要有一定的文化素质，但是大部分少数民族县域的信息化建设程度不高，人民的平均文化水平较低，推广电商面临许多困难。基于较弱的文化基础，难以理解网络经济的运行规律，难以把握电子商务的模式，不能有效地与客户交流沟通，实际操作无法创新性地运用经营技巧。在对少数民族学员进行培训时，要充分考虑到这个问题，要采取适合人们理解的方法来进行讲授，尽量避免因文化水平差异而引起的无效培训[①]。

（四）理论学习与实践应用有差距

电商的培训内容对于少数民族县域人民来说，会改变他们传统思想

---

① 沙乐、许菱：《基于农村电子商务的精准扶贫策略研究》，《河北企业》2017年第4期。

里面的商业模式，与日常生活的实际应用效度会有差距；且好的商业模式并不是一蹴而就的，都是在发现与发展中慢慢磨合的，电子商务也不例外。少数民族县域发展电商是一个厚积薄发的过程，需要培训中鼓舞士气，强调不能因为困难重重而失去电商创业的热情，要改变自身的传统思想观念，尽力去克服困难，与他人开展合作，积累资金、人脉，夯实产业基础，完成地方产业发展质的飞跃。

第二节　方向引导：电商发展规划

一　规划设计的总体思想

（一）电子商务规划设计考量

电子商务现已成为社会经济发展的重要动力，对经济的可持续性发展、消除全球经济疲软具有重要意义。对于大部分企业而言，电子商务是能够促进销售的一种新渠道，而对于民众而言，电子商务大大改变了他们的生活方式，能够享受着互联网发展带来的便利。因此，大力发展电子商务是一种推动国家经济发展的战略导向和实现民生昌盛的必然选择。

为顺应国内的电商发展规律，结合当前电商发展主要在拉动内需、搞活流通、服务民生、促进产业结构调整等方面产生深远影响，因此电子商务发展规划的设计元素考量一般涉及以下几点：（1）确定发展规划在大政方针的引导下进行，如指导思想、基本原则、政策制度等。不论规划短期或长期目标，均需明确统一的指导思想，按原则行事，树立正确的政治导向；明确与规划主题相关的电子商务发展法规政策，要响应相关制度改革，以规划为成果的形式检验改革成效。（2）确定规划对象的发展现状和发展目标，包括基本的经济发展状况、现有的电子商务发展基础条件、面临的困境及存在的机遇和挑战等[1]。尽可能全面地了解规划对象的基本信息，准确分析规划对象当前发展电商的优劣势，合理设计未来发展目标。（3）确定规划对象的电子商务发展产业布局、

---

[1] 桂阳：《电子商务扶贫的问题与解决策略分析》，《电子商务》2017年第11期。

具体的发展项目和重点工程，这一部分是电子商务规划的核心内容。对于规划对象而言，适合发展电商的产业要立足现有的经济发展条件，产品或服务是网络交易市场的主体，根据产业现状和市场需求制定合适的发展策略对电商产业的健康发展至关重要。（4）确定规划中保障项目顺利开展的措施和相关支撑体系，如实施电子商务政策体系建设专项行动、加快电子商务基础设施建设、继续组织推进电子商务示范城市建设、加强电子商务行业规范管理、深化电商扶贫工作、推进电子商务的对外开放与国际合作等。

（二）针对少数民族县域的电子商务规划设计

在针对少数民族县域的电子商务规划上，要充分考虑地区的区域特点、经济发展基础、社会事业及人民的生活水平等现状。改革开放以来，我国加大对少数民族县域的政策、物资、财力、人力等全方位的支持力度，开展北部地区农牧区改革、中西部资源开发和基础设施建设等一系列重大建设项目，极大改善了少数民族县域的水、电、路、通信等基础设施落后的局面，极大提高了民族地区工农业生产水平，具有民族特色的经济和产业逐渐形成，少数民族县域人民的生活水平得到显著提高。然而，大多数少数民族县域的基础设施建设水平仅能满足当地人民基本的生活需要，在农村道路、通信网络、信息服务、物流仓储、商业投资等开展电子商务必备基础条件上存在诸多短板，特别是民族地区多数为自给自足的农村经济，农村家庭在收入上提升极其有限，且民族地区教育、文化事业的发展较为滞后，当地居民对电子商务的接纳程度存在较大的不确定性。因此，在针对少数民族县域的电子商务规划设计上要强调基础设施建设的重要性，指明政府在工作开展中应发挥的作用和各部门应尽的职责，并要根据地区经济发展特点明确提出适宜开展电子商务的产业项目。

以《台江县电子商务发展三年规划（2017—2019年）》为例。台江县位于贵州省东南部、黔东南苗族侗族自治州中部，地处偏僻山区，境内多高山、河谷和盆地。全县有15.9万人口，有苗、侗、土家、布依等15个少数民族，其中苗族占全县总人口的97%，有"天下苗族第一县"之称。台江县的电子商务发展现处于初级阶段，为加快县域电子商务发展，促进传统产业转型升级，实现"网货下乡、农产品进城"

的农村电商新格局，认真贯彻落实《国务院关于大力发展电子商务加快培育经济新动力的意见》（国发〔2015〕24号）、《贵州省人民政府关于大力发展电子商务的实施意见》（黔府发〔2015〕28号）、《贵州省人民政府办公厅关于印发贵州省加快农村电子商务发展实施方案的通知》（黔府办发〔2015〕50号）以及《黔东南州电子商务发展"北斗计划"实施方案》（黔东南党办发〔2015〕23号）等精神文件，台江县电子商务扶贫小组在深入分析台江县电子商务发展现状的基础上编制了《台江县电子商务发展三年规划（2017—2019年）》。

规划主要分为五个部分，分别从发展现状、顶层设计、产业布局、重点工程和保障措施阐述具体内容。第一个部分是介绍台江县电子商务发展现状，包括发展现状、存在问题和发展面临的机遇与挑战。第二个部分是台江县电子商务发展顶层设计，包括指导思想、基本原则和发展目标。第三个部分是台江县电子商务发展产业布局，包括农业产业布局、旅游业产业布局和民族工艺产业布局。第四个部分是台江县电子商务发展重点工程，包括农业黔货出山工程、旅游业客户引流工程、工业产业升级工程及电子商务发展基础工程。第五个部分是台江县电子商务发展保障措施，包括：（1）优化政策环境，创新体制机制。（2）合力培育主体，加大电商投入。（3）广泛宣传造势，营造良好氛围。（4）加强组织领导，推进产业联动。（5）部门协同创新，共促经济发展。

二 产业布局与电子商务发展

传统意义上产业通常分为三大类：第一产业是指提供生产物资材料的产业，包括农、林、牧和渔等直接以自然物为对象的生产部门。第二产业是指利用基本的生产物资材料进行加工并出售的加工产业，包括制造业、采掘业、建筑业等。第三产业是指第一、第二产业以外的其他行业，包括商业、金融保险业、不动产业、交通运输业、通信业、行政、家庭服务等其他非物质生产部门。三大产业相互依存，第一产业提高物质基础，起发动作用；第二产业创造条件，起传动作用；第三产业为核心，起引领作用。三种如同一部性能优良的车，第一产业为发动机，第二产业为传动轴，第三产业为方向盘，在行驶的过程中相互配合而又形影不离。

在区域经济中，根据当地资源禀赋和发展规划的不同，可根据发展的先后顺序或支持力度的大小划分为支柱产业和主导产业。支柱产业作为国民经济的柱石，它是国民收入的主要来源，在国家经济中地位举足轻重，同时具有经济价值大、净产出比重高的特点。其主导产业是在该区域发挥着主导作用的产业，它的产业优势与技术优势并存，并以此引领着行业的发展方向。主导产业因为技术和眼光的前瞻性，它掌握着行业发展的命脉，偏向于战略方向的布局和产业结构的塑造，以此它更能带来结构演变的革命，突破行业的瓶颈而进入另一个里程碑。

产业布局则如驾驶者指引的方向，其合理与否影响到该国或地区经济优势的发挥。我国少数民族县域虽然在改革开放后经济社会条件得到大幅改善，但由于其特殊的地理环境和独特的民族生活习性，产业布局难以兼顾所有因素。

电子商务现作为少数民族县域脱贫致富的新机遇，发展的首要前提是要弄清当地三类产业的分布情况，熟悉当地的产业结构，了解支柱产业和主导产业。支柱产业作为国民经济的柱石，它是国民收入的主要来源，在国家经济中地位举足轻重，同时具有经济价值大、净产出比重高的特点。其主导产业是在该区域发挥着主导作用的产业，它的产业优势与技术优势并存，并以此引领着行业的发展方向。主导产业因为技术和眼光的前瞻性，它掌握着行业发展的命脉，偏向于战略方向的布局和产业结构的塑造，以此它更能带来结构演变的革命，以此来突破行业的瓶颈而进入另一个里程碑。

从少数民族县域的支柱产业和主导产业中选择适合发展或优先发展电子商务的产业和产品是电商发展规划中尤为重要的一步。对于大部分少数民族县域而言，主要的经济产业为农业和手工业，具备一定的生产基础且产品易于初加工、包装、保存、运输，较适合于网络营销。此外，地方的旅游产业的发展前景一片光明，这也成为少数民族县域扩大经济收益的一条重要渠道。

以台江县电商发展三年规划为例，台江县经过了"十二五"的发展阶段，当前产业结构较为合理，形成了以第三产业为主导，第一、第二产业协同推动经济增长的新格局，现代化农业和新型轻工业已是县域的支柱产业，文化旅游产业为主导产业且向支柱产业的方向不断发展，因而地方提出了电子商务发展产业布局——以农业产业布局、旅游业产业布局和民族工艺产业布局为主。

关于农业产业布局,是结合产业发展需求,要求有关部门按照"三横一纵"结构布局发展农业电商产业带。横向产业带包括:"巴拉河"沿线产业带,途经台盘、革一、老屯和施洞,重点发展精品果业、马铃薯、蔬菜和生产畜牧业产业带。"G60 沪昆高速—国道 320"沿线产业带,途经排羊、太公、方召,重点发展精品果业、蔬菜、生态畜牧业和茶产业带;"翁密河"沿线产业带,途经南宫,重点发展稻田综合种养、蔬菜、生态畜牧业、中药材和茶产业带。纵线产业带包括:"西施(雷山西江—台江施洞)"公路沿线产业带,途经排羊、台拱、老屯和施洞,重点发展精品果业、稻田综合种养、马铃薯、蔬菜、生态畜牧业和中药材产业带。其中,重点发展主导产业,如精品果业、稻田综合种养产业、马铃薯产业;积极发展特色产业,如蔬菜产业、生态畜牧业、中药材产业和茶产业;因地制宜地发展农产品加工产业;大力发展休闲农业。针对产业发展格局的布置,有关部门提出了不少建议,如建议精品果业按照果品的成熟季节设计主推果品的电商营销方案,主打品牌、地域特色等优势,突出产品纯天然无公害特征,实现产品溯源,通过微商、团购、众筹、电商平台等方式实现商品销售;建议稻田综合种养产业将产品入驻同城本地生活网或采取与天猫超市等多种 B2C 电商平台合作的方式将产品置于网上销售;建议蔬菜产业主打地方辣椒的品牌,通过搜索引擎推广、口碑营销等方式,实现 B2B(如贵州辣椒城电子商务有限公司)、B2C(入驻天猫旗舰店)等电商销售模式,打造原创线上辣椒品牌,增加品牌附加值提升知名度等[①]。

关于旅游业产业布局,包括竭力打造台江县特色旅游线路——南北两线,以实现农业、文化产业、旅游业高度融合。南线以"民族文化+自然风光"为基调,起始台江县,南向沿线经南宫镇(台江国家森林公园风景区)至榕江以及北向沿线经施洞镇(施洞苗族风情旅游区)至镇远。南线重点打造"一城两村三区"("一城"即苗韵枫情·温泉水城;"两村"即红阳、交宫民族村寨;"三区"即翁密河漂流、

---

① 季永伟:《农村电商在贵州省发展现状分析》,《中外企业家》2017 年第 7 期。

万亩草场和玉龙潭三大景区），以文化体验为核心进行电子商务促销活动，活动需体现台江县的历史典故、民族习俗、文娱艺术、社会习性、生活形态等文化个性，内容核心为"一生不得不去的世外桃源"及其所包含的内容能够给个性旅游带来全新的生活方式，即远离都市尘嚣、放松心情、休闲度假、品味生活。通过台江旅游网、携程网、途牛旅游网、驴妈妈等各大旅游网站、电视广告以及平面媒体来宣传视频方式吸引客源，强化台江旅游形象；游客可根据需求，以亲子游、自驾游、自助游、休闲游等方式参与其中；台江县面对游客个性化需求，积极与小猪短租、蚂蚁短租、大鱼、度假客、住百家、自在客等为代表的垂直类非标准住宿平台大力合作，满足游客文化体验需求。

图 3-3　台江民俗旅游

北线以现代农业观光旅游为特色，依靠"农文旅"为抓手来打造"体验—休闲"的旅游服务体系，以施洞镇 5A 级旅游文化综合体、老屯乡现代高效农业示范园区，以及南冬村和南省村蔬菜基地为节点，着力宣传乡村旅游、现代农业观光、民族文化体验，进而吸引汽车俱乐部、自助游俱乐部、探险俱乐部、登山俱乐部、休闲俱乐部等客源，以口碑宣传方式，引入客流。通过网络直播方式，宣传台江县特色农产品，突出纯天然、无公害、绿色有机属性，吸引网民做农业观光体验；同时，筛选精品水果业、马铃薯业、稻田种养业、中药材等产业产品及其加工产品为网货，以 O2O、众筹等方式为基准，制订台江特色营销计划。

有关部门还需要着力发展两大民族工艺产业，即银饰和刺绣，积极为旅游产业转型升级提供支持。具体做法有：成立银饰、刺绣产业电子商务服务中心，发展"电商+服务中心+农户+基地"模式；鼓励银饰、刺绣企业开网店，在电子商务平台展出产品，增大产品曝光率；开展旅游产品"联姻"活动，线下体验，线上购买，抱团取暖；大力支持银饰、刺绣企业参与跨境电子商务，与贵州财经大学夜郎宝藏跨境电子商务企业合作，将产品推出国门，推向国际；以姊妹街为培育平台，培养电子商务人才以及银饰、刺绣销售大户。开拓主题产品，依托台江县旅游文化特色，打造一批有苗族特色的主题产品，对接台江县发展的亲子游、休闲游与自驾游等旅游形式，以旅游带动产品销售。

在民族文化方面，通过重点打造"苗族姊妹节""施洞独木龙舟节""舞龙嘘花节"三大民族节日品牌，将台江县民族节日作为旅游业发展的重要内容，提升旅游产业内涵。基层部门需要不断提升民族节日档次，将三大民族节日提升到省、国家层面，冠以"中国·贵州苗族姊妹节""中国·贵州独木龙舟节""贵州·台江舞龙嘘花节"等字样，并对节日进行品牌专利注册，提升节日档次，提高民族节日品牌知名度；通过台江县旅游网、"苗族文化论坛"、台江县官方微博、微信公众号等形式，加大三大民族节日的宣传力度。以网络直播方式，大力推广反排木鼓舞、苗族盛装踩鼓舞、苗族多声部情歌、苗族古歌、嘎百福五大民族歌舞文化，提升台江民族文化知名度。开设网络课堂，传承苗文、苗族歌舞、苗族文化。

关于民族工艺产业布局，银饰刺绣产业是台江县重点发展的民族工艺产业，是农民脱贫致富的重要产业之一。台江县银饰品传承了千百年苗族人民生产生活的精神财富，来源于生活，表达着生活。银饰全部为手工作业，极具民间工艺特色，主要产品有银项圈、银帽、银衣、银项链、银手链、银耳环、银戒指、银杯、银碗筷等。截至 2016 年 1 月，全县注册银饰刺绣生产经营企业 83 户，其中注册资金在 50 万元以上企业有 12 户；银饰刺绣加工经营个体户 252 户。

台江刺绣历史悠久，充分展示了台江苗族人民对美的独特创造，它映照出台江苗族人民在不同历史时期的风俗习惯、宗教信仰、民风民情、审美情趣和思维方式等广阔的社会生活图景，主要产品有苗绣盛装、苗绣旅游包、苗绣裙、苗绣衣、苗绣鞋、苗绣帕等。银饰刺绣产业的生产地带主要分布在施洞镇，销售地带主要分布在台拱镇和施洞镇，台江县发展银饰刺绣产业，应重视上下游产业链的发展，体现在：

图 3-4 台江刺绣与银饰

（1）基础支撑体系：从生产源头控制原材料（如银、布、线等）的质量；引进现代化的生产设备，完善工厂、厂房等基础设施；支持和孵化一批银饰、刺绣电子商务企业，以银饰、刺绣产业发展促进劳动就业，培养银饰、刺绣等优秀人才。

（2）产品服务体系：银饰、刺绣的产品设计既要符合苗族的文化传统，又要融合现代化的文化理念，可通过与贵州财经大学电子商务实验室建立长期的合作关系，在生产前进入系统中进行预测试，演示成品效果；严格遵守黔东南州质量技术监督局制定的银饰、刺绣标准，按照苗族银饰传统工艺流程进行生产、加工；发展品牌设计、产品包装、媒体推广、销售培训等服务。

（3）产品营销体系：鼓励银饰、刺绣企业拓宽销售渠道，积极推荐银饰刺绣企业参加国内外博览会展销会等经贸洽谈和交流会，把台江银饰刺绣产品向国内外展销展示；打造"电子商务+民族工艺"模式，巧用淘宝网、京东商城、贵州电商云等知名电商平台的影响力进行网络营销活动。

三 电商基础与重点工程

少数民族县域发展电子商务首要解决的是基础设施不健全问题。由于绝大多数少数民族县域的常住居民为农村户口，城镇居民仅占很小部分，因此"三农"问题是少数民族县域各项工作的重中之重。电商规划要围绕"三农"问题，结合当地政府部门已开展和即将开展的各项工作来开展。

以《台江县电商发展三年规划（2017—2019 年）》为例，在台江县电子商务发展重点工程中提出四项工程，分别是农业黔货出山工程、旅游业客户引流工程、工业产业升级工程以及电子商务发展基础工程。

图 3-5 黔货出山

关于农业黔货出山工程，涉及两个子项目：农村电商基础设施建设项目和农产品加工品牌建设项目。开展台江县农村电商基础设施建设项目以加强台江县电子商务发展所需的农村基础设施建设为目的，重点完善通信网络、电脑智能手机的普及，精品果业、生态旅游产业的乡镇的交通、水利、住宿、垃圾处理等基础设施建设，提升台江县农村电子商务发展的基本环境。项目的主要内容有农村信息化建设、农村道路建设、旅游车站建设、水利工程设施建设以及改善村民居住环境。项目建设时间为 3 年，项目预算按工程所属各职责部门的工程预算，县财政局负责审核预算金额。项目涉及的部门有交通局、水利局、住建局、工信局和通信公司（移动、联通、电信），规划中对各部门的工作内容均作了具体阐述。开展台江县农产品加工品牌建设项目旨在打造本土农产品电商品牌，完成农产品加工厂的建设、品牌设计和产品包装设计等，实现初级农产品的加工升级。针对优先发展电子商务的农产品建设农产品粗加工或深加工厂，提高农产品附加值，利用各种宣传渠道开展品牌营销，培育面向本土市场的电商品牌。项目的主要内容是针对台江县适合开发的电子商务农特产品（如黑毛猪、精品水果、茶等）进行品牌包装和推广，在已建成的台江县精品水果标准园附近建立农产品粗加工厂，主要的做法有：对产品进行清洗、挑选、保鲜、入库等加工处理，在品牌设计上要突出企业形象，增加产品文化背景；在产品包装上按国家相应的产品包装标准进行，要标明产地，突出产地地域特点，包装设计要符合网购消费者的消费心态，避免包装过于简陋；在产品的品牌营销上，加快制定县《农产品品牌建设规划》，以现有的知名品牌和产品为基础，推出1-2个代表全县的拳头产品，并在广播、电视、报纸等传统媒体上进行初步推广；建立品牌网站，网站设计要得当；在第三方网购平台开设网店，引进电商运营专业人才；以"品牌+产品"为名称专门开设微博、微信，辅助网店进行品牌推广；积极开展申报国家驰名商标和招商引资工作。项目建设时间为1年，项目预算拟定为5000万元，项目涉及的部门有工信局、宣传部和投促局，规划中对各部门的工作内容均作了具体阐述。

旅游业客户引流工程，又名台江县苗族文化博览园工程，主要目的是将所有台江特色的民俗汇聚在一起，以集中展示的方式将中华民族传统文化传播到世界各地。该项目致力于实现传统文化和民间艺术的产业化发展，并构建中国文化创意产业公共服务平台，集创意设计、展览展示、交流交易、休闲娱乐等于一体的特色园区。台江苗族文化博览园作为一个苗族文化展示平台，主要为传播苗族文化服务，并面向社会开展苗文化科普教育，促进苗族文化传播发展，提高苗族文化水平，在弘扬苗族文化中发挥重要作用。博览园不仅有丰富的实物、文物和模型，还利用多种现代化展示手段来形象、生动、系统地介绍苗族人民从古至今的生活生产形态，从而面向公众传播苗族文化。园区内建有五星级酒店、停车场、旅游休闲度假中心，这些设施均接受线上预订、线下体验，且小吃及土特产均接受网上购买。项目建设时间为1年，项目预算拟定为8800万元，建设内容涵盖园区各类功能体验馆、酒店、游客服务中心等，项目选址在台拱镇，占地面积250亩，建筑面积100050平方米。

工业产业升级工程，即台江县工业产业升级工程，旨在以当地刺绣和银饰制造为主，通过人才队伍、品牌、产业、服务体系4个维度推动台江县工业产业升级，带动经济增长。项目建设时间为两年，建设内容包括人才培养与引进、制作工艺升级、品牌传播、政企信息互通与协作、网络销售平台建设、资本引进及产权保护等，项目预算拟定为300万元。

关于电子商务发展基础工程，其中包含六个子项目，分别是台江县电子商务应用项目、电子商务人才培养项目、物流配送中心建设项目、电子商务示范企业培育项目、"一县百村"建设项目及电子商务产业园建设项目。电子商务应用项目以加强台江县电子商务应用为目的，一方面，从生活中提升台江县农村用户对电子商务的认识，让农村用户感受到电子商务带来的便捷与实惠；另一方面，鼓励企业应用电子商务，提高经营能力，推动政府借力电子商务，使其向智能化方向发展。电子商务人才培养项目旨在提高台江县电子商务应用普及，为台江县电子商务发展提供人才保障，推动台江县电子商务发展，带动经济增长。物流配送中心建设项目旨在建设台江县物流园区，健全物流配送体系，有效整合邮政企业、快递公司、运输公司的力量，与各乡、镇、村的电商服务站无缝衔接，提升物流效率。电子商务示范企业培育项目旨在培育一批电子商务示范及骨干企业，如吉玉鸟、国祥、苗人匠心等电子商务公司。依托本县产业体系、专业市场和产业集群，培育1—2个家重点电子商务应用和服务企业，发展壮大10家特色鲜明、诚信经营、业绩良好的网商企业。"一县百村"建设项目旨在推动农村电子商务发展，力争用两年左右的时间，在全县两个街道、4个镇、3个乡、157个村，建设200个左右的电子商务服务站点。电子商务产业园建设项目旨在扩大电子商务产业规模，建设台江县电子商务产业园，增强电子支付、物流、服务环境等电子商务关键配套设施，培育电子商务龙头企业，落实"黔货出山"工程，形成电子商务产业链的转型和升级。以上项目的功能、建设时间、建设内容、投资额度以及所涉及各部门的工作内容均在规划中有具体阐述。

四　发展保障与部门协作

根据少数民族县域电子商务发展基础和产业发展水平，在缺少充分的发展条件前提下，政府在政策制定、制度创新、环境营造等方面起至关重要的主导作用。介于少数民族县域政府的各管理部门对电子商务的接触时间较短，对其理解还不够深入。多数政府部门认为不同的行政机构只需各司其职，电子商务的行政事务应归属相对应的部门管理，结果造成政府内部的信息孤岛现象。因此，在进行各项电商工作的时候，政府无法准确把握电商发展的基础信息，无法确切判断电商发展方向并且无法及时协调各类资源的分配，导致电商发展计划成为空纸一张。对此，政府要从内部统一思想，积极沟通，实时分享工作进度，协同制订发展计划，对发展电商起到切实的管理服务职责。

以《台江县电商发展三年规划（2017—2019年）》为例，其中第五个部分是台江县电子商务发展保障措施，分别对政府政策体制、电商主体投入、宣传普及工作、组织领导工作以及部门协同提出了相应的工作开展建议。

关于政府政策体制，需要有关部门结合县域实际，加快制定和落实支撑电子商务发展的专项资金、税收、融资、土地、园区等政策，降低电子商务应用门槛，促进台江县电子商务企业的普及应用。同时，不仅加大县政府各部门协调力度，积极协调和推动相关协会和各电商企业之间的交流与协作，鼓励行业协会、产业联盟等机构，支持电子商务产业集聚发展，还要突出资金支持方向，重点支持电商示范园区，示范企业，人才引进与创业培训等重要项目的建设与发展，完善电子商务企业优惠政策。顺应电子商务产业的特殊性和需求，调整原有工商登记和管理体系，以市场为主体准确把握政府定位[1]。

在县、乡、村建立健全电商扶贫领导及工作机构，使其负责电商扶贫的政策落实、协调指导、工作推进、创新发展、检查考核等工作，政府督促成立电商协会，电商协会遵循并辅助政府领导，形成政、商、户三位一体的工作机制。同时，还需要将电子商务发展任务落实到全县各镇及所有承担精准扶贫工作的县直部门，明确包组联户干部发展电商具体职责，建立常态化电子商务推进工作机制，及时协调解决重大项目或重点工程实施过程中出现的困难与问题。

---

[1] 赵齐兵：《发展农村电子商务，实施"互联网+"行动计划》，《经营管理者》2016年第3期。

对于电商主体投入，需要地方部门加快农村电子商务服务中心建设，一方面，积极推进"电子商务千县万村"工程，联合邮政部门推广"农村电子商务服务站"项目，不断提升农村居民的网络购物的便利性、可行性与消费热情，改善农村居民的消费习惯和消费结构，持续推进新型城镇化建设；另一方面，结合各个乡镇的发展需要，尤其是电子商务与传统产业融合发展的需要，在其主要特色产业的腹地，建设服务于本地产业转型发展的电子商务服务中心。

关于宣传普及工作，需要部门加大电子商务宣传力度，普及电子商务知识，提高全县上下对电子商务的认识。各级宣传部门可通过充分发挥广播、电视、报刊、网络等主流媒体以及广告牌、墙体广告等信息传播方式，开展形式多样、生动活泼的电子商务宣传活动，且应及时总结宣传先进典型，形成全县关心、支持和交流、监督的良好社会氛围，并加强与县外媒体合作。

加大对于电子商务相关知识的宣传和普及，培养消费者对于电子商务消费模式的理解，改善居民消费习惯，逐步提高网络消费在县域社会零售中的比例。积极举办各类电子商务技能培训、交流座谈和发展论坛，对传统商贸经营户进行系统的电子商务培训，加强其对电子商务这类营销渠道的了解和掌握，提升其参与电子商务的信心和能力。加快培育一批知名网站、知名网企，每年表彰一批电商领军人才、优秀专业人才和优秀员工，提升电子商务的社会关注度，努力营造开放和谐、互利共赢的电子商务发展环境。通过举办电子商务相关的知识问答、技能比赛、行业博览会等活动，在县域形成有利于电子商务发展的良好氛围。

关于组织领导工作，需要全面推进县域电子商务发展需要创新协调管理体制和机制，进一步优化相关部门服务，为县域电子商务发展提供有力支撑。各地党委、政府要高度重视、组织协调县域电子商务发展工作，制订电子商务发展年度实施计划，出台完善相关支持政策，积极发挥农业、林业、轻工业、旅游业等部门项目建设资金的作用，统筹协调扶贫建设项目，加大建设力度。建立电子商务发展评价体系和奖惩激励机制，把电子商务业发展战略的实施纳入各级领导干部的考核指标，分解任务，加强督察，落实激励措施。

对于产业链合作而言，部门需要引进和培育以第三方平台服务商、设计摄影、客服托管、教育培训、营销推广、代运营等为支撑的电子商务衍生服务业态，不断优化县域电子商务的产业生态链，逐步形成良性电子商务生态体系。建立产品质量安全保障体系和产品追溯体系，创新产品身份证机制和品牌销售模式，加强产品市场信息、电子结算网络建设，提高市场检验、检测、储运、加工、配送、营销服务能力。加快发展企业连锁、配送等现代流通方式，延伸电商经营产业链，努力提高县域电子商务产业化经营水平。充分利用铁路、高速公路等的交通优势，大力发展电商物流，吸引国内大型电商企业和物流企业建立物流配送中心和电子商务分拨结算中心。

在部门协同方面，县域电子商务发展必须整合各部门资源，协同合作共同创新，促进其高效快速发展，围绕同一目标规定好相应的工作职责，并对职责的履行情况加强沟通，对各部门遇到的问题通盘考虑，充分协商并提出相应的解决方案。例如，组织部和工信局主要负责部署县域电子商务发展全局，规定并协调部门工作职责及工作关系，设计并组织各部门实施电子商务工作；投促局和住建局主要负责招商引资及电商基础设施建设；工商局主要负责电商企业注册、合同商标、市场监管等工作；教育局负责培育和引导电子商务从业、创业人员；县团委及妇联负责电子商务方面的相关培训工作，推动妇女组织建设，带动全县脱贫致富；宣传部负责宣传电子商务知识，提高电子商务应用度及普及率，营造电子商务发展氛围等。只有各部门齐心协力、协同创新，才能创造县域经济社会的美好未来。

第三节　网商培育：企业开店

一　网商群体

技术的更新给行业带来新的活力，当技术更新达到一定程度时，量变累积成质变，相关行业因此获得巨大的改革动力而有所突破，电商产业便是如此。互联网的诞生到崛起，便是电商产业的发家史。互联网作为新型技术，利用其传播的优势，使市场变得更加透明、信息更加对称、市场更加开放，让资源尚且不足的小型企业、年轻人有更好的渠道进行更为公平的竞争，网商群体也因此开始浮现。十多年来，电子商务作为商务与前沿技术的结合体，它革新并突出了中国企业的商务运营方式，为中国经济在世界舞台上带来了鲜活竞争力。网络技术成为当前人类最为依靠的技术，而网商也随之成为中国最大的商业群体，它更像是新时代的名片，代表着技术革新永远是第一生产力，正如网络技术正是当下最有力地推动商业发展的积极力量。

网商是商户以互联网为技术而进行的经营平台，将商务中的采购、销售、产品展示、信息发布等运营活动数字化，以达到高效的运作方式而产生的企业家或商人。由于网商结合了前沿科技，所以它具有高效率、高利润率等特点。但网络世界毕竟为虚拟世界，而诚信又是商务中不可缺少的一环，因此当网络与商务结合时需要攻克诚信问题这个难关。于是便出现了各种商务诚信规则，最为突出的是阿里巴巴和淘宝等通过提高交易次数和交易额，来累计商户和客户的诚信度，以此奠定企业和网络购物发展的基石。

网商的发展有助于中国竞争力的提升和国家的崛起，国家竞争力在于企业，企业竞争力在于企业家。网商的崛起，新型商人和企业家的崛起，必将从多个层面影响和带动整个国家竞争力的提升。从个人网商到企业网商，从单个网商到电子商务产业，从电子商务产业到国家竞争力的提升这一价值链条将随着电子商务的普及越发完整和高效[①]。

时代的发展给网商生态环境带来了至关重要的变化，这样的变化既是机遇也是挑战。一方面，信息技术的革新如大数据、移动互联网、物联网等意味着生产方式、消费方式和生活方式又将面临抉择的三岔路口，然而作为依靠着新型技术的网商必须准确判断未来的商业走势，这样的变革正是网商所面临的挑战。另一方面，中国在面临世界发展潮流时，打造出了全球最丰富的电子商务服务市场，以及更加完善的诚信体系和生态环境，在此历史转折点我们需要抓住机会，稳扎稳打，将电子商务生态环境系统朝种群多样化、组织水平更高的发展，以此将网商培育成中国特色的、强大的行业市场，这是历史洪流中千载难逢的机遇。

面对层出不穷的新型技术、风云变幻的商业格局、尚未可知的生存

---

① 郭文俊：《E 电商：培训电商新手》，《创业邦》2014 年第 10 期。

环境，对于少数民族县域来说，什么样的网商群体更适合发展？

（一）现有企业家、致富能手

企业家是从事组织、管理并承担经营风险的群体，也是最敢于尝试新商业模式的群体。现有企业家所具备的开放心态和与时俱进的创新精神，以及社会责任感和历史责任感，是成为网商群体最强有力的根基。现有企业家在传统商业圈中已立有地位，那么，通过网上活动，与客户建立互动，继而达成生意，不断循环往复，赢得客户的信赖并非难事。穷则思变，致富能手有激情有活力，思想开明，接受新事物能力强，在互联网时代，更能够根据现状想方设法去致富，致富能手成为网商，是能力的筛选，也是互联网给予的机遇。

（二）个体户经营者

工业时代，信息极为有限的传播能力导致了交易市场极大的信息不对称，导致个体户不能有效参与社会竞争。在信息不对称问题的解决方案中，营销活动则起了至关重要的作用，通过营销活动，商家与消费者联通了渠道，达到最大化的信息交换。虽然这个过程使得商家与消费者发生了关联，但营销活动的成本是巨大的，个体户如果没有开展营销的资金，即使拥有好的产品，也始终无法扩大市场。

而互联网时代，信息技术革新使得信息的获取和传播极为便利，信息获得成本也急速下降。因此在营销活动中，在信息传播能力方面，组织相较于个体户相差无几。举个简单的例子，以前如果要维护100个用户，在每次通知他们上新或者促销的时候，可能是一个耗时耗力的过程。当维护的用户远不至于100个时，使用原始的维护方式可能极其耗资，而使用现在的公众号、微信群、邮件等方式，其成本低得多，而且维护的最终效果也不会差。

就是因为在互联网这样优越的环境下，个体户经营者开始使用网络从事经营活动，也就是说，互联网的发展，为个体户经营者成为网商提供了莫大帮助。

二 网货特征

网商的进一步发展便诞生了以网络销售平台为主营渠道的网络零售，其销售的商品被称为"网货"。网络与零售的结合充分发挥了网络技术作为新型技术的优势，网络零售渠道的先进性使得"网货"往往要比相同质量的"线下货"便宜得多。这就意味着网货的性价比远远高于传统品牌，毫无疑问，网货作为前沿科技的衍生产物，为人们便捷快速的优质生活提供了极大便利。与此同时，它也帮中国制造业降低了品牌创新的门槛，为品牌树立缩短了时间，给中国制造提供了更多、更好的机遇和平台。

网货是互联网技术延伸到其他行业的产物。互联网作为当前影响最深远的技术，其应用规模也是最为广泛，它渗透到了各行各业，并与之交融，极大地改变了我们的生产生活方式，同时重新塑造了商品的生产、流通和消费的各个环节。2016年，我国网络零售交易额以26.2%的高同比增长率突破了5万亿元人民币大关。其中，实物商品的网络零售交易额以25.6%较高同比增长率达到4.19万亿元，而同期的社会消费品零售总额的增速则相比缓慢。

中国经济发展正处在历史转折的当口，中国消费结构持续升级和中国制造业快速转型给网货的兴起提供了良好的契机，而网货也正符合多层次消费能力的中国消费者的需求。虽然中国经济增长热度平缓，但中国消费者的消费欲望并没有因此消减，网货的市场潜力依然巨大。未来，网货的消费主体将蔓延覆盖到各行各业、各个年龄段，消费模式的不断创新带来消费体验的持续升级，网货有望成为消费革命的领头羊。

阿里巴巴创始人马云认为"网货"应该有两层意义：首先是物美价廉，其次是在向消费者归还使用价值和经济价值时消除暴利，从而达到按需定制。网货所具备的小批量多批次、柔性化生产、低成本、低廉等特点可以满足更多无高水平购买能力的消费者的需求。由此，网货的营销渠道是围绕着消费者开展的，企业需要在保证产品质量、物流速度、售后服务的基础上加强客户关系管理，采取一系列的市场研究手段来了解消费者的购物行为特征，进而提供更加精准、全面的产品或服务。当前，网货已经在生产模式、销售渠道、营销方式、价格制定等多个方面，体现出不同于传统货品的新形态，其具备以下主流化特征：

第一，网货具有真实性的特征。因为电子商务发展至今已建立了一系列符合自身发展利益的成熟体系，包括网络信息记录体系、信用评价体系和网上交易保障体系，这些规则制度净化了网上交易的商业环境，极大地降低了各类网上交易参与方所面临的欺诈风险，确保了诚信和保障规则的透明化，从而使网货的品质得到保障。

第二，网货具有价廉的特征。网货具有天然的"反对暴利"的属性，换句话说，电子商务在渠道上的优越性使网货成为一种前所未有的价格体系透明化的商品。原因在于，网络零售渠道的高效性，一方面提升了商品流通效率，另一方面也降低了流通成本，这为网货提供了广阔的降价空间。而且，相较于传统商品的产业链，网货的完整商业链条上生产、销售、营销、支付、物流及技术支持都有较大的重构和颠覆，网货据此可以对准备成本、物流成本、营销成本、渠道成本等进行持续性的成本优化，比如 B2C 零售业的电子商务化，使零售商可以及时、准确地了解商品销售情况和供求信息，针对性地调整自己的获取清单，大大降低了库存成本。

第三，网货具有海量化的特征。网络信息传播的特点克服了物理条件的制约，网络零售平台可以把近乎无穷无尽的商品展示给用户，用户只需一台移动网络设备就可以在任何时间、任何地点浏览海量化的网货。

第四，网货具有个性化的特征。传统商业模式下，商品的设计和出售必须偏向于大众化。小众化的商品由于交易规模不足、交易成本大等难以存活。而互联网技术诞生，使消费群体个性和展示欲望觉醒，消费者的消费理念更加偏向于个性化，为个性化商品和服务的诞生奠定了市场基础。同时网络技术也使得个性化需求更容易被发现，小众商品也有更多的展示空间，用户的诉求和商品的信息更容易获得，使得客户与商家沟通变得前所未有的便利和畅通，这意味着产品设计环节的变革，商品也因此更能斩获用户的芳心。

对少数民族县域而言，具有民族特色的产品有其得天独厚的优势，作为网货时拥有极大竞争力，例如苗族的银饰，蜡染，刺绣等。此类产品极具民族特色，具有纪念意义，此外，产品不易损伤，适合运输，价格合理，退货率低。贵州省台江县被称为苗族天下第一县，苗族银饰、刺绣、蜡染成为代表之作。因此电商在台江县有极大的发展潜力，特别是将电商应用于这些特色产品。1994 年贵州省文化厅将贵州省台江县施洞镇命名为"刺绣银饰剪纸"之乡，并于 2006 年入选国家第一批非物质文化遗产名录。施洞银饰历史悠久，工艺精湛，体现了苗族人民独特的审美意识。施洞银绣坊淘宝店于 2016 年成立，专注于贵州黔东南本土苗族银饰的生产销售，是由贵州财经大学电子商务专业的学生为施洞镇量身打造的镇域电商网店，网店产品以银饰为主，种类繁多，纯手工制造，物美价廉。

图 3-6　台江施洞银饰网络店铺

第四节　应用驱动：团购与众筹

一　生活服务网络化：团购

（一）团购概述

团购就是以一定的方式将个体购买者聚集起来，形成规模，从而具备向销售方谋取一定优惠的购物方式。团购是将现代科技的网络技术与原始的讨价还价相结合，形成既利于消费者又利于商户的薄利多销的双赢状态。再加上近年来网络技术的革新和覆盖范围的普及，团购也得到了拓展和革新，消费者可以随时随地以任何状态进行组团，也诞生了以团购为核心的周边产业和专业人员，甚至商家以团购作为主要的营销手段，这使得消费者能与商家更好地沟通，资本市场的运作方式也被其潜移默化地影响着。

团购给消费者和商户带来的好处是显而易见的。对消费者而言，团购能够积众人之力，谋最大之利。同时，由于电商制度的完善，产品的质量和服务是能得到保证的。也就是说，它向我们更好地呈现了"物美价廉"。之所以团购有以上优势，有以下两个原因：一是团购能够积众人之力，相当于消费者为商户做了免费的营销，消费者在减免商户的营销成本时，也在减免自己的交易成本。这是一种成本减免的转移效果，消费者和商户因此都获得了薄利多销效益。二是它使消费行为发生了革新。传统消费中，消费者由于信息不对称而处于弱势地位，同时付出了经济代价。而团购将商户及商品的规格、性能、价格、评价等信息都公布在特定平台上供人参考，极大地消除了市场上的信息不对称，消费中的地位也随着提高，其付出的经济代价也随着减少。因此，消费者能够在此过程中以较少的价格获得较为满意的产品。

（二）团购构成要素

按照团购活动的参与方，团购的发起需要网站运营商、商家用户及网站用户的参与。

1. 网站用户

团购网站利用大数据等技术可向消费者提供有个性且有吸引力的商品和服务，并精确推送优惠券和折扣券来吸引潜在消费者的注意，在无形中将消费者的消费欲望激发出来，从而达到推广的作用；同时善用社会化营销，使消费者利用其朋友圈来传播商户或商品信息，带来规模和扎堆效应。

2. 网站运营商

团购网站可与相应的商家进行合作，以拓展业务面。在此过程中，若能达到团购的约定人数，则可享受相应的利益；若不能达成，还可收获广告效益。

3. 商家用户

相应商家的消费者可以以一定的方式将这些潜在客户发展为固定客户；这些被发展的固定客户又是良好的口碑宣传者。

（三）团购基本类型

1. 社区团购

社区团购以深入社区服务为方式，逐渐形成居民、社区和商家三位一体的互惠互利的交易环境。网站在面对不同的社会群体时，要善于灵活运用自身优势拓展业务面，以此将社区网络团购做大做强。

社区网购的现实意义也是不容置辩的。它能够激发潜在消费者的消费欲望，从而帮企业拓展市场份额；直接与社区等大型消费者团体对接，减少运营成本，让利消费者；消费者可随时随地以较低价格消费，节约消费者时间成本；使消费者与商户近距离接触，有利于解决产品质量、消费权益等问题。

2. 分级团购

分级团购的实质是按照团购规模的大小设置不同价格水平的团购。团购发起人可以是网民，也可以是商家，他们根据自己的需求发起团购或团批。商家根据不同团购级别，设立各级团购或团批的价格，等待其他卖家或买家参与团购。在规定时间期限内，达到团购预期数额，则团购有效，商家发货。若在规定时间期限内，未达到团购预期数量，则团购无效。分级团购为广大网民提供了公开、群体式地与商家"砍价"的话语权，也为卖家通过做分级团批扩大知名度和销售额提供了一种崭新的方式。网民联合团购被形象地介绍为"团结起来，力量大"①。分级团购是中国电子商务模式的创新。

3. 单品团购

Web2.0 应用是继微博风潮之后的中国互联网的新一波消费热潮，它与美国的 Groupon 模式极其相似。Groupon 的特点尤为明显，它是利用团体的优势减少人均消费成本，以此使消费者获利最优。目前这种消费模式正在北京、上海、广州等一线城市快速蔓延，渐有成为主力之势。而面对日渐激烈的竞争，消费模式的革新是唯一出路，这也是 Groupon 被大家接受认可的主要原因，我们可以毫不掩饰地预测，Groupon 模式有着良好的发展前景。

单品团购则更具灵活性，每天推出一单精选商品。这精选的一单商品可以根据消费者的个性需求和硬性需求而做灵活性变化，它可以包括专业性的培训课程，也可以是休闲性的娱乐美食，更可以是个性化的户外活动。用户如果有兴趣则可以通过简单的操作而了解更为详尽的信息，快速参与超低价的团购，通过分享相关信息而获得优惠券，从而极大满足消费者的消费欲望。

至 2010 年，遂昌网上交易的农产品渐有蓬勃之势，其种类也是包

---

① 钱大可：《网络团购模式研究》，《商场现代化》2006 年第 2 期。

罗万象，如茶叶、坚果、生鲜、干货等等。截至2013年，网上交易的生鲜蔬果厚积薄发，逐渐成为行业柱石。遂昌网店协会成功举办了土猪肉的预售团购；北界红提的预售团购活动，则让协会对生鲜农产品电商有了更深的认识。

对于缺乏准确标杆的鲜果网上销售方面，保证消费者和商户的利益、制定良好的市场规范是极为困难的。而这些缺乏经验的消费市场都需要从业者慢慢摸索，建立良好的规范以保证团购活动的好评。

遂昌网店协会大胆尝试了"自订标准"的做法，这是其做大做强的基础。要想做大做强，就应该，布局者的眼光要毒辣，要求要严格。这意味着团购活动不仅仅是走大众、低廉的路线，更要兼顾高端质量和品牌的市场。因此，团购活动需要对产品进行严格的筛选，对产品的重量、颗粒大小、颗粒形状、着色、甜度、农药检测等多维度进行评判，以此来迎合高端消费者的高质量要求。

（四）团购特点

团购的特点主要体现在以下两个方面：

（1）节约消费者的时间成本。杂乱繁多的网络商品往往导致顾客在购买时面临选择困难的问题，在长时间的搜索、筛选、浏览后难以产生购买决策，潜在的时间成本却在慢慢增加。团购是一种用户集体购买商品的形式，以多数人的购买经验辅助自身的购买意愿，能够很好地缩短耗费的时间且了解到更多的商品信息，更加快速有效地满足顾客需求。

（2）节约顾客的购买成本。采用团购形式出售的商品往往是价格适中的高质量产品，商家以该方式作为营销手段，不仅能够吸引流量，而且能有效地减少库存，保证新鲜商品的供应。作为服务对象，顾客通过团购往往能够获得自己有能力支付且质量较好的商品，有效降低了购买成本。

（五）农村团购

农村团购主要体现在两个方面：城镇消费者团购农产品以及农村消费者团购工业品，即以团购形式实现工业品上行和农产品下行。农村团购对于农村电子商务的发展具有重大意义，结合少数民族县域的发展现状，采取该方式还需要完善以下方面的建设：

（1）把握农村市场需求。由于中国的城乡二元体制，农村有着与城市不一样的状态，同样农村消费者的需求与城市消费者的需求也有所不同，团购网站在开拓农村团购市场时，详细真实的市场调研是必不可少的，同时，为了更好地在农村树立自身品牌，广告宣传也应该符合农村消费者的口味。

（2）完善物流系统。中国电子商务在城乡之间发展差异大的重要原因之一是农村物流系统落后，对任意一种形式的电子商务模式而言，良好畅通的物流系统必不可少，团购网站要开拓农村市场，必须建立在良好的物流系统上。对于一些已经自建物流体系的区域化B2C网站，团购频道的推出和良好运营会为B2C网站带来巨大流量。

（3）增加货到付款的方式。虽然现在第三方支付软件如网银、支付宝等已经非常成熟了，但是农村消费者长期形成的习惯还是见货付款，团购网站大多支持电子支付，这与给农村消费者以往的消费经验不符，让消费者产生不安全感。因此，无论是城市还是农村，团购网站为了提升自身的诚信指数，都应该建立货到付款的机制。

（4）大力发展手机客户端。在农村，电脑和互联网的普及率相对较低，但是网民人数并不低，因为电脑上网的不便催生了另一种方式——手机上网，农村青少年中使用手机上网的现象非常普遍，使用电脑上网较少。这一特点提示我们，团购网站应该大力发展手机客户端，从手机上挖掘市场。但是对一般的中小团购网站来说，开发客户端是一笔不小的投入，最简便的方式就是向领团提交收录申请，领团已经开发了手机客户端，被收录的网站都可以被手机用户搜到。

别具一格的"乡村团购"也成为致富的不错选择。德清县阜溪街道兴山小区的丰收驿站，率先采用了这种方式，将久违的乡村集市与先进的理念结合，以此走上致富之路。由于兴山小区地处城乡交界处，周边有较多企业，地理优势再加上别致的"乡村团购"，吸引了许多周边的人员前来选购。

德清县阜溪街道兴山小区的丰收驿站是德清农商银行此次"乡村团购"的一个典型代表。在身处商业边缘的农村地区，交通条件一直是制约其发展的一大瓶颈。即便农村有着丰富的特色产品，然而零散的快递、落后的交通使这些物质难以快速到达商户。

图 3-7　农村团购

二　绿色产品网货化：众筹

（一）众筹概述

众筹更像是团购升级的产物，它是有目的性的团购，在有购买意向之后，向网友募集购买资金的模式。它将互联网和 SNS 的传播特性发挥到极致，让小人物有更多展示的机会、更多被关注和支持的机会，以此获得资金援助。

现代众筹指通过互联网方式发布筹款项目并筹集资金。众筹最为新兴的融资方式，它更具趣味性和开放性，能否得到资金的衡量标准也逐渐多元化，而这些恰好迎合了这个推崇个性化和趣味化的时代。

众筹是互联网金融的一项重大创新，具有普惠价值，拥有强大的爆发力及良好的前景，众筹具有以下特征：

1. 众筹项目多样化、创意性强

首先，众筹涉及的项目面广泛，涵盖人们衣食住行各行各业，不受行业限制；其次，创意是众筹项目的核心竞争力，创意者需要将思想变为实际产品，不仅仅需要执行力、管理能力，更需要说服投资者的创新能力。

2. 投融资全程网络化

众筹体现在"众"字，而网络平台的互动性、信息传播性都是快速实现"众"、以小流聚成江河的得天独厚优势。

3. 投资人个人化、目标多元化

首先，从投资者的类型来看，众筹融资的参与者主要是为个人投资者。其次，不同的投资者投资目标呈现多元化特征；支持者通常是普通的草根民众，而非公司、企业或是风险投资人。最后，由于是网络平台的融资活动，打破了地理上的约束，地域分散但具有相同兴趣和偏好的投资人均可以参与到项目之中[①]。

4. 依托社交网络进行市场营销

毫无疑问，近年来朋友圈等社交网络成为营销的又一圣地，各大营销团队对之趋之若鹜。社交媒体为资金募集人提供了全新的展示平台，使其能够更好地展示自己的特色、创意等价值，以此来获得投资者的青睐。

（二）众筹构成要素

1. 项目发起人

众筹项目在众筹前需要表明自己的目的、较为详细的项目计划书，同时它是一种非公益活动，比如出版图书或生产某种产品。当然，项目发起人也必须有一定完成项目的能力，对项目有绝对的主动权。同时，项目发起人与众筹平台要签订合乎规范的协议，以明确双方的界限和权利义务。

项目发起人一般是需要解决资金问题而发起的众筹计划。但也有个别企业遇到自己以一己之力难以完成的问题，如需要加强用户交流和体验等需要大量数据的情况，但这类问题的本质与资金问题类似。

2. 公众

由于互联网极为便利的传递性，数量庞大的互联网用户则可以阅览并筛选自己感兴趣的创意项目，捐献自己或大或小的投资额，以此来使每个出资人都变为小小"天使投资人"，这其中的本质实则暗合共享理念。较为不同的是，项目成功之后，由于投资者投资额度并不大，出资人的回报并不一定是自己回报，更有可能是产品样品或服务，甚至是心理上成功的快感，这样使得每个出资人都参与其中而又"不索回报"，

[①] 范家琛：《众筹商业模式研究》，《企业经济》2013年第8期。

满足了出资人的小众化、个性化需求。

但作为大众的投资人，其专业眼光和水准有待商榷，投资项目的成功率可能并不高。那么领投人则起到了至关重要的作用，领投人由专业人士担当，他们率先投资并带领其他投资人跟投，以此来减少大众业余投资人的风险。

3. 中介机构

网络平台是众筹的展示平台，而中介机构则是网络平台的管理者和搭建者，它是筹资者和投资者交流、管理、维护的枢纽，既维护投资者的利益，也辅导筹资者走向成功。这种权衡于投资者和筹资者之间的机构，背负的责任也是重大的，需要的功能也是复杂的。首先，众筹平台要具备及其专业的能力，这些专业能力包括网络技术的支持、熟悉掌握相关法律法规、能够将虚拟手段和现实操作结合、善于对市场分析从而对筹资者给出战略指导等等。在保证项目具有完整性、价值性、可执行性的情况下，符合法律规范。其次，在筹资成功后对项目进行预估、监督、辅导，促进项目成功。最后，当项目面临无法突破的困难时，众筹机构当督促筹资者还款于投资人，保证资金的绝对安全。

（三）众筹基本类型

1. 债权众筹

债权众筹，类似于股票，投资者以资金获得被投资公司或项目的一定债权，未来公司获利时可依据债权获取利益，最后达到收回成本甚至获利的可能。

债权众筹分为两类：一种是 P2P 借贷平台，即筹资人面对社会大众进行筹资，出资人最后按照投资比例来获取债权而进行收益；另一种是 P2B，面对的对象是资金力量更为雄厚的企业。

2. 股权众筹

股权众筹，即投资者对项目或公司进行投资，获得一定比例的股权。

在互联网金融领域，股权众筹主要特指通过网络的较早期的私募股权投资，是 VC（项目初期投资，和 PE 相对，PE 解释为项目成熟期投资）的一个补充。

目前中国的股权众筹网站较少，主要有两个原因：一是行业的特殊性而导致此行业对人才的要求越来越高;二是此类网站的马太效应(两极分化现象,强者愈强弱者愈弱)较强。但是,股权众筹网站在未来应该还是具备创业机会。

甘肃省定西市渭源县元古堆村,每 100 个村民中有 83 个是贫困人口。2014 年当地政府引导房地产企业成立投资公司。村民通过现金入股的形式,进行投资。在当地投资氛围的带动下,农民收入水平得到提高。目前农村金融市场尚不完善,很多想要把农产业做大做强的农民个体户因为资金的问题无法施展自己的目标和想法,无抵押、纯信用的小额贷款服务更是难上加难。自 2015 年来,国家"真金白银"的扶持政策,对于农村金融市场无疑是一大利好,也让众多企业在农村金融借贷这片新蓝海发力。京东"白条"、阿里"花呗",还有网商银行的"旺农贷"深入农村,致力打破农村电商融资难的发展瓶颈。

互联网金融的发展,创业门槛的降低和融资渠道的高效发展,让农村电商从业者创业更容易。另外,当前农村电商发展有相关的政策产业支持,各大电商巨头纷纷注入资金进行投资。

3. 回报众筹

回报众筹,一般是指预售类的众筹项目,即投资者对项目或公司进行投资,获得产品或服务。回报众筹与团购既相联系又相区别。团购是回报众筹中的一种,但团购并不是回报众筹的全部,且回报众筹也并不是众筹平台网站的全部。回报众筹与团购的目的不尽相同,回报众筹主要是为了募集运营资金、测试需求,而团购主要是为了提高销售业绩。但两者在实际操作时并没有特别清晰的界限,通常团购网站也会开展众筹的预售,众筹网站也会发起团购项目[①]。

4. 公益众筹

公益众筹是公益筹款的互联网表现方式,它依靠互联网为平台来募集资金。这种更为开发、更为透明的公益融资方式更符合当代发展的潮流,也暗合共享的大势所趋。网友可以根据自己的个性化需求而选择项目,无形间拓宽了公益的边界,以此为公益提供无限可能。

---

① 黄健青、辛乔利:《"众筹"——新型网络融资模式的概念、特点及启示》,《国际金融》2013 年第 9 期。

三 农业众筹

农业众筹是大众与农业近距离接触的方式,也是众筹模式扎根于农业的表现形式。传统农业发展模式下,经销商的层层设立带来了农业运用机构的烦冗,也给作为主要消费者的农民带来了极大的经济损耗,广大农村的弱势群体在农业运作模式中处于弱势群体而难见天光,而农业众筹的诞生则彻底改变了这种病态的营运模式,突破了资金流通和运作模式壁垒。

在农业众筹模式的发展过程中,由于众筹具有极强的目的性,它与农业产品预售及个性化需求完美契合,在精简农业产品流通步骤、提高流通效率、节约农业资源方面起到了极大的作用。同时解决了自古以来的大难题——交易过程中的信息不对称,让农业的生产方和消费方有更多的互动空间。一方面,农业众筹的预售让农业市场的布局更具有前瞻性和精确性,提前锁定市场并做好战略布局,降低风险、提高效率、减少中间环节、降低成本可谓一步到位。另一方面,农业众筹为消费者和生产者提供了互动的平台,以往单向的消费缺乏趣味性、缺乏个性、缺乏可选性,而现在的双向传动恰恰解决了这些难题,极大的信息对称带来了农业产品流通形式革新。

图 3-8 众筹网网页案例

同时，农业众筹在资源整合方面也极为突出，也拓宽了农业的包容性。目前我国的农业尚未形成如美国等强国的大规模聚集状态，所以资源整合对目前我国农业起着至关重要的作用。将碎片化转变为连续化、将小规模转变为大规模、将分散性转变为聚集性、将人工化转变为科技化，以此来突破模式的约束，达到资源的有效运用。

众筹依靠互联网运用于商业模式的得天独厚优势，将信息颠覆性传播所带来的资源整合、社交性聚拢、全方位分析巧妙地结合在一起，解决了传统农业中发展的疑难杂症，为农业发展模式提供了新思路。一方面，通过综合性众筹平台"众筹网"直接服务中小农户。这种低门槛、聚小成多且灵活性强的资金筹集方式，可以快速有效地解决农业经营者在发展中遇到的资金问题。当然，随着时代的发展，众筹的形式也在日益丰富，针对性解决各种疑难杂症。另一方面，众筹网还可以与农业周边企业合作，形成新的农业产业链，以达到行业资源的高度整合。

农业众筹的创新给农村创业群体提供了新思路和信心，农村创业群体的抗打击能力也因此增强，这成为缩小城乡差距、丰富产业结构、提高就业率的驱动核心。

农业众筹也给农业从业者注入了新鲜的血液，提高了其参与的积极性和主动性。传统的农业生产中，从业者一直处于被动的状态，被动的依赖经销商披露消息、被动地进行农产品的生产，正是这些被动导致了生产力的不完全解放，以此导致行业发展中气不足。而农业众筹这一股新鲜血液的注入，不仅仅是精神上的鼓舞，更是行业上的革新，让从业者有更多机会参与到积极的生产中，生产力由此解放，近年来如鲠在喉的食品安全也随之解决。从业者争做主人翁，农产品的质量、安全、放心程度都将大大提升。

这种新型模式的诞生更是从业者身份多样化的集中体现。在传统农业中，从业者的身份单一，所站角度缺乏丰富度，高度也难以达到。而随着新型模式的运行，从业者既可以是生产者，也可以说消费者和合伙人。身份多样性的变化，带来了质量把关人人重视，同时消费者与生产者的互动更多，那么安全问题则迎刃而解。

图3-9 "聚土地"与"耕地宝"

农业众筹同时也起到了市场导流的作用，吸引大量人才回乡或帮助人才扎根农村，提出年轻人"叶茂归根"，这些将会带来繁荣的商品交易，而繁荣的商品交易则反哺人才的回流，两者相辅相成，这将是缩小城乡差距、促进农村发展的强力驱动器。

"聚土地""耕地宝"等众筹土地项目的横空出世，在业界产生了"鲶鱼"效应。还有乡村旅游业。

四 农业众筹类型

按照众筹对象，农业众筹可以发生于整个农业链条的各个环节，包括筹土地、筹项目、筹技术等。在某个具体项目中根据具体需求而定。

1. 农产品众筹

产品众筹是国内最常见的农业众筹模式。在农产品众筹中，可以提前销售期，根据销量进行种植或养殖，实现"由销量决定产量"。众筹过程中项目发起方多为从业者，以网站为筹集资金的平台，对农产品生产者进行标准化培训以达到客户需求，带产品成熟后将其配送到用户手中。

2. 农业技术众筹

众筹是农业技术转化为农业技术资本的重要方式。众筹融资具有强自组织性，以技术研发为核心的众筹，目标明确，筹款人能够通过融资平台发布技术研发进展与成果，让投资人明确投资用途。而且，研究人员与投资人员可以分工协作，研究人员出智慧，投资人员管市场，从而促进技术转化为生产力。比如，美国农业融资平台阿格芬德（Agfunder）从农业技术切入，众筹了下列项目：

（1）类似于杂交水稻的增产技术。粮食在世界的地位不可或缺，其增粮技术的重要性也就不言而喻。

（2）类似于高价值农产品的种植、增值技术。将高价值的水果以一定的技术引入到较为贫困的地区，为其发家致富。

（3）有机化肥农药技术。有机食物近年来成为大众追捧的热点食物，这是一个重要的商机。

（4）农业信息化。农业信息化不仅仅是机械化，它更具有前瞻性和战略性，以此来达到超高的经济收益。

3. 农场众筹

农业旅游项目是让城市居民以较少资本参与经营原生态民宿、具有乡村气息的度假酒店、果蔬生态园或者是普通的农家乐。在城市居民分散资本的投入中，城市居民可享受每年在该酒店免费入住一段时间，或者是享用服务给予折扣优惠，或者是获得利润分红。城市居民投资人自己在享受项目成果的同时，也可以充分发挥他们的人脉圈，增加酒店客源。在经济相对发达地区，比如浙江省富山乡的半山村、山东省沂南县林海花田村等，都通过众筹建设了休闲度假区。

4. 农业股权众筹

农业股权众筹，是指将项目所需资金总额设置成股权总份额，参与众筹的人员根据投入资金额获取相应比例股权。农场众筹的产品包括土地、农畜产品、参观采摘等。农场的个性化和商业价值是众筹成功的重要因素。参与众筹的农场可以通过众人资金盘活土地资源，让参与众筹的投资者可以用较少的资金获得家庭农场，这对于一些注重食品安全、喜欢田园生活的人而言，是有需求的。通过美国的农业发展历程，可以预见农业的农场化在未来将成为主要的经营方式。但现代工业化农业以实施的前提条件是农场主具有大面积的土地。而我国由于农村青壮年劳动力外流，导致农村大量耕地被闲置，或者由劳动能力不强的留守人群经营。为了解决这个问题，农业股权众筹不失为一种好办法。农业股权众筹可以通过集中闲置、低效率的土地，以经济组织中最为高效的企业形态进行规模化的经营生产。[1]

---

[1] 徐妍、陈美方、许兴登：《农业众筹的发展现状及推进路径》，《宏观经济管理》2016年第5期。

5. 公益众筹

公益众筹是指以扶弱救急为目的、通过互联网方式发布筹款项目并募集资金的活动，一般包括助学、助老、助残、关爱留守儿童等。公益众筹在农村农业农民问题上有更大需要，众筹乡村图书馆、乡村学校、乡村交通、农村环保设施等，让农村建设所需的社会资源得到有效配给，完成"不让一个人落下"的脱贫攻坚使命。事实上，乡村多公益事业正在越来越多地被社会认同并参与，水滴众筹、腾讯公益等优质平台在发挥重要作用。

农业众筹的本质是目的性明确的团购。它颠覆了传统的销售流程，却又带来了革命性的突破。它将销售前置化，名曰"预销售"。这样从业者可以提前制订计划和紧急预案，将信息充分利用，以达到成组织、成规模的生产销售。烦冗的中间步骤可以因此减少、多余的中间损耗可以尽量避免、不可预测的风险也可以提前做好防范准备，以达到农业运作模式的革新，带来农业经济收益的巨大化。

六 农业众筹的实施办法

将农业和众筹结合，可以进一步解决信息不对称问题。以往，偏远农村的种植户，生产出来的农产品味道纯正，价钱公道，可销路不畅；而城市居民，对于这些优质农特产有需求但缺乏购物地点信息。电商解决的是供给与需求不对称的矛盾。诸如山东大枣、赣南脐橙这些名优特产借助淘宝平台在互联网上获得较高销量，这与符合电商运营特点的产品特质、融合的线上线下农产品渠道铺设、垂直农业电商的崛起密不可分。

农产品生产周期较长，客单价较低，保值期短，自然灾害风险和市场波动风险高。如果在产品生长期就开始众筹活动，积聚众多分散消费者的力量，就可以在产品采摘期到来之前将商品销售完毕。这样可最大化地降低农产品运营风险。

根据《2015 阿里农产品电商白皮书》，从产品类别上看，农产品在网络上销售占比按照从高到低排列，依次是零食坚果特产、水产肉类蔬果、茶叶冲饮、传统滋补、粮油米面干货和鲜花绿植园艺。

按照销售量高低排名，依次是枣类制品、乌龙茶、普洱、牛肉类、鲜花速递、花草茶、纯牛奶、天然粉食品等，如图 3-11 所示。

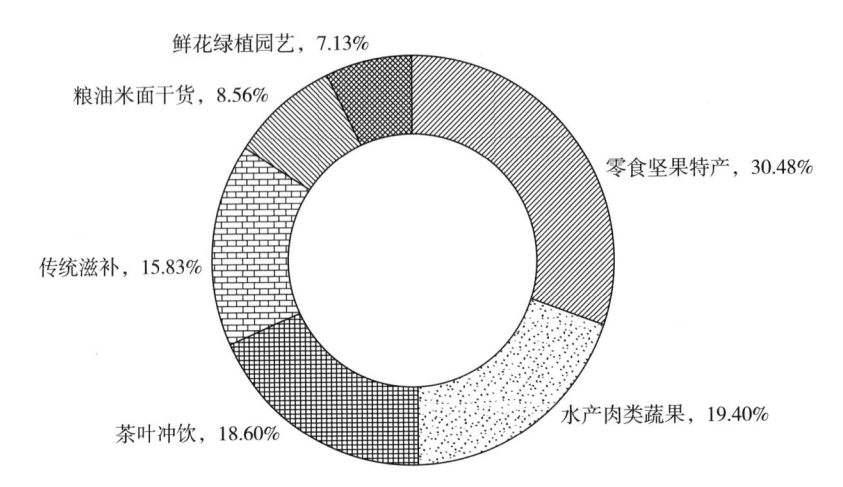

图 3-10 2015 年阿里零售平台农产品类目

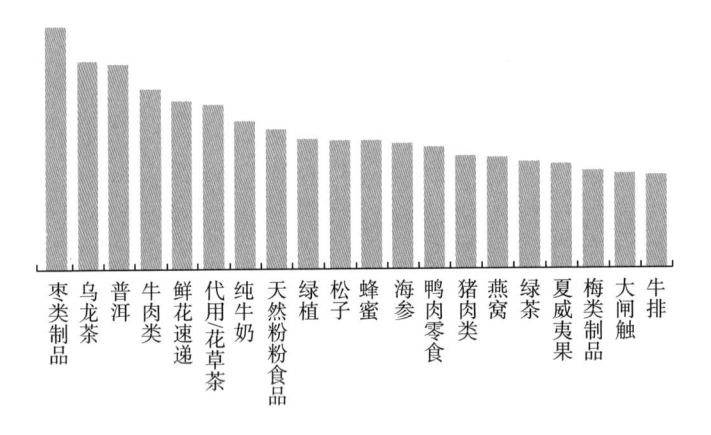

图 3-11 2015 年阿里零售平台农产品单品销量排行

2017 年，阿里巴巴中国零售平台农产品交易近千亿元，同比增幅达 16.6%。其中，农村地区农产品销售规模达到 248.8 亿元，同比增幅达 30.1%，增速高于城市地区。从农产品品类来看，坚果、水果肉菜占比超过 20%，粮油米面、咖啡麦片、茶和传统滋补营养品的占比都在 10% 以上。增长最快的是水产肉类、保健品，同比增速超过 50%，紧随其后的是咖啡冲饮、茶和粮油米面干货，同比增幅分别是 43%、40% 和 39%[①]。

---

① 阿里研究院：《首届"中国农民丰收节"电商数据报告》，2018 年。

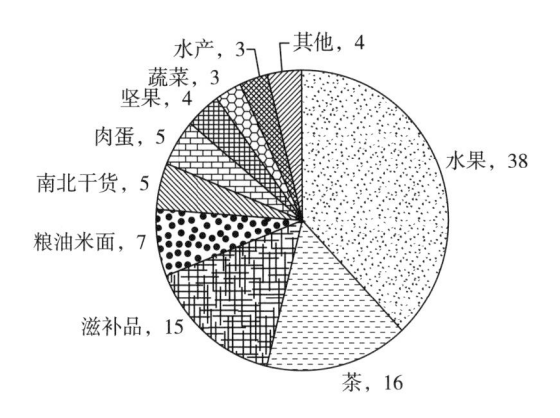

图 3-12　2017—2018 年地标农产品的电商品牌榜品类构成

贵州省台江县南宫乡盛产黑毛猪，因地理因素，黑毛猪的销路特别狭窄，贵州财经大学为帮扶南宫乡解决此问题，开发"信我吧"平台，以众筹的方式，将黑毛猪销售出去。

猪肉对于人来说，可以补充的营养有很多。每天我们的餐桌上都有猪肉的存在，为了帮助台江的人们，通过贵州财经大学的教师订购台江人民养殖的猪肉。

团购活动所供给的黑毛猪来源于世居苗疆深域的苗家人经过驯化的野猪，由于信息、交通的闭塞，这里一直采用着传统而古老的养殖办法，农户散养的黑毛猪白天自由的散漫在田间地头，秀丽眷美的风景映衬着黑毛猪的怡然自得。这种独特的养殖方式使得黑毛猪区别于普通猪肉，它的肉质鲜美、柔嫩可口、肥而不腻，一经打入市场，便受到了万千肉质喜好者的欢迎。

且本活动黑毛猪养殖户的生产组织形式是"公司＋合作社"，本合作社的农户是 130 多户，其中贫困户有 80 多户，因此，养殖户的带头人也希望通过本次团购活动，能够拓展现有的黑毛猪销售渠道，形成产供销的直销供应模式，也在一定程度上解决当地脱贫致富的问题。图 3-13 是"信我吧"平台众筹运行的具体流程图。

上述案例中黑毛猪的销售实质是打破原有零售流程，前置销售期，从而能够提前判断销量，提前组织生产，以销量驱动生产，打破原来先生产后销售的模式。这种农产品运营思维符合轻资产经营的理念。相较

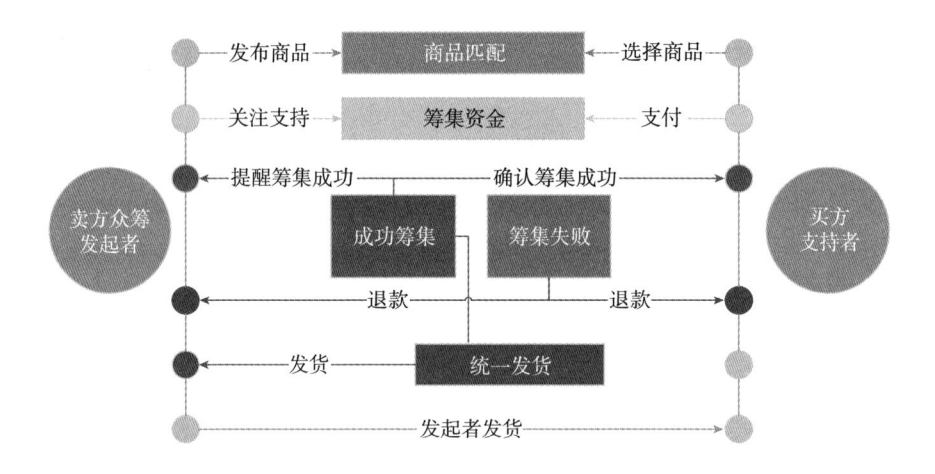

图 3-13　卖方众筹流程

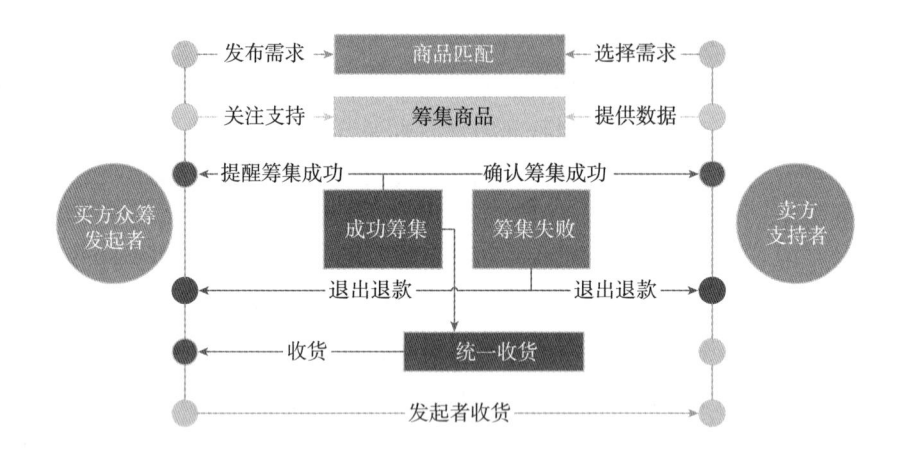

图 3-14　买方众筹流程

于其他产品，农产品生产周期较长，客单价较低，保值期短，自然灾害风险和市场波动风险高。众多因素杂糅在一起，使得农业互联网化面临较大困难。

当消费者无法根据产品本身判断商品优劣时，商品品牌就成了区分商品的重要标志。农业众筹中地域品牌尤其重要。消费者凑单买平时市场里难以遇见的产品，或者是一些精品农蔬品，这时原产地信息对消费者判断某个农产品质量的好坏有重要作用，比如贵州白酒、西湖龙井、云南普洱、景德镇瓷器等，这些地域品牌代表了商品的高品质，容易让消费者产生信任。根据《首届"中国农民丰收节"电商数据报告》，"中国农民丰收节"组织指导委员会发布了"100个农产品品牌"部分品牌见表3-1。

表3-1　　　　　2017—2018年地标农产品电商品牌榜

序号	省份	个数	农产品品牌	序号	省份	个数	农产品品牌
1	北京	2	北京鸭*	26	浙江	11	奉化水蜜桃*
2			平谷大桃*	27			安吉白茶
3	山西	3	沁州黄小米*	28			大佛龙井
4			临猗苹果	29			诸暨香榧
5			汾州核桃	30			金华两头乌猪*
6	辽宁	4	辽参*	31			江山猕猴桃
7			丹东草莓	32			舟山带鱼*
8			盘锦大米*	33			三门青蟹*
9			铁岭榛子	34			玉环文旦
10	吉林	3	榆树大米*	35	安徽	6	南陵大米
11			黄松甸黑木耳	36			黄山毛峰*
12			长白山人参*	37			祁门红茶
13	黑龙江	3	五常大米	38			砀山酥梨*
14			海林猴头菇	39			六安瓜片*
15			东宁黑木耳*	40			霍山石斛*
16	上海	1	南汇水蜜桃*	41	福建	7	兴化桂圆
17	江苏	7	阳山水蜜桃	42			安溪铁观音*
18			大沙河红富士	43			平和琯溪蜜柚*
19			西山枇杷	44			武夷岩茶*
20			洞庭碧螺春	45			霞浦海参
21			巴城阳澄湖大闸蟹*	46			古田银耳
22			高邮咸鸭蛋*	47			福鼎白茶
23			沭阳花木	48	江西	2	赣南脐橙*
24	浙江	11	西湖龙井*	49			万年贡米
25			临安山核桃	50	山东	6	烟台大樱桃

续表

序号	省份	个数	农产品品牌	序号	省份	个数	农产品品牌
51	山东	6	烟台苹果*	77	四川	4	浦江猕猴桃
52			威海刺参*	78			攀枝花杧果*
53			莒县丹参	79			蒙顶山茶*
54			蒙山蜂蜜	80			安岳柠檬
55			东阿阿胶	81	云南	8	宣威火腿*
56	河南	3	铁棍山药	82			褚橙
57			长葛蜂产品	83			宝山小粒咖啡
58			信阳毛尖*	84			昭通苹果*
59	湖北	3	宜昌蜜橘*	85			凤庆滇红
60			秭归脐橙*	86			蒙白石榴
61			京山桥米	87			文山三七*
62	湖南	2	安化黑茶*	88			普洱茶*
63			黔阳冰糖橙*	89	西藏	1	那曲虫草
64	广东	5	增城荔枝	90	陕西	4	周至猕猴桃
65			雷州番薯	91			眉县猕猴桃*
66			德庆贡柑*	92			富平柿饼
67			清远鸡*	93			洛川苹果*
68			英德红茶	94	甘肃	1	岷县当归
69	广西	5	南宁香蕉*	95	青海	1	玉树虫草
70			荔浦芋*	96	宁夏	1	中宁枸杞*
71			玉林百香果	97	新疆		精河枸杞
72			容县沙田柚	98			库尔勒香梨*
73			百色杧果*	99			阿克苏苹果*
74	海南	1	三亚杧果*	100			和田御枣*
75	重庆	2	涪陵榨菜*				
76			奉节脐橙				

在当前实行供给侧改革、全力攻打脱贫攻坚战之时，农业众筹尽管困难重重，但的确是一种改变农业生产组织、提升农产品运营效率的重要方式。

第四章　少数民族县域电商扶贫存在的问题

第一节　贫困恶性循环陷阱

一　贫困户入手难

诚然，电子商务在低成本、高效率、开放性、高溢出、低消耗等方面展现出了诸多优势，对于较为贫困落后地区，这些优势提供了推动当地经济增长的新出路，进而县域电商也就成为七大扶贫策略中的关键内容；并且随着国家对电子商务和县域经济发展的重视，更多地区倾向于利用电子商务将当地特色向外销售，以求赚取收入，带动经济增长。但是，我们也应该注意，在使用电子商务进行扶贫时，更多的是利用电子商务中的附带与辐射作用，即通过电子商务带动当地创业就业，激发其他地区对产品的需求和购买，带动当地各行各业的发展，进而刺激当地经济增长。在这个过程中，贫困户参与甚少，有的贫困户家中可能没有电脑和网络，更不知电子商务所谓何物，因此在开展县域电商进行扶贫时，从贫困户入手难度会非常大。而对于民族气氛浓郁的少数民族县域由于所处环境相对闭塞，对新鲜事物的接受程度相对较低，因此从少数民族县域中贫困户入手发展县域电商也将是一个值得商榷的问题。

二　开展成本高

在谈及电子商务时，人们往往会认为电子商务是一个投入少、见效快的发展途径。单单从表面上看，似乎只需购置电脑，安装网线，在家动动手指,足不出户就可以创建一个网店,上传产品在线销售。通过网上销售扩大销售群体,增加产品的曝光度,提高商品的转换率。电子商务的发展也需要基础设施成本、运营成本与时间成本。

(一) 基础设施成本

发展县域电商首先要解决的是基础设施问题。园区是政府推进县域电商的重要抓手,从电商主体来说,园区是创业和发展的平台。因此,发展县域电商,园区建设尤为关键。园区内不但要配备相应的硬件设施,还要注重打造文化软环境,提炼园区卖点,同时还要兼顾外来资本的引入。仅园区建设投入,少则几百万元,多则上亿元。同时,少数民族县域交通问题是制约其电子商务发展的一大"瓶颈"。原生态少数民族多居住于山中,交通极为不便。要保证网货顺利出山或迎接大量客户,就尤其需要物流方面的投入[①]。

(二) 运营成本

基础设施建设完成之后,就要开始构建平台。选择平台方式主要有三种:自建平台、合建平台、第三方平台。三种方式所运用成本依次递减。各方式的优劣势比较如表4-1所示。

表4-1 电商平台选择方式对比

平台选择方式优劣势	自建平台	合建平台	第三方平台
优势	(1) 可根据自身需求及时开发优化销售流程和服务流程,能够实现个性化展示,相较第三方平台没有平台规则的限制 (2) 可扩展性高,自由灵活,对平台的控制度高,用户可根据自己的需要开发扩展相应内容	(1) 可根据自身需求及时开发优化销售流程和服务流程,能够实现个性化展示,相较第三方平台没有平台规则的限制 (2) 可扩展性高,自由灵活,对平台控制度适中,用户可根据自己的需要开发扩展相应内容	(1) 具有完善的购物流程和信用体系,网络消费者的认知程度高 (2) 网站流量高,可直接利用现成的顾客资源,能够省去自建网站的宣传推广费用

---

① 王亮亮、杨意蕾:《贫困陷阱与贫困循环研究——以贵州麻山地区代化镇为例》,《中国农业资源与区划》2015年第2期。

续表

平台选择方式 优劣势	自建平台	合建平台	第三方平台
优势	（3）网站空间和容量不受限制，可展示更多商品，提供更好的用户体验	（3）网站空间和容量不受限制，可展示更多商品，提供更好的用户体验。 （4）成本适中。多方投资合力创建平台，可集聚多方优势，降低各方成本	（3）具有丰富的商城模板，可快速建立网上门店 （4）构建平台费用最低。省去了高额的开发费用，节省自建及维护平台的费用、推广费用
劣势	（1）在平台开发上，需要投入大量资金；在平台的运营维护方面需要专业团队，投入成本较高，且回报周期长，需要一定的时间累积 （2）初期需要购置服务器、域名、软件等基础设施及服务 （3）自建商场可信度低，流量较少，受众已经形成较为固定的购物习惯，要想在平台方面创新难度较大，同时在推广方面难度较大 （4）现在第三方电商平台已经形成垄断局面，要想在竞争如此激烈的环境中脱颖而出，除了创新还需要投入大量精力和资金进行营销推广	（1）平台开发投入较高，构建平台依旧需要专业的开发团队，平台的运营维护费用较高 （2）购置服务器、域名、软件等基础设施服务 （3）自建商场可信度低，流量较少，受众已经形成较为固定的购物习惯，要想在平台方面创新难度较大，同时在推广方面难度较大 （4）现在第三方电商平台已经形成垄断局面，要想在竞争如此激烈的环境中脱颖而出，除了创新还需要投入大量精力和资金进行营销推广	（1）企业运营受第三方平台的规则限制，店铺样式单一，显示不出自身特点 （2）可扩展性和灵活性较低，只能在第三方平台现有的框架组织内活动，无法满足用户的个性化需求 （3）需向第三方平台交纳一定的佣金 （4）竞争激烈，易湮没在海量的店铺运营商中

续表

平台选择方式 优劣势	自建平台	合建平台	第三方平台
劣势		（5）多方合作会有目标不一致、责任不明、需求不同等情况发生，进而导致沟通成本的增加。若经营的产品为替代产品会引致竞争加剧	（5）店铺的运营推广费用较高

电子商务是劳动密集与技术密集的结合体，建立平台与开店铺并不难，但要想把其运营好却是不易。电子商务发展非常关键的一点就是流量。根据上面的对比分析，可以发现，自建平台和合建平台虽然更能满足用户需求，但是新建立的平台没有名气，公众的信任程度较低，并且现在电商平台已呈现寡头市场态势，要想提高公信力、吸引流量、增加潜在客户，则需要在宣传推广上狠下功夫。而第三方平台流量虽大、所产生的交易额可观，但网店数量庞大，竞争激烈。根据2015年浙江省商务厅发布的《浙江省网络零售业发展报告》显示，截至2014年年底，浙江省的淘宝网店数量约147万家，其中天猫旗舰店13226家。这仅为浙江一省的淘宝网店数量。放眼全国所有的第三方电子商务平台，网店群体就如同浩瀚的大海，而新建的网店就成了海中的一滴水，若不懂运营，就会被沉浸下去，用大笔资金来换取流量的案例常见极端，但是否能盈利不能完全确定。并且，运营中人才必不可少。网络营销策略的部署、工具的选择、人员的配置需要运营者有较高的知识与经验。而电子商务人才属复合型人才，人才紧缺已是行业共识。城市电商人才尚缺，县域电商人才情况可想而知，况且少数民族县域大部分经济贫困、环境条件较差，这加大了人才引进的困难，而在人才的培育方面，由于环境相对闭塞，提高当地居民对电子商务的认知和接受程度也较为困难。另外，人才的缺失也增加了构建运营团队的难度。因此，县域发展电商在人才的培养和优质人才的引进上需要投入较大成本。

（三）时间成本

投入少、见效快确实为电子商务的一大优势。但在竞争如此激烈的环境中要想马上有流量、有客户是不现实的。县域电商的发展需要一个培育过程，并非今天开了店铺，明天订单就来了。因此，电子商务的经营也是一个需要耐心等待的过程。就拿占据我国电商领域半壁江山的淘宝为例，绝大多数人在开店铺之后的很长一段时间里都面临着没有流量的尴尬境地，就更不要说订单和成交率的问题了。另外，新开的店铺是没有信誉值的，就算来了流量，有人浏览，但如果在两家店铺产品页面基本相同的情况下，更多的人愿意购买信誉较高店铺里的产品，因此在店铺的初始运营上存在一定的困难，店铺信誉度的提升、爆款的打造和客户的累积并非通过大量的资金投入和苦心经营几日便可解决，是需要日复一日不断积淀慢慢形成的。一般在比较好的运营情况下也需要半年到一年的时间才能达到一个比较理想的状态。因此，少数民族县域电商扶贫是一场长久之战，不能求快，需要耐心地、扎扎实实地打好根基，一步一个脚印地走好每一步。唯有经得起时间的洗礼，才能够做到真正的电商扶贫。

三 经济基础弱

少数民族一般地处偏远闭塞地区、人多地少、信息闭塞、交通不便利、基础条件落后、市场规模狭小、产业结构单一、生态环境恶劣等。虽然国家重视少数民族县域建设，加大资金投入，但是在以农业、轻工业为主的少数民族县域，基础设施仍然较为落后，生产方式自给自足的居多，剩余产品较少，可通过电子商务销售的产品就更少。同时山路崎岖，交通极为不便，要想实现机械化农耕、规模化工业和大力发展旅游业的可行性难度依旧较大。并且即便解决了生产问题，商品在网上售出后，如何将生产出来的农产品、轻工业产品运往区外也较为困难，道路的不通畅增加了旅游业线路开发的难度。

除此之外，少数民族县域的人均GDP、人均工业总产值、人均储蓄、人均消费、人均收入等指标均低于全国平均水平。少数民族县域基础设施建设滞后还表现在通信上。通信线路少，质量低，整体通信能力严重不足。

例如，在四川省盐源县与云南省宁蒗县交界处，有一个叫泸沽湖的神奇的地方。在那里生活的一部分摩梭人还保留着母系氏族的风俗，这也是中国唯一的母系部落，那里自然风光旖旎，民族气氛浓郁，神秘的母系部落吸引着无数游人前往。但是，到目前为止，前往泸沽湖的道路还是原来的两条，且大部分为山区土路，前往过程中尘土飞扬，路面坑洼处较多，在道路不太堵的情况下从丽江出发都要超过半天时间……云南属于旅游大省，在交通方面也依旧存在此方面的问题。同时，很多摩梭人家用电压极不稳定，整个区域内没有医院，智能手机的普及率非常之低……连最基本的医疗、用电问题都没有完全解决，在通信方面的落后程度可想而知[①]。

虽此案例只是个例，不能代表其他少数民族县域经济基础情况，但从本案例也能窥出一角，少数民族贫困地区在经济基础薄弱现象确实存在。同时，也有学者研究指出，绝大部分贫困地区是少数民族人口居住区，甚至可以说我国区域性贫困在很大程度上就是少数民族贫困问题。可见，少数民族区域在发展县域电商上经济基础薄弱。

在此情况下，少数民族县域发展县域电商需要十分谨慎，县域财政抵御风险的脆弱性和电子商务建成的长期性是有一定距离的，切不可过于乐观，低估风险，举债经营。如果没有县域电商发展状况的十足把握，一味地增加资金投入将会不断增加债务负担，不断地产生新的债务危机。如此循环下去将会进入贫困恶性循环陷阱。

案例 4-1　电子商务助石门县脱贫致富

武陵山片区扶贫攻坚试点县之一的石门县有良好的产业基础，柑橘、茶叶、家禽、生猪、烤烟、高山蔬菜等产量可观，品质较好。但是由于市场信息滞后、交通瓶颈等原因，这六大农业特色产业出现产品销售困难的问题。

能够跨越时空距离、面向全国市场的电子商务成了石门县解决这一

[①] 沈娅莉、SHEN Ya-li：《少数民族地区贫困循环的成因及对策研究——以云南为例》，《云南财经大学学报》2012 年第 4 期。

问题的重要抓手。该县政府将农业发展与"互联网+"相结合,把电子商务与农村脱贫工作融为一体,每年从财政资金中预算500万元扶持电商发展。

为了给电子商务发展提供良好的环境,使电商企业得到便利及时周到的服务,促进电子商务产业向集中化、规模化发展,县政府投资5000多万元修建了宝峰电商创业园。10000平方米的电商创业园是湘西北一流的线上线下电商产业体验馆,聚集了35家电商企业、8家快递公司。这些公司入驻后,将业务辐射至贫困村,采取了与当地电商龙头企业合作、培育网络经纪人、带动能人大户开设网店等措施,通过"一对一"对接,带动了贫困村开设网店的潮流,引领了当地能人的初创业之路。

随着电子商务发展环境的成熟,当地网商茁壮成长,达到了1125家网店,178家围绕网络销售的生产、加工、包装企业,5000余人直接从事电商工作,38580多农民围绕电商产业进行相关生产与服务的就业,形成了石门柑橘、白云银毫茶叶等80多种主流网货,农产品网络销路逐渐被打开。

在这些新兴涌现的企业中,不乏一些优秀者。比如湘佳牧业股份有限公司,2017年网上销售收入突破3亿元,带动全县8个乡镇、73个村的5830贫困户走上脱贫致富路。湖南天下康生物科技有限公司,集中对"石门柑橘""石门茶叶"等30多种本地特色品牌产品进行网上推广宣传,2017年网上销售额已逾4000万元,其中柑橘销售价格每公斤突破5元,带动近万贫困户从事网货生产加工。[1]

案例4-2 贾书军的《互联网+县域经济电子商务发展趋势》演讲内容节选

因为我过去工作性质就是全国各地跑,十来年我跑了有一千多个县,对于县里面的一些区域经济发展方面过去也做了一些研究,最近一两年我主要在电子商务,尤其是区域电子商务这个领域做一些思考。在

---

[1] 阿里研究院:《首届"中国农民丰收节"电商数据报告》,2018年。

今年下半年的时候，区域电子商务发生了一些变化，今天汪教授也讲了，国家层面的文件很多，国家政策到地方他执行起来也有一些办法，但是目前这些办法看起来有实际行动、成规模的成效太少。过去高的地级市拿到两个亿的配套资金，低的我见过有200万左右，但是这些钱干什么去了呢，可能搞孵化器，扶持了一些电商，像淘宝、天猫一些店主，还有当地一些电子商务企业拿到一些扶持经费。但是前一段时间，东北一个商贸局局长到我那儿去了，说了一个问题引起我的重视。他讲的是他们市里面四大班子出面引进一个电子商务企业，而且这个地级市把电子商务全部希望压在这个企业上，一共前前后后给了它800万的扶持资金，刚开始干的时候，天天招人，天天打广告，五六十个人在那儿干，弄得红红火火，到此时此刻就留下两个值班。而且它这个现象在国内不是属于个性，很多是共性。第二个，现在地方尤其县一级、市一级工业园里的孵化器大部分是楼空空的，或者里面有一些办公的，我也最近两个月走过十几个，有很多与电子商务企业关系不太大的进去了。基于这个我自己有几个想法，今天上午我又得到两个消息，河北有两个大型的商超倒闭了，而且工人出现挤兑。[①]

第二节　双边市场不对等陷阱

一　双边市场理论

双边市场是产业经济学研究的重要分支。这一概念源于美国掀起的"便士报纸"运动。不同学者从不同角度对双边市场的定义行了阐释。

Rochet 和 Tirole（2014）将双边市场定义为："当平台向需求双方索取的价格总水平 P = PB + PS 不变时（PB 为用户 B 的价格，PS 为用户 S 的价格），任何用户方价格的变化都会对平台的总需求和交易量产

---

① 参考资料来源：http://news.163.com/16/1124/16/C6LCSFBH000187VG.html。

生直接的影响,这个平台市场被称为双边市场。"①

Armstrong（2016）根据对双边市场的特征分析,从网络外部性的角度定义了双边市场:"两组参与者需要通过中间平台进行交易,并且一方的收益决定另一方参与者的数量。"② 黄民礼（2007）在对上述两种定义进行综合的基础上,把双边市场界定为:若某种产品或者服务的供求双方之间具有交叉网络外部性而使得平台企业将买卖双方同时凝聚到一个交易平台,如果平台企业向买卖双方收取的总价格为 P = PB + PS（PB 和 PS 可以为零或者负数,P 大于零）,这说明 PB 或 PS 直接影响平台企业的总需求和平台实现的交易量③。

以上对双边市场定义在侧重稍有不同,但从整体来看,观点交集较多。具体在如下方面:其一,双边市场研究的核心内容,中介平台在其中起到汇集双方用户的作用;其二,双边市场连接的两方式不同类型的用户,他们通过中介平台产生交易;其三,双边市场存在交叉网络外部性,所谓交叉网络外部性是指一方的用户数量将影响另一方的用户数量和交易量;其四,双边市场中介平台对双方收取的价格具有非对称性,当收取总价格 P 一定时,一方收取价格降低,另一方使用的价格将会上升。根据布局与发展的需要,在确定收益一定的前提下,采用共赢的定价策略,以实现各方利益的最大化④。

二 电子商务中的双边市场

电子商务有上行与下行两条通路。通过电子商务平台将产品的买方与卖方集聚,按照产品的流动方向就形成了电子商务中的上行与下行。县域电商则将县域内的产业链进行整合形成电子商务集群,各集群内的成员既可以通过电商平台向外提供产品及服务,形成上行市场,同时也

---

① 刘启、李明志:《非对称条件下双边市场的定价模式》,《清华大学学报》（自然科学版）2009 年第 6 期。
② 王亮亮、杨意蕾:《贫困陷阱与贫困循环研究——以贵州麻山地区代化镇为例》,《中国农业资源与区划》2015 年第 2 期。
③ 沈娅莉、SHENYa – li:《少数民族地区贫困循环的成因及对策研究——以云南为例》,《云南财经大学学报》2012 年第 4 期。
④ 刘启、李明志:《非对称条件下双边市场的定价模式》,《清华大学学报》（自然科学版）2009 年第 6 期。

可以在平台上购买自己所需的产品和服务，形成下行市场。因此，在县域电商中的双边市场由电子商务平台、上行市场和下行市场三部分构成。

（1）电子商务平台，指利用网络（包括 Internet 互联网络和移动通信等）为交易主体（包括自然人和法人）提供的场所和环境，其直接表征和载体是以"网站"为中心的人、信息技术和商务服务的有机结合。在平台上，市场主体可实现市场调查与信息收集、商品展示、沟通、谈判、签约以及完成物流和资金流活动所需要的各类信息服务。

（2）上行市场与下行市场，电子商务中的上行市场和下行市场一般是针对某一区域内的电子商务而言。两者按照商品的流动方向进行划分。上行市场是指县域内的商品通过电子商务平台向外销售，一般指的是县域内老百姓的土特产等商品进城，商品是由县域经电子商务平台流向他地，资金是由他地流向县域。下行市场是将电商平台的商品销售到县域内，让老百姓购买，此类商品多数是工业商品，商品由他地经由电子商务平台流向本县域，资金由县域流向他地。通过电子商务平台实现县域内外之间的商品与资金流动，实现多方共赢。

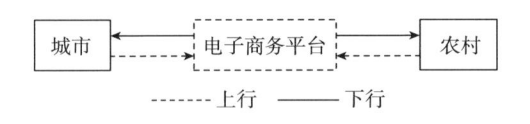

图 4-1　电商双边市场

三　发展速度的不对等性

在县域，推动电商发展的主体是政府，而实际执行电商活动的主体是企业。不同主体之间的目的不同，使得县域电商双边市场中商品上行速度与下行速度不匹配。

（一）电子商务平台运营商与县域政府发展县域电商目的的矛盾性

电子商务平台运营商发展县域电商的初衷是拓展市场。县域拥有巨大的消费人群，十足的消费潜力，是中国网络购物消费的新增长点。正因如此，阿里、京东、苏宁、一号店等电商巨头开始将注意力聚焦至县域电商,以求通过县域打开农村市场,让农民百姓足不出户即可通过网络购买到工业化产品,将电子商务所带来的便捷覆盖至农村。但从县域政府角度来看,发展县域电商的初衷,是将县域内独具特色的商品(包括农业、工业、第三产业等)通过电子商务平台销往其他地区,实现商品上行,以增加本地农民收入,带动当地经济增长。

由以上两方面我们可以发现,在开展县域电商的目的上,电商平台方与县域政府的关注点存在不一致性。电商平台运营商推进县域电商是为了实现工业化产品的下行,让县域内的老百姓在网上购买产品,其最终结果是县域资金的流出;而县域政府发展县域电商是为了实现当地特色产品的上行,让县域外的百姓在网上购买,其最终目的是增加当地的资金流入。两方的想法背道而驰[1]。

(二)县域电商中上行与下行的不对等

县域电商打开了县域的大门,为县域内外提供了商品与资金流动的通道,同时也帮助县域实现脱贫。不可否认,发展电商的县域中有一些成功案例,该区域通过电子商务将县域内特色产品进行网上销售并取得良好成效,即上行市场大于下行市场。例如,四川的彭州、山西的丹凤、湖南的浏阳、河南的新郑、云南的景洪、安徽的舒城、广西的容县等。

但从全国范围来看,各地县域电商发展差距依旧较大。据阿里研究院提供的淘宝跨省交易数据显示,顺差最大的为广东省,在省外花1元,同时从省外收入3.4元;逆差最大的甘肃,从省外收入1元,却有17元花向省外。全国省市逆顺差数据整理如表4-2所示。

从表4-2可见,除了广东、浙江、上海、福建、北京为贸易顺差外,其余各地均呈现出不同程度的交易逆差。尤其是中西部地区,交易逆差十分严重。值得注意的是,在逆差程度高的省市几乎覆盖了少数民族聚居区域的绝大部分。也就是说,少数民族县域电子商务交易更多是处于较高的交易逆差状态,即在少数民族县域下行市场大于上行市场。从而少数民族县域通过电子商务更多的是进行消费而非销售,区域内资

---

[1] 邵占鹏:《农村电子商务的兴起与新型城镇化的破局》,《江汉大学学报》(社会科学版)2015年第1期。

金往外流出①。

表 4-2　　　　　　　　2013 年淘宝跨省交易逆顺差表

省（市、区）	向省外销售	向省内销售	省（市、区）	向省外销售	向省内销售
甘肃省	1	17	安徽省	1	3
贵州省	1	16	河南省	1	3
青海省	1	14	天津市	1	2
内蒙古自治区	1	13	河北省	1	2
宁夏回族自治区	1	10	山东省	1	2
山西省	1	10	湖北省	1	2
黑龙江省	1	9	湖南省	1	2
新疆维吾尔自治区	1	8	台湾省	1	2
陕西省	1	6	江苏省	1	1
吉林省	1	6	香港特别行政区	1	1
西藏自治区	1	6	澳门特别行政区	1	1
海南省	1	6	北京市	1.5	1
云南省	1	5	福建省	1.5	1
广西壮族自治区	1	5	上海市	2.1	1
辽宁省	1	4	浙江省	2.2	1
四川省	1	3	广东省	3.4	1
江西省	1	3			

　　前面是从大的视角，以省市为单位对其电子商务上行市场与下行市场进行分析，得出我国绝大部分地区均属下行市场大于上行市场的状态。接下来，我们将从微观视角，通过相关数据对县域电商中的双边市场进行分析。

　　据中国国际电子商务中心研究院发布的《中国电子商务报告（2015）》显示，农村电子商务服务站点已覆盖 1000 多个县近 25 万个村点，农村网购交易额达 3530 亿元，同比增长 96%。而作为农村电商的主要上行产品的农产品网络零售额为 1505 亿元，同比增长超过

---

① 资料来源：http://www.aliresearch.com/blog/article/detail/id/18744.html。

50%。2015年农村电子商务的发展态势较好。可见,在政府、第三方平台等多方的共同助力下,近两年我国县域电商发展迅速,绩效明显,有效地促进了农村产品和日用消费品工业品的双向流通。但值得注意的是,农村网购交易额为网络零售额的两倍之多,且网络购物交易额的增长幅度要比网络零售额增长幅度高出近两倍。即无论是从总量还是增长幅度,农村电商的上行市场远不及下行市场。阿里研究院早在2013年的"电商百佳县"的报告中就指出逆差县域大多数分布在我国的中西部地区,其中逆差最大的是西藏尼玛县,买入金额是卖出金额的2070倍!近些年县域电商虽不断发展,但到目前为止绝大多数县域,尤其是中西部地区的县域还是下行市场远大于上行市场。

另外,近年手机网民数量猛增,据中国互联网络信息中心数据显示,截至2015年6月,我国手机网民规模达5.94亿,网民中使用手机上网占比增长至88.9%,极大地推动了移动购物、手机支付等应用的广泛扩散。据阿里研究院发布的《县域电子商务数据报告》(第1期)显示,在阿里巴巴零售平台上,2014年县域移动购物金额突破2000亿元,同比增速超过250%,远超同期网络购物金额增速。2015年,在阿里巴巴零售平台上,县域消费者移动购物比例已超过60%。在移动购物比例最高的100个县中有95个在西部,3个在中部。可见,在县域移动电子商务这一较大分支中,中、西部地区县域下行水平要比其他区域高。而中、西部地区为少数民族集聚区域。因此,从县域移动电子商务的角度看少数民族县域移动电商的下行市场较为强大。

因此,无论是以大的省市角度还是微小的县域角度,县域电商双边市场中的下行市场要比上行市场大很多。而在不同地区的县域电商中,少数民族较多的中西部地区的县域电商下行市场要远远大于上行市场,少数民族县域电子商务双边市场不对等性更为明显。

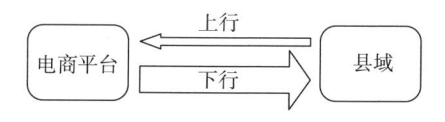

图4-2 县域电商中双边市场发展的不对等性

四　发展不对等的原因分析

农村电商商品上行与商品下行发展速度不对等体现的是两种不同形态经济发展水平的差异。商品下行的是工业品，其背后是现代化的大规模机械生产与庞大的商品贸易服务体系；而商品上行的是农业品，其背后是家庭联产承包责任制和欠发达的农产品交易服务体系。这两种经济形态在同一个渠道中竞争，必然会导致先进经济形态优于落后经济形态。

在当前消费升级的发展阶段中，县域百姓具有对美好生活品质追求与县域商品供应不丰富的矛盾。县域的发达程度虽比不上大型城市，但县域内具有一定购买力的消费者并不占少数，而与此相对应的是，县域内大型商场和超市相对较少，产品丰富程度相对较低，无法满足县域内消费者的购物需求。而电子商务则为这些消费者提供了平台。并且，电商使产品销售链条精简，省去大量中间环节，价格优势明显，服务时间不受限制，足不出户点点鼠标就能买到心仪商品……这些优势大大地激发了县域消费群体的购买需求。同时，大学生村干部的宣传和使用者素质的提高也使县域内更多的人愿意接受电子商务这一新鲜事物，推动了县域百姓对电子商务的使用。正因如此，县域电商中产品的下行市场发展极为迅速。

县域电商商品上行的制约因素诸多，包括生产规模、农产品物流、质量标准、产品溯源、品牌意识等。由于发展电商的县域多从农产品入手，农产品单位价格低、物流成本高、可追溯技术还未成型、目前尚无完备的质量标准体系以及品牌目标定位与宣传，这些为题严重制约了农产品上行；而之后的网络运行更是一门具有技巧的技术活，农村电商人才匮乏。种种不利因素都降低了县域电商产品上行的速度。

五　发展不对等的影响

（一）下行市场大于上行市场将会导致资金外流

当一县域的下行市场高于上行市场时，则说明县域内消费者在网上购买商品花费总额要高于县域内销售者在网上售卖商品的收入总额，即从县域外流向县域的资金要少于县域内流向县域外的资金，从总体上看，是县域内资金经由电子商务平台向县域外流动。若将县域比作一个企业，则该企业在电子商务方面的状态是支出大于收入，即处于亏损状态。此种情况将会削弱企业内部力量，甚至可能会导致企业资金链断裂，长此以往不利于企业的正常运营及日后发展。在发展县域电商中也一样，长期的资金外流将会削弱本地经济力量，不利于县域经济的发展。

（二）下行市场的强大将对传统商业产生巨大冲击

发展县域电商激发了当地居民的购买需求，购买产品的范围也从原来当地没有的或稀缺的产品扩展到能够在本地购买到的商品或是其替代品。此种情况下，本县域内的批发商、零售商将首先受到威胁[1]。由于购买人数的减少以及购买数量的下降，将会使这部分群体的收入降低，甚至会导致一些企业的破产与倒闭，从而将导致企业员工失业。失业群众会对此抱有不满，增加了社会的不稳定性。实体经济将受到巨大影响，政府的财政收入将会减少，同时还要对失业群体发放失业补贴，经济负担会加重。

案例4-3 湖北钟祥的农产品上行

县域电商的着力点之一，就是农产品上行，而要真正全面深入地解决农产品上行的问题，还需要进行生态体系的建设。湖北钟祥是2016年全国唯一同步启动农产品"上下行"的县市。为了推进农产品进城，钟祥市商务局、农业局等政府部门和阿里巴巴农村淘宝、湖北楼兰蜜语、楚淘网等组成了农产品上行优选项目组，对47家企业进行海选，最终选择7家企业成为企业合伙人，产品涵盖钟祥大米、葛粉、蜂蜜、香菇等特色农产品。

钟祥阿里巴巴农村淘宝相关负责人表示，"村淘"业务的发展，将极大地促进本地企业的售后服务、物流渠道等发展。而钟祥农产品上行项目相关负责人则表示，此次选品过程中，暴露出县域的部分企业在商

---

[1] 让·夏尔·罗歇，让·梯若尔、陈冬等：《双边市场的平台竞争》，《经济与管理战略研究》2014年第3期。

标、食品安全、生产能力、观念意识等方面存在一定缺陷，钟祥要充分展现出作为世界长寿之乡的互联网特色，还须加快企业的观念转型，加快企业主动拥抱互联网的进度。①

案例 4-4　农村淘宝的商品上行

2015 年农村淘宝首次参加"双十一"，8000 多个村淘服务站一共售卖了 2.93 亿元商品，平均下来每个村的服务站售卖了 3.7 万元商品。在"村淘"逐渐发展到第二个"双十一"的关头，农村淘宝将工业品下乡变为现实，规模逐渐扩大，交易日渐成熟，相比之下，农产品进城却面临众多问题。

农村电商最核心的是物流、人才、产品。围绕这三个点，农村淘宝为其搭建平台。大量"村小二"成了农村电商的前线人员。由于缺乏电商经营知识，这些"村小二"不具备分析、挖掘和开发市场的能力。比如，物流车辆下乡时可以回载事先收购的土鸡蛋。如果"村小二"具备合伙人意识，则一个镇十多个合伙人可以组建成一个合作社，原来势单力薄的个体户就变成了商贸服务公司。如果发展成片，则一个县的农业运营就有承担主体了。这将为县域农村商业体系的构建奠定基础。

农村电商从生产端到线下的维护服务端，业务链长。农村淘宝只是一个平台，能够实现资源信息聚集，但是在各项业务落实及服务畅通上，需要运营理念的普及，需要技术支撑的支持。

农村淘宝进行本地招商，是产品上行的便捷通道。农村淘宝在招商初期，会对招商企业的范围和资质作出严格规定。由于农业企业多依赖传统渠道，对网络渠道的熟知度低，因此，如何提高县域企业的参与率是农村淘宝面临的一个难题。

阿里巴巴通过招募合伙人、开办村淘服务站，引领农民进入互联网。下行交易、支付、物流体系到农村，构建信任体系，建立村民和"村小二"之间的用户黏度，充分利用政府政策资源，催生农民创业者

---

① 案例链接地址：http://mt.sohu.com/20160801/n461982773.shtml。

实现农产品上行。①

第三节　后发优势陷阱

一　后发优势理论

（一）后发优势的缘起

后发是相对于先发而言的，指的是时间上的先后顺序。后发优势又称为后动优势、次动优势、先动劣势、落后得益、落后有利性等。后发优势理论由美国经济史学家亚历山大·格申克龙于1962年创立，建立在总结德国、意大利等国经济追赶美国、英国等相对发达国家的成功经验的基础上。该理论认为，在国际竞争中，国家的经济、社会发展程度有强弱，落后国家也可以在有利时机采取合适发展策略赶超先发国家。比如，在工业化时代，后起国家可采用引进成熟技术、管理经验等，避免一些失误，从而赢得发展机会。而先发国家，必须靠自己摸石头过河、先行试错，这无疑会使发展进程缓慢。这种发展优势落后国家的竞争位置优势，与其经济的相对落后性共生，是来自落后本身的优势，在先发国家是不存在的。

格申克龙的后发优势理论主要包括以下四个层次：

（1）"替代性"的广泛存在：即任何物品都不是独一无二的，都有可以替代它的物品。比如，不可再生资源石油，帮助人类生产了汽油、煤油、化肥等多种能量商品，但是，随着技术的发展，可再生能源被不断研发出来，石油也终究会被替代。

（2）后起国家引进先进国家的技术、设备和资金。在"二战"结束后，中国接受了盟国苏联的大力支持，在高端装备制造、土木工程等方面大量引进苏联先进的技术，使得工业生产体系、道路交通运输快速恢复，奠定了国内工业经济发展的基础。

（3）学习和借鉴先进国家的成功经验，吸取其失败的教训：第一次世界大战、第二次世界大战发生前夕，先发国家都发生过经济危机，

---

① 材料链接：http://www.ebrun.com/20161114/201725.shtml。

经济萧条直接引发社会矛盾,导致社会动乱。为什么会发生经济危机,是每一个发展中国家都应该借鉴的教训。

(4) 相对落后会造成社会的紧张状态。落后就要挨打。这是千古不变的真理。发达国家由于先知先觉,会对落后国家进行资源掠夺。比如中国在"一战"中被八国联军瓜分、在"二战"中被日本掠取了大量财富等,造成在中华人民共和国成立之初,全国一穷二白。老百姓为了过上好日子,全国上下凝聚一心、众志成城,铸就了新中国成立后的持续发展期。

(二) 后发优势实现的条件

首先,在宏观上,要有稳定的社会及积极的政府。稳定是发展的前提,只有社会稳定,才能持续发展。社会稳定的首要保证是政权稳定。政权稳定,才能统一老百姓的奋斗目标,才能充分调配各方资源,促进一个个具体发展项目的实现。如果政权不稳,政府更迭频繁,政权争夺者之间的恶意争斗会造成破坏性的灾难;人心惶恐,未来无法预期,投资、生产、消费各方面都会受影响,后发优势自然无法发挥。在政权稳定的情况下,一个积极作为的政府会努力解决社会发展中的各种矛盾,会以国际化视野看待区域内发展与区域间发展的差距,为全区人民树立一个高远而可行的目标,凝聚全社会力量朝着目标奋进。此时,先进技术与管理经验,才能被充分吸纳,后发优势才能得以体现。

其次,要有良好的制度环境。制度是被制定出来指导人们行为的规则,具有相对稳定性。好的制度能够调动各方人员积极性,规避不合理环节,调配资源给愿意干事能干好事的组织、单位或个人,凝聚力量向目标奋斗。制度里包含若干项政策,比如行动指南、组织架构设置、问题解决方法、资源分配方法、激励政策、奖惩政策等,是经济发展的内生力量。

再次,要能够识别、把握发展时机。任何事物的发展都是在一定条件下发生的。后发优势的充分发挥也离不开有利的政策支持、经济发展趋势、技术发展阶段、资源调配充裕等。亚洲四小龙的崛起亦是抓住了西方发达国家经济结构调整和产业转移的历史机遇,充分利用资金、技术和市场,推动了本国的科技发展与产业升级。当前,消费需求升级倒逼供给侧改革,技术驱动下的商务模式层出不穷,知识经济、共享经济、区块链等新名词层出不穷，每一个潮流背后意味着机会的产生也意味着风险的存在。后发优势要将自身优势在发展机遇的有利条件下实现倍增效应，需要主导者的敏锐眼光。

最后，要有相应的发展基础。发展基础包括硬件设施和软件设施两方面，硬件设施包括交通、通信、电力、水利等物质基础，软件设施包括教育、文化、卫生等人文环境。硬件设施是吸引投资的外在感观，软件设施是承载产业转移、技术转让的能力保证。只有相应的硬件和软件设施都具备，在机会到来时，才能为留住机会提供充足的养分。

（三）后发优势与跨越式发展

后发优势并不是跨越式发展的充分条件。世界上具有后发优势的国家和地区很多，但并不是所有落后国家和地区都能够发挥后发优势实现跨越式发展。可见，后发优势的识别、定位、发挥、转化是一个复杂过程。

从少数民族贫困县的实际情况看，部分少数民族贫困县具有一定的后发优势，正处于跨越式发展的历史机遇上，是时候充分利用后发优势，实现跨越式发展了。（1）部分少数民族地区已经建立了特色优质农业产业基础，如贵州麻江的蓝莓、修文的猕猴桃、都匀的毛尖、仁怀的白酒等，这些产业基础实现了生产环节，为加入贸易流通提供了商品保证。（2）部分少数民族地区的自然风光非常优美，乡村旅游、农家乐、生态园区旅游、文化节日游等资源独特且丰富，为吸引客流提供了现实基础。（3）国家政权稳定、政策稳定。大扶贫战略持续推进，多项扶贫措施并行推进，电子商务扶贫从上至下大力推行。少数民族地区的特色农产品和旅游产品借助电子商务可以拓展市场。（4）党建扶贫政策为少数民族地区实现跨越式发展提供了组织保障，金融机构扶贫为少数民族地区实现跨越式发展提供了资金保障，电子商务发展的基础工程建设为跨越式发展提供硬件设施。从外部条件看，少数民族贫困县正处于跨越式发展的大好时点上。

（四）后发优势理论的应用

少数民族贫困县通过学习先发地区的发展经验，避免先发地区的发展教训，减少自我摸索的时间成本与沉没成本，少走弯路，赢得发展速度。这种借助后发优势实现跨越式发展不是不可能的。但是，后发优势的发挥需要注意一些事项，否则，就会欲速则不达。

首先，后发优势需要结合自身特点。后发优势一定要建立在本地区自有资源的基础之上。对于自有资源进行充分的特征挖掘，形成独特优势。要充分调动本地人力资源，利用先发地区的优质人力资源对本地人力资源进行培训、指导，使本地人力资源具备先进的思想与发展的思维，形成本地优势发挥的强大助推器。要充分理解本地的地理环境、人文环境、历史发展脉络，将先发地区的经验与本地时机相结合，走适合少数民族贫困县自身情况的独特发展道路。

其次，少数民族贫困县要处理好电子商务平台的自主开发与利用第三方技术的关系。国内电子商务零售市场已被阿里巴巴、京东、唯品会等综合平台占据了70%以上的份额。在这些平台上建立店铺进行农产品销售面临平台内部商家之间的激烈竞争。但是，如果自建网站，则需要更大的成本投入与更高的运营技能，所以，少数民族贫困县要根据自己商品特征及资金、人力状况考虑是自主开发平台还是利用第三方平台。

再次，少数民族贫困县要处理好基础产业与电子商务产业之间的关系。基础产业是指当地的农业、工业、服务业等生产行业，电子商务产业是指为了实现基础产业的"互联网+"，而进行支撑的相关业务活动。基础产业是当地老百姓的生存之本，电子商务产业是当地脱贫致富的锦上添花之作。基础产业是电子商务产业发展的基础，电子商务产业是基础产业价值实现的途径。因此，这两者都要抓，不能出现厚此薄彼的现象，否则，农村电商的发展就是不完整、不通畅的。

最后，要处理好政府与市场的关系。少数民族县域电商从一开始就是由政府主导的，是政府提出的扶贫策略，并在全国各地从上至下强力推行。虽然各级政府是推进农村电商发展的主要力量，但是电子商务终究是商务活动，是属于自由贸易市场的活动。因此，政府作为电子商务开展的组织者，应该履行政策制定、执行及监督职能，统筹安排重大项目资金，实行专业化、市场化、企业化运作，允许企业参与电子商务的建设、运营与管理。同时，可采用多样化的运作模式，如招标、外包、参股、特许经营等方式，充分发挥企业的积极性，由企业尤其是本地企业在电子商务扶贫中能够发展壮大，成为当地经济的主要力量。

二 少数民族县域电商后发优势分析

(一) 后发优势存在性分析

我国中西部地区是少数民族主要聚集区域，那里多为山区，土地贫瘠，生态环境恶劣，对外交往少，交通不便利。正是由于长期的闭塞的环境，才使少数民族区域的原生态资源得以保留。

在农业方面，闭塞的环境使当地的居民保留了原始的农业种植技术，无农药化肥，干净的空气、无污染的土地、原生态的种植技术为农产品的安全性提供了保证。近年来，食品安全一直是关系民生的重大事件，激素、转基因、化肥农药的使用以及之前的三聚氰胺事件的曝光已使得人们对绿色、有机、安全食品的呼声越来越高。同时，随着人们生活水平的提高，对原生态、绿色无污染的农产品呼吁更加强烈。在此情形下，少数民族县域的农产品的优势就凸显出来了[①]。

在工业方面，少数民族县域没有城市中的喧嚣，重工业发展缓慢，但以刺绣、蜡染、银饰、手工布等富有浓郁民族特色的轻工业得到了很好的保留。同时，不同的少数民族有他们不同的信仰；而不同区域的同一少数民族也因他们生活地域的不同而各具特点。这些不同就成为该少数民族县域特有的文化，展示在他们所做的手工制品上，因而，每个少数民族县域的轻工业制品都是当地的标志，独具特色。对于城市里生活的人们而言，少数民族手工制品属"稀有产品"，尤其在国外，更是将具有少数民族特色商品视若珍宝，在这个追求淳朴自然、个性化的年代，少数民族轻工业制品相较于千篇一律的标准化产品更具优势。

在旅游业方面，少数民族县域具有优美的自然风光、淳朴的民俗民风、悠久的历史文化，这些都为旅游业的发展提供了丰富、优质资源。并且少数民族节日颇多，例如在贵州省的黔东南州就有130多个民族节日，平均每3天就有1个；而民族节日的活动能够让更多的人了解民族文化，促进人们之间的文化交流，更好地打造当地民族旅游特色，形成民族旅游的品牌优势。城市中来旅游的人都是为了感受当地的乡土气

---

① 郭熙保、胡汉昌：《后发优势新论——兼论中国经济发展的动力》，《武汉大学学报》(哲学社会科学版) 2004 年第 3 期。

息，感受浓郁的民族文化，县域民族节日活动则能够满足这些游客精神上的需求。可见，少数民族县域在以旅游业为主的第三产业方面优势明显。

（二）少数民族县域电商中产品比较优势分析

通过上面的分析，我们可以得出，少数民族县域在资源上确实具有后发优势，那么在比较优势如此明显的少数民族县域发展县域电商是否就能够发挥后发优势的作用了呢？少数民族由其自身特征是否会对发展县域电商产生阻碍呢？

在农产品方面，少数民族县域由于山区较多，农产品的种植区域分散，没有形成聚合，且产品种类多，单拿每一种产品来说，产量都不是很多，从而导致多种类、少数量的优质农产品分散在农户手中，无法整合形成凝聚力来打入电子商务的大规模消费市场中去。另外，农产品单位价值低，物流成本高，产品溯源技术发展不成熟等问题又成为农产品电子商务发展的障碍，对少数民族县域农产品电商的发展产生阻碍。

在轻工业产品的线上发展中，以下两个方面将成为其发展的桎梏。一方面，轻工业产品各地区同质化现象严重，各景区产品如出一辙，没有体现当地特色。例如，在四川的羌族古寨、云南的泸沽湖景区、贵州的千户苗寨景区中都售卖银饰，但银手镯的形状和花纹都是类似的，有的甚至可以说是"同款"。这些银饰虽分布在不同省份、又是不同的少数民族，但产品却是如出一辙，没有体现出当地民族独有的特色。若发展县域电商，地域这一特点将会被抹去，而产品的可替代性将使产品在电子商务市场上不具有比较优势，各县域之间在此类目上将会形成竞争，不利于打造县域品牌。另一方面，少数民族文化与现代社会需求之间存在异质性。少数民族有他们的民俗信仰，他们的信仰雕刻在银饰上、绣在衣服上、染在布料上……他们通过这样的方式表达了对生活的热爱，对美好的向往。但在对台江县调研时我们发现，对于图案的意义，却有很多能匠表达不出来。另外，对当地民俗以外的东西，例如十字架，涉及的产品并不多，与时代结合的创新性的产品较少。因此少数民族潜意识中的东西，在某些方面将不利于产品网上销售。

在旅游业方面，现代化的旅游服务体验与原始的乡土气息之间也是有差距的。人们出外旅游是为了感受大自然的旖旎风光，感受少数民族的气氛，感受目的地原汁原味的乡土气息……这些内容在少数民族县域都能够得到。但在相关配套服务方面，尤其是关系到游客的衣食住行方面，是需要有一定的现代化水平的。拿我们调研的某县为例，在一个顾客不多的饭店里，等菜就将近40分钟，公共厕所非常少，容纳超过30人的宾馆也很少。而当地的草原、原始森林风景都非常漂亮，也具有丰富的少数民族资源，具有发展旅游业的独到优势，但基础设施现代化发展较为落后，这将会对该少数民族县域旅游业电商的发展产生阻滞作用。

综合以上分析，电商确实给少数民族县域经济发展提供了一次追赶超越的机遇，但机遇并不等同于必然结果，还需要县域电商有效推进。少数民族区域的情况依照其所在地理环境和其常驻少数民族的不同而千差万别，因此发展电子商务的路径并不相同，既要因地制宜，凸显当地特色，又要将特色与电商需求结合，利于产品的网上销售。

案例4-5　石城县产业招商经验

石城县立足产业优势不断招大引强，为县域经济发展积蓄后发优势。该县立足县情实际，组建了15支产业招商工作小组和3支专业招商小分队，围绕新型矿山机械、矿产品精深加工、绿色食品、服装轻纺、旅游开发等主导产业，主动出击到珠三角、闽三角等沿海发达地区，开展产业招商、专业招商。并将目标瞄准世界500强、中国500强等经济实力雄厚、发展前景好的企业，主动推介该县的区位优势、资源优势、政策优势和发展优势，抓好政策对接和服务。

同时，石城县聘请19位商界人士成为该县人民政府招商顾问，借助他们的资源优势开展市场化招商。该县在"走出去"举办招商恳谈会的同时，将客商"请进来"亲身体验，邀请客商现场考察、座谈推介，让客商真正了解到石城的地理优势、资源情况及优惠政策，以良好的投资环境吸引客商、留住客商。[①]

---

① 链接地址：http://gz.jxcn.cn/system/2014/12/18/013504661.shtml。

案例4-6 龙游县的电商发展经验

2015年,龙游县网络零售额14亿元,同比增长204.2%;龙游县"农村淘宝"在阿里巴巴南大区5省39个县(市、区)发展水平月综合排名中,一直保持前三,居健康县域全国前20强;淘宝网特色中国·龙游馆综合运营水平长期位列全国县级淘宝馆的前10名。

走过"酒香不怕巷子深"的时代,在如今交通和物流便利、潜在市场广阔的龙游县,无论是依托本土优势产业诞生的个体店铺,还是背靠知名电商平台的线下商店,电子商务的种子已在这方热土发芽扎根生长,并带动相关产业发展,成为激活县域经济发展的"e动力"。

政府"触网"推电商

暮春时节,在龙游沐尘乡康源村农苑竹笋专业合作社电商城分店,员工们正忙着接单、填单,将笋干、水煮笋等笋产品发往杭州、广州等地。

农苑竹笋合作社的理事长曾庆丰,是淘宝平台的"弄潮儿",为当地村民打开毛笋、冬笋销路,年销笋1.5万公斤到3万公斤,淘宝店"竹海圣都农产品"也因销量大而位居淘宝网站搜索首页,每年能销掉7500公斤的"凤尾银丝"笋干。

不仅仅是笋干,龙游莲子、龙游发糕、龙游小辣椒等特色农产品纷纷"上网"交易,越来越多的农户、经销商从中受益。在家就能赚到钱,一时间电子商务热遍龙游城乡,群众都夸当地政府为民办了件实事、好事。

龙游县电子商务工作虽然启动较晚,但后发赶超、借梯登高。2013年,龙游县在衢州市率先与阿里巴巴展开战略合作,开设淘宝"龙游馆",平台入驻网店130余家,至2015年底,累计实现本地特色农产品和工业品销售额1.6亿元。

2015年,龙游县以跻身电子商务百强县为目标,从"互联网+县域"重新谋划电商产业发展新格局,以农村淘宝、产业平台、在线行业带、电商扶贫、"互联网+城市服务"、"规划编制"六大项目为抓手,进一步搭建起了以1个电商城为中心,多个O2O、B2B、B2C、垂直专业平台以及多个电子商务应用集聚点为支撑的"1+X"发展模式,实现电子商务工作跨越式发展。

"加快电子商务发展,是顺应经济全球化、促进转型升级、创新发展的内在需要,也是加快现代化步伐、提升区域经济实力的战略举措,更是科学发展、加快发展的必然选择。"这是龙游县电子商务发展工作领导小组对电子商务的清醒认识。近年来,龙游先后出台《龙游县加快电子商务发展的实施意见》《龙游县电子商务进万村工程实施方案》《农村淘宝项目三年行动方案》《龙游县工业电子商务特色产业带建设若干意见(试行)》《龙游县"一村一品"电子商务示范县建设实施方案》和《龙游县部门和乡镇(街道)电子商务考核办法》等系列文件,奖励扶持资金从每年800万元调整至1000万元,还专门成立了专职电商办。

2015年初,龙游多次对接阿里巴巴农村淘宝项目相关负责人,并邀请阿里巴巴相关负责人到实地考察,双方就项目选址、办公区装修及基础设施改造、维修、广告、宣传、首批村级服务站及电商人才培训等工作交换意见。当年4月17日,双方签订在灵江园区建设阿里巴巴农村电子商务县级服务中心的合作协议。很快,服务中心建设完工,面积3000多平方米,包括产品展示区、物流区、洽谈区和办公区等多个功能分区,并于当年8月18日正式投运,配套建成80个村级服务中心(站)。县级服务中心和村级服务中心的建成,提升了电子商务品位,在拓展龙游农村的服务领域和服务深度,解决农村买难卖难问题,提高农民收入,改善农民生活,缩短城乡差距方面,起到了积极作用。

在推进电商工作中,龙游县政府和相关部门深深感到,发展电子商务,必须拥有良好的基础平台。只有平台建设好,才会集聚更多产业。龙游县采取"市场主导、政府支持、企业参与"形式,大力推进龙游电子商务发展重大平台建设。

首先,龙游县成功引进浙西首个"仓配一体化"专业电商产业园项目——龙游申通电子商务产业园项目。其次,通过招才引智,吸引优秀青年返乡。2015年,打造了龙游电商城·大学生创业园。再次,构建电商城,构建了三大特色板块组成的电商城园区,分别是电商产业园、龙游青年众创空间（大学生创业园）和大众创业孵化基地。这三大板块组成的电商城市由政府指导牵头，涉猎范围包括第三方服务、创业培训、电子商务、网络运营商和金融等多种类型的企业，是一个市场化机制、专业化服务和资本化途径，力求构建起低成本、便利化、全要素、开放式的新型创业服务平台。

有机融合促发展

在龙游县，全企入网、全民触网已成为社会共识。

龙游县御风而行，让电商的"风"落在"精准扶贫"上。在出台了的《龙游县电商扶贫实施意见》中，作为精准扶贫政策的实施者率先落实了各项政策，把工作重点区域放在141个低收入农户，安排每年2000万元及以上的资金，实施帮扶开网店、纳入产业链、能人帮带、平台扶持、物流支持、培训支撑和股份合作七大电商增收行动。溪口镇溪口村、詹家镇芝溪家园等电子商务服务分中心项目已投运，龙洲街道柳村村获得"中国淘宝村"称号。目前，已培训农民1000人次，328名低收入农户开设网店，"电商扶贫"模式受到国务院参事汤敏充分肯定。

龙游县电子商务分管县领导认为电子商务要想真正实现从"制造"到"质造"的转型升级换代，应当在目前全产业链电子商务大平台支撑下，做到上下游延伸，左右侧接通；认为电子商务必须运用合理的产业思维，拥有长远的目光，从而进行全方位、全产业链的谋划设计，应当是一个新兴产业。而不只是一个平台，一个简单的"互联网+"。在抓好农村电商的同时，龙游县着力实施"在线产业带"项目，狠抓工业电商，开启"龙游质造"新征程。推进龙游电子商务1688特色站点建设，鼓励规上企业开通诚信通，制定出台《关于推进龙游电子商务1688产业带项目建设的若干意见（试行）》专项奖励扶持政策；签约中国网库公司等国内知名B2B电子商务平台，打造中国特种纸电子商务产业基地；签约安厨众创平台项目，推进跨境电子商务工作；研究饰品行业电子商务，加快建设电子商务产业强县。全年共组织3期1000余家次企业开展跨境电商培训，阿里巴巴跨境电商服务团队、杭州策诚网络科技等专业B2B团队进驻龙游开展服务。

龙游团县委、经信局、商务局、工业园区等部门和相关乡镇（街道）领导深入企业一线调研，加大对企业的指导和服务，通过宣传引导和制定帮扶政策等措施，搭建企业和电商运营企业之间的联系，增强企业发展电子商务的意识。龙游网商协会和"淘宝馆"收集、梳理各镇（街道）的特色产品，引导企业通过各种平台实现网上展示、促销，使线下的一、二、三产业转型发展到线上。

"打通网上市场后，公司产品变得供不应求。"龙游县工业园区内超洁实业有限公司总经理彭燕平相告，公司"触网"营销，订单同比增长30%以上。时至今日，工业园区的一大批传统工业企业实行"电子商务+实体企业"的发展策略，主动搭乘"网络快车"，加入"网络时代"，实行线下、线上"两条腿"走路。以新西帝公司为代表的部分传统外贸企业，也在积极有效的应用电子商务来开拓海外市场，在发展跨境电子商务业务中循序渐进并且有良好的势头。与此同时，龙游的特色餐饮、休闲旅游、生态农业等市场经济主体，也运用"掌上龙游"移动平台在"O2O"模式方面作出了积极探索，并大大拓宽了市场，带来可观的经济效益。

"利民之事，丝发必兴。"在实现电子商务的"上下左右"联动发展方面，龙游不遗余力。去年10月末，龙游县就下发了相关文件来鼓励企业发展电子商务。文件内容包括：安排700万元的财政资金支持企业开展电子商务，以及在龙游本地注册、设立业务结算中心并在本地发货的新触网企业、电子商务企业和回乡发展的电商企业，也可享受不同额度的财政奖补。

龙游县除了把电商作为"一号工程"和专门成立"电商办"外，还将电商人才培养工作视为电商发展的核心因素，初步构建了相对完备的电子商务人才保障体系。县委组织部还抽调在岗在编的年轻干部，选派到阿里巴巴农村淘宝等项目和部分电商企业进行3—6个月的全脱产跟班学习，以此提升年轻干部在电子商务工作方面的服务管理能力，有效解决政府部门电商人才缺乏的"短板"。[1]

---

[1] 链接地址：http://news.163.com/16/0505/04/BM9B3V1J00014AEF.html。

第四节 知识经济陷阱

一 知识经济

(一) 概念简介

知识经济是以知识为生产要素的经济，通过知识进行知识的生产、分配与使用。知识经济与农业经济、工业经济不同，知识经济的生产对象及消费对象是虚拟的，是精神与智力层面的，而农业经济、工业经济的生产与消费对象是实体的，是物质与生理层面的。虽然农业经济、工业经济业离不开知识，但是知识在农业经济与工业经济中是提高农业、工业生产力的重要因素，它不能改变农业经济与工业经济的主体。知识经济的存在离不开农业经济与工业经济的支撑，只有农业经济与工业经济发展到一定阶段，人们不再为基本生存条件而担忧时，才可能放心大胆地去发展知识经济。知识经济是科学技术、人类智慧高度发达的表现，是信息技术发展成熟、通信技术高度发达、信息化建设取得一定成效后，知识通过信息共享及再创造，生成新知识并带来经济价值的产业生态。

知识经济是新经济增长理论的重要内容，保罗·罗默（1983年）认为，知识积累是内生经济的重要生产要素，可以提高生产效率、提高资金流动、促进经济增长。卢卡斯认为具有劳动技能的人力资本是经济增长的真正源泉，这些人力资本在知识的作用下进行特殊的、专业化的训练，从而反应更迅速、操作更规范，从而提升了劳动效率、降低了生产失误率。"新经济增长理论"的提出，标志着知识经济理论体系的初步建立。

(二) 知识经济与电子商务

电子商务是信息化发展到商务运用阶段的产物，是借助信息技术与消费者的人性特征设计出的新的商务模式。电子商务借助电子化手段开展新型商务模式，这本身就是知识经济的表现形式之一。电子商务是具备一定计算机知识、通信知识、商务知识、数理统计知识、消费者行为知识等多门类多学科知识的人才能从一定高度上掌握的新型商业思维，是知识综合作用的产物。

少数民族县域发展电子商务，必须是具备一定知识的人来开展电子商务。所以，当地的教育文化水平是电子商务发展的重要基础。而一个地区的教育文化水平与人文素质不是一朝一夕能够改变的，是历史长期发展积累而成的结果。因此，若少数民族贫困县的教育发展水平落后，老百姓文化水平偏低，则意味着这个地区在发展电子商务中需要更多的学习成本。而这个学习成本不仅仅是资金问题，更重要的是具有相应文化水平基础的人接受更高层次知识训练的资源问题、态度问题与时间问题。

二 少数民族县域电商知识经济陷阱

（一）信息共享意识的欠缺

1. 陷阱产生的原因

知识经济时代是知识爆炸性发展的时代，信息节奏和传达速度明显加快。县域电商是知识经济发展的重要手段，需要受众群体以开放、自然、共享的姿态学习与分享相关知识与技术，充分发挥各方优势、集中群体的力量推动县域电商的发展，以促进当地经济的增长。但是少数民族更多的是一种封闭式的自我保护状态，长期的封闭也导致了他们对外部新知识的接受程度相对较低，获取新知识后也很少有与他人分享的意识，这将使少数民族县域县域电商的渗透速度过于缓慢，不利于少数民族县域电商的发展。

2. 少数民族文化与主流文化的差异

我们需要承认，少数民族文化与汉族文化有显著差异。很多少数民族都有虔诚的信仰，遵从着祖先们留下的祖训，所以至今，虽然已有部分民族群体开始学习新知识，尝试新鲜事物，但绝大多数的民族群众仍然保留着较为传统落后的思想，对先进技术的使用处于观望状态甚至是排斥状态。少数民族发展县域电商需要当地群众具有商业头脑和互联网思维，但少数民族区域商业发展滞后，更多的是在政府的扶持下，对该少数民族区内的一些年轻人进行培训，通过民族体验＋特色产品销售的方式对外销售特色产品，且多为少数民族服饰。少数民族县域商业思维都远远没有达到平均水平，在发展电商所需要的互联网思维就更不用说了，在网络上售卖产品对他们来说更是天方夜谭①。

3. 学习和培训产生的影响

在少数民族发展县域电商，首先要做的就是要扫清少数民族同胞在电子商务方面的障碍，让他们了解电子商务、接受电子商务，最终能够利用电子商务脱贫。学习和培训在这一进程中是必不可少的。而由于认知差距较大，电子商务的渗透将会是一个长期而艰巨的过程。同时，学习和培训也会对民族区域现有的民族生态和经济秩序产生冲击，技术上的传播、商业上的推广、思维上的渗透将是一个艰难的融合过程。

（二）陷阱产生的结果

少数民族区域处于封闭状态时间较长，在很多方面已形成固定的模式，并且很多民族同胞已经接受了当前的落后状态，没有太多想要改变现状的想法。县域电商的引入等同于时代的穿越，面对环境的巨大变化，他们会显得无所适从，难以跟上发展的步伐，巨大的学习成本增加了他们心理上的障碍，甚至会完全颠覆他们的想象。这种改变是痛苦的、是长期的、是艰难的，而面对这种颠覆式的改变，百姓的态度也很可能是淡漠的、消极的，从而阻碍少数民族县域电商的发展。

---

① 马敏：《市场经济下少数民族发展陷阱——以武鸣县林禄村桉树和西红柿种植为例》，《价值工程》2012 年第 18 期。

第五章 少数民族县域电商扶贫与开发策略

少数民族县域电子商务发展需多方融合资金，充分利用本地资源，发展本地产业，塑造本地品牌，构建本地电子商务人才队伍，建设电子商务发展生态。从当前少数民族县域的发展基础看，县域经济所拥有的最大资本是土地，最缺少的是资金，最薄弱的是产业生态，最茫然的是发展方式。由此，本章将从土地产权变革、社会资本引入、产业生态构建及阶梯式发展的指导思想着手，详细阐述少数民族县域电商扶贫与开发策略。

第一节 积极推进产权变革

一 土地产权变革的必要性

土地是农民赖以生存的生活资料，是农民最为重要的资源。在远离现代化生产系统的乡村，农民没有获取继续教育、学习专业技能的环境，只能依靠土地的自然力量获取生活所需。由此，土地确权是历朝历代统治者改革的首要问题。

改革开放后，家庭联产承包责任制在我国得以实行[1]。农地产权进行了初次分割。农地集体所有与家庭联产承包，是土地所有权与经营权

---

[1] 滕飞、刘保奎、申红艳：《电商扶贫中的"短板"与对策》，《中国物价》2016年第12期。

相分离的重大变革。这个变革一方面激活了农民家庭的生产积极性，提高了土地利用效率，增加了农民收入，解决了大部分人民的温饱问题；另一方面有了生活保障的农民追求更高水平的生活，为工业经济的发展提供了广阔市场，也激活了工业经济。

然而，随着市场经济的大发展，第一产业农业经济在国民生产总值中的比重不断下降，第二产业的工业经济和第三产业的服务经济在国民生产总值中的比重逐渐上升，农业比较优势不断下降，农业生产成本上升，收益持续降低。工业经济、服务经济的蓬勃发展需要大量劳动力，农民抛荒进城务工，成为新兴群体——农民工。农民工通过体力劳动、简单工艺劳动获取收入，这份收入高于农耕劳动所得，但不能让农民工在城市安家立业。农民工的"两栖人"身份让其自身找不到社会认同，家庭的分离使得留守老人、留守儿童等社会问题突出，威胁着社会安定[1]。

中国经济发展的区域不平衡使得东部沿海地区人口流入量大，而中西部地区人口输出量大，东部沿海地区的农村土地是有人但没地种，中西部地区是有地但没人种。农地集体产权无法发挥作用，农民土地经营权形同虚设，两权分离模式在当今时代不能有效解决三农问题。为此，国家再次实行改革，农地所有权、使用权和经营权分离。

土地流转是在农地为集体所有的情况下，户口在当地集体中的农民拥有长期土地使用权。拥有土地使用权的农民可以自愿流转土地，将经营权通过市场转移给有能力、有意愿经营土地的个体或组织。此时，农民可支配使用的土地成了可流动的资本，农民可获取土地被经营后的资本化收益。

为了防止农村土地被资本炒作，国家制定了严格规定，下发了《中共中央关于做好农户承包地使用权流转工作的通知》[2]，农户承包地使用权流转必须坚持依法、自愿、有偿的原则：一要确保农民是农地流转主体；二要确保农民是利益主体；三要确保土地流转双方之间的合约

---

[1] 王文艳、余茂辉：《电商扶贫面临的问题与对策》，《农业与技术》2016年第11期。
[2] 张岩、王小志：《农村贫困地区实施电商扶贫的模式及对策研究》，《农业经济》2016年第10期。

有效。除此之外,《农业法》第 72 条、《物权法》第 129 条、《中华人民共和国农村土地承包经营权流转管理办法》对土地流转中的主体问题、收益问题及方式问题作了明确规定,从而有效管理、监督农村土地流转活动。

二 土地流转与电子商务

随着 2014 年年初的一号文件和 11 月的"土地流转规范"相关文件的出台,中国农村土地流转与电商发展结合在一起。在国家政策的推动下,我国农地流转的速度加快,GIS 技术、信息技术的使用使得土地信息云端化、网络化,为电子商务在土地行业里商务模式的创新提供了资源基础,也为农地资源的有效运营提供了平台基础。

在长达 30 余年的家庭联产承包责任制下,我国县域形成了丰富的农地流转形式,主要包括转包、转租、转让、互换、联营、土地入股和反租倒包等。村集体、农户、经营主体三者之间在土地流转中所起的职能不同,形成了三种不同的参与方式:(1)在村集体的领导与监管下农户与经营主体自主合作,即经村集体同意和服务中心审核后,农户直接进入市场与经营主体达成协议,由农户直接将土地流转给经营主体。(2)村集体整合土地资源并作为资源方直接与经营主体进行土地流转,村集体不仅是土地的监管者,也是土地资源的整合者,农户将土地流转给村集体,村集体再流转给经营主体。(3)在经营主体中分离出土地信息中介和土地使用者,村集体监管与审批土地流转过程,农户将土地流转给信息中介,信息中介再流转给土地使用者。无论采用何种方式,土地资源的供给与需求信息对称是流转能够达成的关键。然而,大部分农村地区地处偏远,远离商业资本与商业人才中心,信息传播辐射面小,即使村集体、农户有流转土地的意愿,也无法找到合适的土地经营者[①]。

为了解决土地流转信息不流畅问题,诸如"土流网""土地资源网""聚土网""农村土地网"等优质电商网站兴起,各自在土地垂直

---

① 张岩、王小志:《农村贫困地区实施电商扶贫的模式及对策研究》,《农业经济》2016 年第 10 期。

领域开创了电子商务模式创新,为县域农地流转提供了信息交流与交易撮合的场所。

(一)土流网

2009年6月土流网正式上线,正式开启土地流转的"线上时代"。土流网致力于帮助用户解决找地、租地需求,并提供行业资讯、土地经纪、法律咨询、在线估价等服务。截至2016年10月底,网站挂牌土地面积达3.4亿亩,交易面积1.0015亿亩,注册会员近90万。

土流网有四大主流业务:

(1)土地流转服务:根据其海量土地数据库,为用户提供精准土地查找与发布服务。为保证土地价值清晰明确,提供土地评估服务。

图5-1 土流网网站首页

图5-2 土流网土地流转服务

(2) 土地经营权抵押贷款服务：18—60 岁中国公民拥有 3 年及以上年限的农村土地经营权（已付租金剩余年限 3 年及以上）、土地经营权权属凭证清晰、贷款用于农业生产经营的，皆可在线申请。在线申请流程分为五步，申请者在线填写表格，土流网进行资料审核，贷款机构受理申请请求，审核相关资料，对于符合条件的申请者发放贷款。抵押贷款金额根据土地价值状况判断，贷款期限根据使用情况而定，贷款利率根据国家农业财政补贴政策和商业银行经营状况而定。

在贷款业务中，政府、土流网、银行、保险公司都承担自身的角色：政府的职能是对参加流转的土地登记备案，确定其使用权归属，对土地所有者颁发证书（只有拥有了确权证的土地才能参加流转），监管土地流转事宜。土流网的功能是根据土地的地理位置、面积大小、土壤质量、水利阳光等实际情况，参考以往成交价格，评估土地价值，提供土地流转的建议价格。由于流转的土地面积大、周期长，一般承租户无法一次性付出款项，此时，银行发挥其金融融资功能，为需要资金的租户提供贷款。由于农业的高风险性，必须对意外天灾人祸等进行预防，保险公司的参与非常必要。一旦出现特殊情况，保险公司承担风险，让农户、承租方的利益得到保证。政府、土流网、银行、保险公司四位一体的运营模式，让土地流转这项复杂商务活动能够有流畅的交易环节，降低了农户的后顾之忧，降低了租户的承租风险，解决了政府引导经济变革的难点问题。在广大农村区域，农民贷款一直很困难。因为农民所拥有的土地资产无法评估价格，银行不具备处理和变现土地的能力，所以银行无法获取农民资产的质押担保。当农民还贷能力评估占弱势地位时，自然难以获取银行的资金支持。但是，当类似于土流网这样的第三方平台出现后，一旦出现逾期或坏账情况，土流网可以迅速对土地进行再次流转、处置变现，解除银行的顾虑。根据土流网的运营经验，9% 左右的年化贷款利率对农户、银行和保险公司都具有吸引力，可吸引他们参与到土地流转的宏大活动中来。

(3) 土地担保服务：联合太平洋北京分公司推出商业性农险、政策性农险服务，为有保险需求的客户提供基本的政策性农险咨询与服务，同时也为客户提供专属定制的商业性农险服务。风险保障范围大，保险责任全，费率标准灵活；可根据客户需求调整承保范围和承保条件；可根据客户需求开发专门险种。商业性农险主要承保方向为：农作物产量保险、价格指数保险、林木保险、经济型作物保险。

地区	姓名	性别	电话号码	贷款金额	贷款期限	申请时间
四川泸州	侯**	男	181****4654	200.00万元	36个月	2017-03-05
安徽池州	刘**	男	182****0871	10.00万元	12个月	2017-03-02
内蒙古赤峰	李**	男	186****8422	20.00万元	12个月	2017-03-02
黑龙江鸡西	王**	男	136****1391	25.00万元	12个月	2017-03-01
山西吕梁	程**	男	139****3847	50.00万元	12个月	2017-02-27
山西吕梁	程**	男	139****3847	50.00万元	12个月	2017-02-27
四川成都	向**	男	189****2626	30.00万元	24个月	2017-02-20

图 5-3　土流网土地抵押贷款实例

图 5-4　土流网土地保险在线申请

(4)土地项目联营服务：招募区域土流合伙人，通过培训支持、区域支持、装修支持、客源支持、运营支持和推广支持，与合伙人共享线上与线下业务的合作费、土地投资收益、过户费、看地费、广告费、贷款服务费、中介费等。土流网线下的土地流转中心主要有三种：直营店、股份制和代理商。由于土地广袤的分布位置，使处于不同区域的土地都能加入土流网需要一定的运营机制。土流网采取了加盟的方式，在各地（市）、县建立土地流转中心。地级市的加盟费在十几万元，县级一般为两万元。每个县和地级市只授权一家土地流转中心。对于加盟的流转中心，采取淘汰机制，设置一定业绩指标对加盟店进行考核，只有考核合格的才会保留。这有效降低了运行成本。土流网会以股权的方式奖励经营状况良好的加盟店，从而建立长久稳定的合作关系。在盈利方式上，土流网采取代理加盟费和年终分红相结合的形式，既能保证现金流，又有激励资金。

图 5-5　土流网线下合作伙伴

2009年至今，土流网所属的湖南土流信息有限责任公司已经获得了三轮资本市场的融资，投资金额达2亿元以上。强大的资本注入使得土流网从最早的土地交易服务扩展为土地链服务，除了土流网外，农业站、招拍挂、地信网、土流学院、土地服务中心、土流服务APP、GPS测亩仪等产品也占有一定市场份额。围绕土地资源交易的细分服务市场，土流网已经在数据、金融等领域布局。

土流网经过7年运营，积累了大量的土地流转交易数据，包括每个县土地的成交均价、不同土地类型（如水田、旱田、水源地）的成交均价；设计整理了影响土地价格因素的指标体系，这些指标包括位置、土壤成分、道路情况、供水供电情况、土壤类型等，多达 40 多项。完整的土地价格影响因素指标增强了土地整体评估的科学性、可操作性和准确性。在这套指标体系的基础上，土流网于 2014 年设立了"土地流转指数"，为判断土地流转市场价格的变化情况提供了参考依据。

（二）土地资源网

土地资源网隶属于广东地合网科技有限公司，于 2009 年 7 月创建。土地资源网致力于全国各地土地供应信息的收集、整理、发布，网站设有土地供应、土地需求、土地经纪人、土地问答、资讯行情、农场汇论坛等栏目，目前拥有 20 多万宗土地供应信息，共 1.3 亿亩土地进行流转，近 5000 名土地经纪人和超过 20 万的注册用户，是行业资深的专业网站。

土地资源网号称是全国最大的土地流转平台，在全国范围内拥有 335 个地区的土地资源信息。庞大的信息覆盖面是该网站的独特优势，吸引了大量用户参与，周均 PV 浏览量在 20 万人次以上。

图 5-6 土地资源网首页

土地资源网的用户包括土地经纪人、卖家和买家。土地经纪人可以在网上开设店铺，管理店铺，发布土地信息，进行信息管理，参与培训。土地业主可在网上发布土地供给信息，可委托土地经纪人进行土地交易。土地买家在网站上发布土地需求信息，或者查找土地资源，向经纪人或业务进行咨询，决策是否进行土地流转。

登录/注册	我要找土地	我要卖土地	我是经纪人	问答/资讯/专家
注册新用户	如何找土地	发布土地信息	如何开店	如何投稿
会员认证服务	如何联系卖家	委托经纪人	店铺管理	如何提问和回答
快速找回密码	发布求购信息	土地交易流程	土地通	如何申请成为专家
如何修改个人资料	委托找地	土地交易合同	经纪人培训中心	为什么要进行各类验证

图 5-7　土地资源网用户使用常见问题

土地资源网的运营模式类似于淘宝，是 C 端用户与用户之间供给与需求信息集成平台，通过用户自发在网站上生成内容，构建土地信息及交易的网络市场。该网站为用户编写了详细的使用流程手册，包括经纪人如何让自己的店铺排名更好、如何发布信息、如何委托经纪人卖地、如何了解土地价格波动等。土地流转对国家政策的依赖性极高，土地资源网专门编辑了《农村土地流转相关政策法规大全》[①]，收录有关于农村土地流转相关方面的法律法规和政策文件，并及时持续地补充新出台的政策法规。

图 5-8　土地资源网的土地查找页面

[①] 参考资料：http://www.tdzyw.com/2010/0908/6416.html。

最新土地需求　👤个人		
信息标题	需求地区	更新时间
求购，盐沙线沿线的土地，未规划的，能起房子的 住宅地 / 2 亩	贵州,贵阳	2017年02月04日
求租贵州贵阳3-30亩适合养殖土地或房子 养殖场 / 10 亩	贵州,贵阳	2016年12月20日
求租贵阳市一个小型养猪场地（可养100多头） 养殖场 / 500 平方米	贵州,贵阳	2016年10月24日

图 5 - 9　土地资源网的土地需求页面

为了提升网站服务质量，土地资源网在信息精准度、权威性、实用性、专用性上做了大量工作。在土地信息供求频道，区分个人与经纪人列表；土地信息支持高清多图显示；卫星地图看地功能；智能的发布方式；支持多样式的排序模式；建立强大的地区数据库。在土地服务上，推出土地通会员服务，通过网络营销推广帮助经纪人更好地向土地买家展示经纪人商铺和地块。构建土地专家库，云集土地行业的各类专家、律师、经纪人；推出土地问答频道，建立清晰实用的土地问答分类；构建独具特色的悬赏积分奖励机制，土地行业专家在线给出权威可靠的回答。

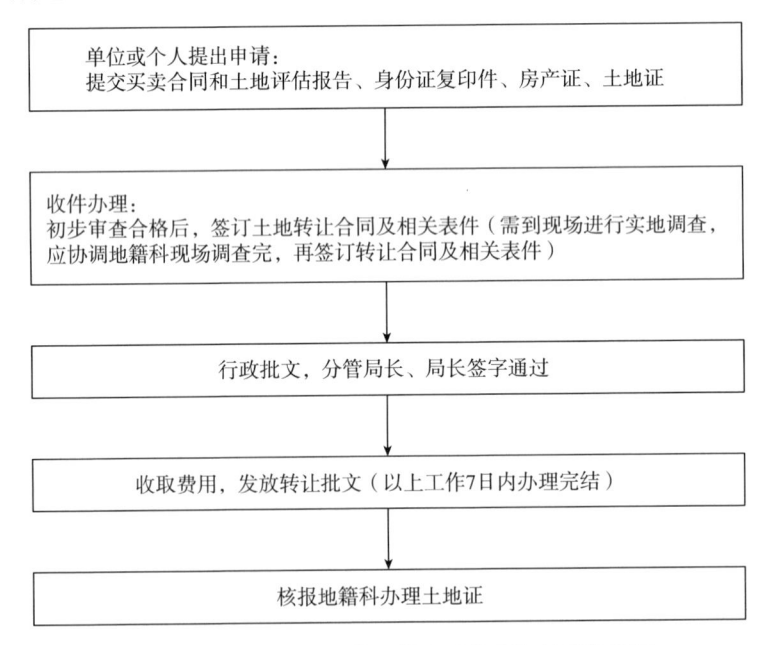

```
┌─────────────────────────────────────────────┐
│ 单位或个人提出申请：                         │
│ 提交买卖合同和土地评估报告、身份证复印件、   │
│ 房产证、土地证                               │
└─────────────────────────────────────────────┘
                    ↓
┌─────────────────────────────────────────────┐
│ 收件办理：                                   │
│ 初步审查合格后，签订土地转让合同及相关表件   │
│ （需到现场进行实地调查，应协调地籍科现场调   │
│ 查完，再签订转让合同及相关表件）             │
└─────────────────────────────────────────────┘
                    ↓
┌─────────────────────────────────────────────┐
│ 行政批文，分管局长、局长签字通过             │
└─────────────────────────────────────────────┘
                    ↓
┌─────────────────────────────────────────────┐
│ 收取费用，发放转让批文（以上工作7日内办理完结）│
└─────────────────────────────────────────────┘
                    ↓
┌─────────────────────────────────────────────┐
│ 核报地籍科办理土地证                         │
└─────────────────────────────────────────────┘
```

图 5 - 10　土地资源网告知的土地使用权转让流程图

(三) 聚土网

1. 网站定位

聚土网隶属重庆美村科技有限公司，专注互联网农村资产交易，以土地流转为核心为用户提供交易撮合、交易后服务和农村金融服务。聚土网从信息源头把控交易的安全性，以100%真实土地资源为基础，在交易全程的各个环节推出赔付、免佣、法务等制度支持，为产权交易双方提供多重安全保障，让交易双方全程无忧。目前聚土网土地挂牌量3.2亿亩，与全国92家农村产权交易所达成合作，签约136家线下合伙人。2015年11月，聚土网正式推出遍布全球的住宅地、庄园、土地、岛屿、沙滩等土地资源。

2. 网站服务

围绕土地流转的核心业务，聚土网提供了全链条增值服务，包括土地租赁金融服务、土地使用保险服务、土壤检测服务、农业生产服务等多项内容，以满足客户从项目启动到产品销售的全过程服务需求。

(1) 农村土地流转服务

土地流转服务是指土地、林地、水域、草地等农村土地资源的发布和匹配、实地勘测、土地尽调、交易服务、过户办证、标的的产权尽调、流转双方流转流程和付款方式的商定等一站式服务。

在土地流转过程中，可提供权证服务，为交易方的土地、林地、草地、水域、海域等农村产权全程代办交易鉴证书和产权证书。为了保证交易资金的安全性，提供资金监管服务，由权威机构监管资金，过户完毕再划款，在交易的前、中、后期各环节均提供赔付、免佣等服务。为了规避交易风险，为用户提供专业的法律咨询与支持服务。

(2) 土壤和水质检测服务

为农户和经纪人提供土壤环境指标检测服务，可对土地的酸碱度、钾磷等矿物元素含量、重金属含量、肥力值、农药残留量等各种指标进行检测，并分析问题的原因。对检测、验证的产品质量，提供专业化改进意见，出具国家认可的检测分析报告。

为农户和经纪人提供渔业水质全项检测服务，对水资源的PH、氨氮、亚硝氮（亚硝酸盐）及硫化氢、COD值及消毒剂产生的余氯等指标的检测，并根据指标数据分析问题原因，提出相应的解决措施和建议。

（3）农村金融保险服务

聚土网与国内多家银行与交易开展金融机构合作，包括中国农业银行、重庆农村商业银行、中国建设银行、中华联合财产保险、众安保险、瀚华金控等，为农村提供分期融资业务，企业经营贷款服务，整合行业其他金融为用户提供金融众包服务。

合作的交易所包括重庆农村土地交易所、南方林业产权交易市场、天津农村产权交易所、成都农村产权交易所等在内的全国92家省市级农村产权交易所，提供的保险服务包括暴雨险服务、旱地险服务。

（4）农业生产服务

利用平台优势为农场主提供网络营销推广服务。农场推广增值服务包括农场品牌建设，农场形象提升等。

利用信息技术优势，提供农业SaaS服务。针对业务覆盖地区农场提综合物联网，供农场主进行农业的大数据管理，提高农场生产效率和产品质量。

利用数据优势为经营者提供农田数据服务。农田边界、地形图、管理区域、可变率播种方案、种植和收获的数据、土壤测试结果等农田数据可以方便农场主了解自身情况，有利于地方业务主管部门科学指导当地农业生产[1]。

3. 收费模式

聚土网在服务费用上，首家推出"零"佣金"零"风险、"零"看地费，三"零"服务，引领行业助推新型农村快速发展。"零"佣金是指聚土网承诺所有流转的土地信息真实存在、真实在售、价格透明，不吃一分流转差价，不收一分佣金。"零"风险是指所有通过聚土网提供土地流转服务的受让方，与转让方存在任何产权纠纷，聚土网全额赔偿。"零"看地费是指用户通过聚土网找地，不需要支付信息费，也不需要支付看地费，买卖双方可以直接联系，沟通更透明。

4. 服务流程

聚土网提供的服务流程是：选地—看地—签约—付款—经营。

---

[1] 张岩、王小志：《农村贫困地区实施电商扶贫的模式及对策研究》，《农业经济》2016年第10期。

用户在聚土网网站上通过地区目录、土地种类目录或关键词搜索选择土地，在选择土地的过程中，聚土网保证为用户提供100%真实的土地信息，如果有用户发现信息与实际不符，向网站举报后可获得奖励，平台将立即下架该信息，并处理该信息的发布者。

选地后，用户直接联系土地转让方，如果如发现卖方收取看地费用，经平台核实举报属实，平台将对该卖方所有的信息作立即下架处理。

当交易双方都满意时，买卖双方及服务商签订合同，服务商保证土地价格透明，不吃差价，不收佣金。如果承接方发现服务商收取差价或佣金，经聚土网平台核实举报属实后，服务商将被列入不诚信名单，并在全网公示，同时对服务商所有信息作永久下架处理，并终止与服务商合作。

合同签订后，双方确认无异议再履行资金交割手续。在资金交割过程中，由聚土网的合作金融机构负责监管资金，先由承接方按照合同约定划拨款项到聚土网，等土地流转过户后，聚土网再划款给转让方。

资金交割完毕后，转让方按照合同约定享受土地收益，承接方经营土地合作土地增值收益。若后续发生流转违约、产权纠纷等问题，聚土网提供相关的法律服务。

5. 土地流转绩效

聚土网于2015年4月正式上线，通过线下资源整合和把关、线上传播和互动的方式齐发力，在上线以来完成了1.58亿亩信息发布，促成953.2万亩流转，交易金额82.4亿元。

案例5-1 荒地合理流转，农民增收政府增绩

重庆市忠县金鸡白龙村属于典型的空巢老人留守村，全村大部分土地资源荒芜闲置，在2015年5月，聚土网与村委沟通交流后达成合作共识，聚土网充分发挥信息推广优势和平台资源优势，很快联系到一家农业公司并促成了闲置土地的流转交易，并在交易完成后平台一直起着协商和联络的角色保证交易顺利完成。

土地流转后，农业公司一方面雇佣当地村民正常开展农业活动，另

一方面通过土地流转为村民支付土地使用佣金。当地村书记算了一笔账，除了正常的国家补贴照拿外，村民还有每人60元/天的劳务报酬平均1月1200元左右，加上流转后所分得的佣金，村民年均收入在流转后额外增加1万以上。"现在的状况是村民每天都主动在公司那里排队，生怕当天的劳动名单里没有自己""从没有看到大家劳动这么积极，村民的生活好了，他这个当村支书的心里也踏实"，村书记欣慰地说。

另一方面农业公司在当地流转了2000亩土地，目前已有800亩投入使用，种上了辣木、白牡丹以及各种果树等，累计投入700多万元，加大了为村里基础设施投入。

案例5-2 农业生产服务，扬名又增收

重庆市渝北区玉峰山镇，当地因环境破坏无法种植粮食，村民生活压力非常大，最后由渝北区农委领头招商引资，为了解决村民的基本收入和就业保障，引进10家企业从事葡萄种植，投资近亿元打造《醉美葡萄谷》，后期因种植面积过大，几千亩的葡萄滞销，政府每年花费300万—500万元为当地农业作产业宣传，但效果始终不见好转。

聚土网在了解到问题后与一个商家沟通，经过商谈双方达成一致，共同开展葡萄宣传和销售合作。通过聚土网和企业的充分配合，发挥平台和运营优势，成功帮助该企业在2015年创收60余万元，是上一年营收的3倍还多。

在合作取得非常好的成果后，当地政府主动找到聚土网，希望聚土网为当地产业进行统一规划宣传，协助玉峰山重点打造《醉美葡萄谷》和《铁山坪花椒鸡》等相关产业，通过充分的沟通和筹备后，聚土网整合了重庆地区线上、线下的一线媒体资源，为当地品牌宣传确定了长期、短期结合的宣传方向，并根据"玉峰山醉美葡萄谷"自身的定位和当地农业企业进行深度沟通，达成共识后针对上山用户提供部分体验服务，借助宣传和体验的手段提升了知名度的同时大大地提高了销售额。

三 农地流转电商发展策略

(一) 农地土地流转电子商务发展面临的挑战

虽然以土地流转为服务核心的网站已经具备一定规模，但是在土地供给及需求信息发布上，发布主体并不是土地拥有者，而是由平台运营商的线下合作商与本地政府合作，完成该区域的土地供给信息发布。这对于一些土地确权工作完成早、当地政府为土地流转主体的地区而言，可以抢占先机。然而，从目前几大土地流转网站的土地供给信息看，目前已经挂出的土地信息依然只分布在少数区域。这些区域要么是市郊，要么是知名县城的县郊，地域偏远、经济发展较滞后的县域几乎查找不到土地信息。从土地流转挂出的价格区间看，横跨几十万元至上亿元；从土地流转面积看，单笔土地流转可以是几亩，也可以是上千亩；从土地流转时间看，最短流转7年，最长流转70年。当土地被作为可流通的生产资料，这种资本额度高、体积大、时期长的固态实体商品并不是普通消费者的消费对象，而是拥有一定经营能力的专业化农场主或大企业家才能盘活的资源，这就使得农地电商不能像普通商品一样快速交易。这对于急需外出务工的农民而言，不能长期在家耐心等待土地成交。由此，根据土地流转电商的这些特点，农地电商需要根据各地区不同情况想出应对策略，解决各种问题，才能有效推动土地流转的实际交易。

1. 开展农地流转电商的制度基础是土地确权

土地流转的确权登记工作是土地流转能够顺利进行的前期保障。合理规范的确权登记工作可以明确土地使用权与经营权的归属，为土地收益的分配提供判决依据。

虽然土地确权工作在推进过程中遇到许多问题，比如历史面积变更、土地价值核算、土地承包人在确权工作开展期间不在现场等，但是政府工作的推动可借助专业的第三方力量共同完成。比如充分发挥电商平台的服务功能，通过土地测量软件（土流网提供土地面积测量的APP）完成面积勘测工作，在全村勘测完后，根据村集体公共预留土地的面积，考虑本村居民的家庭情况，对耕地少、土地薄的家庭进行适当土地增补，对长期不合理占用土地较多的农户进行适当收回及再分配。

　　土地测量及分配完毕后，需召集村民大会，公示分配结果方案，征求各家各户意见，协调各方矛盾。在大多数村民许可下，进行土地使用权的确认工作，各家各户对可使用的土地面积及位置进行确认，并签字盖手印。针对每家每户可使用的土地，发放土地使用证。

　　土地使用证的编号在全国土地资源网站上可查询。当农户参与农地电商时，土地使用证编号是承接者查明土地真实性的有效线索。以电商为载体的土地流转发挥网络平台公开、透明的优点，实现土地流转信息的无缝链接，明明白白地公布土地翔实信息和土地流转流程，降低土地流转的交易费用，依法保障农民的土地使用收益。

　　2. 开展农地流转电商的组织基础是专业服务团队

　　由于农户的分散性及谋生的即时性，农户在土地流转中的积极性并不高昂。依靠农户进行土地流转只适用于农户自家土地的转让、转租等活动，不适宜大规模土地流转。因此，在土地流转中，必须借助专业服务团队来完成。这个专业团队可能是政府、农业大户、农业合作社、农业公司或商业公司，他们是推动土地流转的重要力量。

　　负责落实土地流转工作的村干部凭借个人能力的大小及责任感的强弱，有的成了企业家，有的充当农产品加工企业和农户之间的中间人，而有的则为旁观者。一个村干部的思想及能力对当地经济发展起着重大作用。这有赖于县镇政府对村干部的选拔及培养。一方面既让村干部负责，另一方面也要出台扶持措施，给予村干部充分的自由，才能培育村干部的企业家精神，让农民从土地流转中获益更多。

　　如果某地区的村干部并不能起到主力作用，这时农业大户是土地流转推动者的首选。因为农业大户本身具有土地经营能力，如果给予一定扶持使其壮大经营面积，拓宽销售渠道，提高技术水平，带动其他农户参与其公司的生产与运作，必然能起到较好的作用。

　　农业合作社本应是进行土地流转的另一支本土力量。但是，当前我国很多经济落后村镇的农业合作社并没有成立，或者成立了也只是空壳，并没有有效开展实际业务。农业合作社发挥作用既需要有商业头脑的带头人，也需要农户的积极参与，这对于不同人文基础的地区而言，能够建立并拥有一个运行良好的合作社尚需付出努力。

如果一个村镇不能依靠本地人力资源开展土地流转，就只能依靠外来资源——农业公司或商业公司。这些公司与村集体合作，制定商业化的运营规则，村民在了解运营规则的情况下，决定是否同意参加集体土地流转。在经过村民许可后，签署合同，由公司帮忙发布土地流转信息。

3. 开展农地流转电商的技能基础是农业技术与信息技术的结合

当前土地流转网站上所挂出的土地信息多包括土地类型（土壤厚度、土壤质地、机械化程度）水源情况（灌溉水源、防洪排涝能力）、土地用途（利用现状、流转用途）、配套设施、土地面积、转租年限、转租金额、地理位置等信息，并配几张外观图。这些信息从词条上看已经比较全面地概括了土地状况，但是从实际操作上看，信息发布者并没有充分填写每一个词条的信息，或许是其农业知识不够，或许是其电商知识不够。

同一块土地在不同人的经营下，会形成不同的生产方式。在现有网站土地信息中，仅仅有少量信息被转租人以极其简单的文字介绍，比如"此块土地以前用于种植水稻，承接后可用于种植玉米、大豆，马铃薯，西瓜等"。这样的描述让承租者对未来土地价值增值的实现不能产生想象，因为玉米、大豆、马铃薯、西瓜等农作物都属于国内常见的、产量较高的农作物，其经济价值并不高。因此，需要土地信息发布者根据土地本身及周边环境，从多个角度描述土地的潜在用途，比如农家乐场、家庭农庄、玉米集结地等，并对其用途展开市场调研进行相应的描述，必要时邀请第三方专业机构如农科院、农业公司等作评估，必然会增加土地使用的用途范围。

土地相对于其他商品，在电商经营中不属于标准化商品，经验性商品的特质使得土地是否易于被开发需要借助原有使用者的丰富信息证明，但是，土地的不可复制性使得使用者非常有限，不能如同一般商品一样在网站上形成海量评论信息，这对承接者的决策形成了阻力。由此，需要土地电商操作者在发布信息时，懂得土地作为网货的特质。比如提供土地照片时，需要一张完整的土地航拍效果图，然后才是土地局部具有亮点的信息、土地周围的信息、土地一年四季不同风景及状况的信息等。在提供土地效力的证明时，可以提供第三方检测机构的证书、历年产量记录等，以增强土地产能的可信性。

第二节　大力引进社会资本

一　社会资本的内涵

（一）社会资本的概念

对于社会资本，目前尚没有形成统一的概念，但从其基本内涵来看，相对于经济资本的"物"的属性和相对于人力资本的"人"的属性，社会资本更加强调社会主体间的"关系"属性。这些社会主体包括个人、群体、社会甚至国家，主体间的关系通过社会网络发生作用，在社会规范下产生信任、权威，达成行动的共识，由此具备一定的生产力。简单来说，社会资本就是广泛存在于社会网络中并能够被行动者投资和利用，以便实现自身目标的社会资源。社会资本存在于无形的社会结构中，通过人与人之间的合作整合资源，降低社会成本，提高社会效率。

一般而言，少数民族县域的社会资本主要可以分为四类：（1）因血缘、亲缘、姻缘等关系构建的社会资本，表现为家族、宗族网络。（2）因利益关系构建的社会资本，表现为功能组织，如商会、协会、企业、集团等。（3）因精神信仰而构建的社会资本，如民族族别、宗教教会、兴趣爱好小组等。（4）因共同经历而构建的社会关系，如由因业缘、地缘等形成的战友、同事、同学、同乡等[1]。

社会资本在少数民族发展电子商务的过程中能够起到快速推进当地经济整体增长和促进当地剩余劳动力就业的作用。如少数民族县域可以通过社会资本获得外界投资，开发当地农业、养殖业、民族特色手工业及旅游产业等，拉动经济增长，带动零售业、餐饮业、特色手工业、民宿及酒店行业的发展。此外还可以通过社会资本以及人际关系网络的运

---

[1]　刘传江、周玲：《社会资本与农民工的城市融合》，《人口研究》2004年第5期。

用，使得少数民族县域经济快速发展的同时打响当地的知名度，为农业、民族特色手工业及旅游业的发展创造条件。

(二) 社会资本的存在形式

社会资本的存在形式一般可以分为：(1) 义务与期望型，即在双方相互信任的前提下，甲为乙做了某件事情，乙就对甲有报答的义务，则甲就拥有了社会资本。(2) 规范和有效惩罚型，即有效规范要求人们做什么、不做什么，保证社会秩序，并构成社会资本[①]。(3) 信息网络型，利用已经存在的社会关系内部信息网络来获取信息，为行动提供便利。(4) 多功能社会组织型，为特定目的建立起来的社会组织可以服务于其他目的，而形成了可使用的社会资本。(5) 权威关系型，当权威授予领导人时，可以利用这种权威解决共同性问题，增加社会总资本。(6) 有意创建的组织型，创建者受益又使其他人得到利益，创建的组织仍然具有公共物品性质。而少数民族县域发展电子商务的社会资本主要包括信息网络型、多功能社会组织型以及有意创建的组织型等形式，如 P2P 信息贷款（即个人对个人网络信贷，主要用于满足中小企业及个人群体的小额贷款需求，是传统金融体系的有效补充）、政府出面成立的投资公司、社会众筹（指用团购＋预购的形式，向网友募集项目资金的模式）等形式。

(三) 社会资本的特点

虽然社会资本是无形的，而且其表现形式也各不相同，但是社会资本还是有着显著特点的。第一，社会资本具有类似于生产要素的作用，与土地、劳动力、资本、知识等一样，能够带来价值增值，促进经济发展。第二，社会资本是社会网络结构中成员共同的资本，当成员关系存在并达到一定强度时，社会资本才会产生。这与物质资本有很大不同。物质资本是某个主体独有的，由拥有主体支配，具有不可分性；而社会资本是参与主体共有的，参与主体越多则资本量越大。离开了其他主体，则社会资本的作用无法发挥。相较于金融资本，社会资本缺乏转移性；相较于人力资本，社会资本缺乏流动性。第三，尽管某一社会网络中的参与主体共同拥有社会资本，但是社会资本对于每个主体而言，存

[①] 刘传江、周玲：《社会资本与农民工的城市融合》，《人口研究》2004 年第 5 期。

在大小差异。因为每个主体与其他主体的关系强度不一样，每个主体运用社会资本的能力存在差异。第四，社会资本作用的发挥具有偶然性。除了融为一体的业务合作关系具有长期性外，大多数情况下运用社会资本是在某个事件的发展需要时才会发生作用，具有一定偶然性。第五，社会资本的积累是通过社会资本的使用而直接作用于社会资本的，具有可再生性。与物质资本不同，社会资本不会由于使用而被消耗掉。相反，社会资本只有在不使用的情况下会逐渐枯竭掉。第六，社会资本具有正向作用，只有在合乎社会规范和行为准则下，才能够通过信任的积累产生社会资本的叠加，任何一次违背信任的行为都会消耗甚至终止社会资本的存在[①]。

（四）社会资本的作用

社会资本是社会发展的黏合剂。不同层次的社会群体通过社会关系构建了不同结构的社会网络，衍生了社会交往的规范和制度，形成了可测量的社会关系数量和质量。这对于研判社会舆情、防范社会风险、进行社会治理、预测社会发展趋势提供了有力支撑。

社会资本是经济增长的促进剂。物质资本、金融资本、人力资本等在社会资本的作用下能够减少市场不确定性、提升生产效率、降低交易成本。社会资本的活跃程度是经济景气程度的重要指标之一。社会关系联系频繁、联结紧密，则市场机会充沛，经济发展欣欣向荣；反之，社会关系淡漠、联结断裂，则市场机会狭小，经济发展滞缓。

社会资本是技术发展的双刃剑。社会资本的作用有助于构建强大科研团队或业务团队，形成知识溢出效应；但是，当社会资本的作用大于智力资本的作用时，就会产生利益团体，导致科研成员或业务人员只琢磨人而不琢磨事，从而阻碍了技术的发展。

二 社会资本与区域经济开发的关联

如何把社会资本与区域经济开发相关联，是少数民族县域电商扶贫与开发需要解决的重要问题。第一，少数民族县域经济发展相对落后与社会资本利用率低是密不可分的。首先，由于长期远离政治经济文化中

[①] 牛艳红：《论社会资本对中国经济发展的启示》，《甘肃高师学报》2007年第2期。

心,少数民族地区的社会资本在结构上以本地人员的联结多,与资源富足地区人员的联结少,导致社会资本的整体质量较低;其次,少数民族地区的社会资本发生作用的频率低。社会资本作用的发挥需要借助一定项目,而少数民族地区在"大扶贫"战略之前可获得的项目少,导致社会资本发生作用的机会少。第二,少数民族县域经济发展必须借由社会资本的先导力量。随着国家大扶贫战略的推进,先进城市帮扶落后城市、先进单位帮扶落后村镇、先进个人帮扶落后群众,这种"结对子"策略是对贫困落后地区输送优质社会资本的有效策略。优质社会资本的导入,会带来资本的级联作用,金融资本、智力资本、物质资本才会逐渐进入贫困落后地区,才能实现"先富帮后富"。第三,优质社会资本是少数民族改变落后思想观念的重要工具。俗话说,"物以类聚、人以群分",一个群体思想意识的固化与该群体与外界松散的联系有关。相比教育、培训等正式的思维训练,人与人之间的交流是思想碰撞最直接最有效率的方式。在社会网络中,社会比较效应如同空气一样弥漫着,当一个人面对有别于自己的他人时,立刻会启动对此人性格、风格、品性、习惯等诸多方面的判断,这一判断过程本身就是学习过程。优质社会资本在少数民族县域的下沉,必然会引起少数民族群众的好奇、观望、交流与学习。思想观念在无形之中得到了教化。先进地区、发达地区的商业思维、生活理念、行为准则不自觉地被输入到少数民族落后地区。第四,优质社会资本是防止少数民族地区异化的重要力量。在当前国际形势紧张、国内社会矛盾突出的情况下,贫穷、落后、边远的少数民族地区如果不渗入优质社会资本,则可能会被其他社会力量介入,这对于维护地区稳定、社会和平而言非常不利。没有稳定的社会环境,自然没有好的经济发展环境[①]。综合所述,社会资本对少数民族地区的发展至关重要。

　　社会资本的构建是有条件的。一个一无所有的社会主体只有在政府的强制政策下才可能获得社会资本。少数民族地区需要加强自身经济发展、提升现代化意识、构建良好机制,才能与政府带来的社会资本产生

[①] 唐立强:《农户社会资本与电商交易平台的选择》,《华南农业大学学报》(社会科学版)2017年第4期。

耦合作用，也才能强化社会资本的力量，使之持续发挥作用。由此，政府相关部门或企业可为构建社会资本开展以下活动：

（一）充分发挥自然资源等的作用

少数民族地区拥有丰富的自然资源，这些自然资源只有参与生产或交换才能换成资本。因此，应构建自然资源的开发项目。首先，界定自然资源的价值。针对已有的山脉、河流、田地、森林、草原、湖泊等进行资产评估，邀请相关企业人员规划商业项目，使这些自然资源有用武之地。其次，制定自然资源的使用价格。自然资源的使用价格应该包括三部分：资源的生产要素价格、生态环境的维护价格、风险灾害的预防价格。再次，构建自然资源与社会资本的联结。通过扶持、投资、众筹等方式，让社会资本参与到自然资源的开发中来。

（二）大力发展少数民族教育事业

少数民族教育事业培育社会资本的灵魂。首先，应严格实行国家教育法，落实九年制义务教育，提高少数民族地区儿童和少年的入学率及升学率。加强对国家教育基金的管理，各级政府不得以各种理由挪用或推迟发放教育基金。其次，加强师资力量，以较好的待遇稳定教师队伍，为教师提供较多的学习进修机会；加强与先进地区的合作，探索多样化的办学模式，联合办学、远程教学、网络教学等，充分利用优质教育资源。再次，办好县域高中和职业技术学校，根据本地经济发展设立相关专业，如农、林、果木管理、家庭畜养等，为当地经济发展储蓄人才力量。最后，加强与优质社会资本的教育资源交流，师资互派、资源共享、招生就业政策倾斜等，充分为少数民族地区发展提供智力新生力量。

（三）改造支柱产业，提高传统产业的生产力

县域经济的发展离不开支柱产业的发展壮大。少数民族县域经济多依托于农业。农业中的产品结构是否适合本地地理条件且具有一定经济价值，需要政府部门反复研究。围绕基础农产品，产品加工企业是否存在、销售渠道是否顺畅、物流配送是否健全，是围绕支柱产业价值链要去进行改进的重要因素。在支柱产业发展过程中，产业升级、产业组织的完善、产业治理是提升产业产出的重要途径，一定要引进先进社会资本的力量，加强宏观理论指导与微观操作培训，为本地产业的发展引入

更多其他类别的资本。

如果少数民族的支柱产业是第二产业,则需引进先进技术、改进工艺、提升品牌知名度,通过电子商务扩大市场占有率。如果少数民族的支柱产业是第三产业,则需完善基础设施、改进服务理念、提高服务水平、提升顾客满意率、增进顾客二次消费率。

少数民族支柱产业是少数民族发展的支撑,要充分利用先进社会资本的作用使之发展壮大,形成区域产业优势,培育国内知名品牌。通过品牌的传播效应,增强对社会资本的吸引力,进而为本地经济的发展创造有利条件。

(四)发展民族特色经济

民族特色资源是少数民族独有的资源,是这个地区有别于其他地区的优势所在。少数民族文化的差异性与稀缺性,使得少数民族商品如工艺品、食品、农产品、文艺等成了独特的风景。民族文化是族群之间交流的纽带,不用民族发展的历史渊源使之在时空上具有广阔的社会资本。越是民族的,越是世界的[①]。因此少数民族县域必须充分发挥优势走特色经济之路,相关部门可以采取的措施是:第一,把农民的收益与福利挂钩,如以农户的利益和收入水平等作为考察对象或工作标准,鼓励农民大力种植生态农产品、茶叶或药材,成立农业合作社、建立技术培训和品种发放及回收的部门,建立相应的奖惩制度,把提升农户经济收入作为参与人员的工资、奖金、福利发放的一个标准。第二,循环利用扶贫资金,如政府部门通过整合资金,利用资金购买基础养殖品发放给贫困农户,作为贫困农户发展养殖业的启动资本。待养殖规模扩大,农户完成资本原始积累之后,政府部门抽取一定提成并收回基础成本,循环利用扶贫资金,提高资金使用效率。第三,合理优化资源在贫困群体与非贫困群体的分配,如政府部门或扶贫中心对贫困农户的经济条件进行评估,区分农户的贫困程度,瞄准贫困群体,对贫困农户无偿提供经济发展的基础物质,降低收入分成比例,对家庭经济较好,有自我发展能力的农户提供担保,获得发展资金。合理利用有限的资源创新机

---

① 王胜、丁忠兵:《农产品电商生态系统——理论分析框架》,《中国农村观察》2015年第4期。

制、优化配置,为少数民族县域扶贫与经济开发提供有力保障。

三 少数民族县域发展电子商务的社会资本提升策略

少数民族县域发展电子商务的社会资本需要政府、企业、行政部门等的进一步协同,共同努力以取得较大发展和进步,可以从以下几个方面进行改进:

（一）大力培育民族特色网货,提升区域商品竞争力

电子商务的开展需要货源,少数民族县域一般都有好山好水,远离喧闹的都市,受到工业污染的影响较小,农产品具有原生态、绿色、安全的特性;加上少数民族独特的烹饪方法,形成了口味独特的少数民族菜肴。部分菜肴为了应对自然灾害风险及收成的青黄不接,少数民族群众发明了独特的储存办法,延长质保期,如贵州独山盐菜、雷山鱼子酱、凯里酸汤等,使得商品能够抵御物流运输的时长风险,适合电子商务运营。只是目前这些商品的知名度还需要提升,居民对其的消费需求不够旺盛,需要运营商制造更多消费场景,比如下饭菜、爱心菜等。

除了食品,少数民族的手工艺品在全国也具有一定知名度,但是这种知名度是针对少数民族整体而言的,具体是哪个区域哪种商品,目前在少数民族各地区并不突出。因此,需要引进商业设计及营销推广方面的优质资源,将少数民族商品的整体知名度落实于区域经济的具体商品上,由此提升区域商品的竞争力。

（二）建立良好的电子商务发展环境

电子商务的发展环境是多方面的,包括电商经营氛围的营造、电商人才培训、电商发展支持政策、电商服务体系等。在这些环境因素中,电商人才的培育是少数民族地区最急需的。少数民族地区电商人才可分为三个来源:一是原有企业的员工,在企业内部进行电子商务运营的转型,加强工作人员的电子商务思维与运营能力;二是返乡农民工,这些农民工在大城市感受了电子商务的便利,回乡后在良好的政策推动下有开展电子商务的可能性;三是大专院校的毕业生,给这些学生发挥作用的平台,以优厚的待遇吸引他们,为县域电子商务的发展贡献力量。

人才问题解决后,就是电商经营氛围的营造了。通过"走出去、请进来"策略,组织当地电商企业及运营人员去电商发展较好的县域

或城市参观、交流、学习；邀请一些电商行业的优秀企业家、专家学者、政府人员到县域来介绍电商发展经验，探讨本县电商发展过程中的问题，探索解决方案。在这一过程中，定期或不定期的专题讲座、培训、交流会、经验总结会、成果展示会等都是必不可少的。在诸多交流过程中，为本县集聚了大量社会资本。

(三) 积极参与大型电子商务企业的乡村扶贫行动

淘宝的"乡淘"计划、京东线下超市、中国邮政的"邮乐购"等是电商平台拓展农村市场的重要项目。这些项目虽然重在工业品下行，但在发展农村电商运营对象时，无疑为县域培育了电商运营人才。电商运营人才依托这些平台快速成长，为本地商品的上行奠定基础。同时，这些平台工作人员的经常来访，为当地带来了外界信息，加强了县域经济与先进地区的联系，为县域经济融入现代商业贸易系统提供了有利条件。大型平台本身拥有成熟的商业生态系统，这些互联网企业拥有快速作战能力，能够较全面地带动县域电商产业的体系构建。

(四) 提升网络商业信誉

电子商务的良性发展需要较高的商业信誉。商业信誉的构建是商品描述属实、商品质量可靠、商品包装细致、顾客询问服务周全的综合表现。商品描述属实需要商家诚实守信，商品瑕疵、缺陷要如实报告，商品优势不夸大其词，商品的图片展示及文字描述要真实。商品质量可靠是指商品的安全性有保证，商品的使用价值完整无损；对于不合格商品，不能为了贪图利益而进行销售。商品包装细致，一方面是指考虑商品的属性，通过细节包装，比如玻璃器皿的防碎加固泡沫、生鲜的冰块冷冻密封等，保护商品在运输途中不被损坏；另一方面是考虑消费者的使用便利，比如附加一封商品使用说明单，对重物使用有提手的包装袋或包装盒，让消费者感受到商家的良苦用心，从而提升消费者的网络购物体验，增强消费者对本店铺的好感度。顾客询问服务周全是指快速、及时、专业、全面、耐心地回答顾客提问，尽量减少与顾客的冲突，让顾客在咨询中解决问题，作出消费决策。

网络商业信誉的构建不是一朝一夕完成的，需要长期持续积累。虽然网络商家的高信誉度建立难，但是破坏他却非常容易。只需要一个至两个差评，就会毁掉长久努力的结果。所以，提升网络商家的诚信经营意识无比重要。

较高的网络商业信誉会增加顾客购买率。这些顾客本身也是非常有用的资源。积极地与这些顾客建立联系,构建虚拟社会资本。

(五)调整金融保险及信贷结构,扩大电商资本的形成能力

通过电子商务的不同运营模式,提高业务运行效率,加速资金流转率,增大资金储备,是电子商务发展成效的重要表现。为扩大少数民族县域电商资本的形成能力,相关部门可以从以下方面进行调整:(1)提高电子商务在老百姓生活方面的应用,如电费缴费、远程医疗、远程教育、网络购票等,提高网络资金交易率。(2)提高乡村旅游的触网率,增加网络信息曝光度,完善乡村旅游基础设施,开发娱乐项目和节庆日活动,增加旅游来访率。(3)进行金融创新,努力拓展新业务。提高信用卡发放率,提供网络金融服务,进行网络支付方法的宣讲,促使当地邮政、电信、移动等公司运用互联网支付业务,推动银行业的网络理财服务等,拓展金融服务业的业务范围,同时,为防范金融风险,加强对金融企业及运营企业的监管。(4)充分发挥保险业的补偿功能,为少数民族县域经济发展电子商务提供有力保障。提高农特产品企业的保险意识,拓展产品质量保险、物流运输保险等,为乡镇小企业、农业组织、合作社加入电子商务减少顾虑。

(六)加强对电商协会、电商合作社等民间组织的培育

少数民族县域传统上带有经济合作性质的电子商务组织较少,政府应该加强对电子商务协会、电子商务合作社等民间组织的培育,如对电子商务服务中心、电子商务创业培训基地等的建设,引导并支持这些组织发挥社会作用,以此带动少数民族县域人民突破个人关系网络的局限。民间组织是聚集社会资本的重要网络,在有效的监管机制下建立不同类型的商会、行业协会、合作社等民间组织,充分发挥这些正式或非正式组织的作用,培育社会资本。各类民间组织在区域经济发展中发挥着组织、协调和管理的功能,会员在网络外部效应的正反馈下增加数量,有利于提高非正式社会网络的影响力。这些丰富的社团组织、宽广的社会网络有利于信息传递,能够促进协调合作、减少违规行为、降低各经济主体之间的交易成本、增进彼此间的交往、增加相互的互惠行动等。

第三节　理性构建产业生态

在电子商务时代，县域经济的发展需要依靠实体产业。网络商务平台建设、信息系统建设、网络市场商务规则的制定、商业模式的创新等活动属于纯粹虚拟经济范畴，虚拟经济的发展需要高技术人才及高端商务人才的支撑，而这些高级人才多聚集在发达城市。电子商务的网络外部性使得网络市场终将只被少数几个巨头平台占领，在交易成本理论下，县域电商发展的最佳方式是充分利用第三方平台，将其作为实体经济开辟网络市场的渠道。县域经济所具备的土地资源、劳动力是其发展的优势要素，广袤的土地为农业的耕种、养殖、畜牧等行业的发展提供了现实场所，为工业中的厂房建设提供了充足资源，而且大量农民朋友是这些产业发展的源源不断的劳动力基础，这些资源是大城市无法提供的。在比较优势理论下，县域经济应该以实体经济为主。

然而，县域经济在东部沿海地区工业经济快速发展的竞争下，一部分已经建立的乡镇企业由于产能小、资源消耗大、技术更新不及时，而被大工厂挤垮；一部分未建立成企业的手工作坊、家庭生产也没有机会发展壮大，农民工外出务工的收益高于在家务农的收益，大量劳动力外出，土地荒废。县域经济赖以发展的资源在大城市的虹吸效应下流失。

招商引资是县域经济发展的重头。一些区域为了完成任务，只要有资本愿意投资，不管企业性质如何，不管企业发展是否与本地资源环境相匹配，不管企业发展对本地经济的未来是否有益，悉数引进。这样的经济建设是被动的、盲目的，经济发展也不可能长久。

在当前区域差距明显、区域竞争激烈的情况下，县域经济只要潜心研究本地的资源禀赋，充分发挥本地资源优势，沿着产业链布局招商引资，避免区域间重复生产，才能建立起可持续发展的经济格局。

一　少数民族产业生态构建

构建产业生态系统是少数民族发展经济的战略性目标。少数民族县域在长期经济发展滞后状态中保留了青山绿水，优良的生态环境是少数民族群众生存的基础，是少数民族文化延续的地脉。所以，少数民族县域在经济开发过程中,不能走经济相对发达地区的老路,应该从一开始就注重经济发展与生态环境保护相融合。

产业生态是指把产业看作复杂的有机生命体,运用生态学和复杂性理论的原理建立产业生态和产业发展的系统。弗罗施与加罗布劳斯1989年在《科学美国人》杂志上发表《可持续工业发展战略》一文,认为"传统的产业活动模式……应当转型为一个更为完整的模式:产业生态系统,在这个系统中,能源和物质消耗被优化,废物排放最小化,而且,一个生产流程的废液……变为另一个生产过程的原材料"。产业生态化通过合理优化耦合生产、分配、流通、消费以及再生产等各环节,提高有限资源的利用效率,从而建立高效、低耗、低污染的经济增长环境。经济增长与生态环境和谐是产业生态化建立的首要目标,减少对生态环境的影响和破坏,从而提高经济发展的规模和质量,走上可持续发展的道路[①]。

少数民族县域经济发展模式本身就是符合生态发展规律的系统。少数民族善于利用地形地势构建房屋,藏族的布达拉宫,傣族的竹楼、壮族的吊脚楼,哈尼族的蘑菇房,彝族的土掌房,纳西族的丽江古城,仡佬族的石板房、彝族的土司庄园,瑶族的歇山顶茅屋,苗族的大船廊、木鼓房、铜鼓坪、芦笙堂、妹妹棚、跳花场,侗族的鼓楼、花桥、戏楼、祖母堂,布依族的凉亭、歌台等,都是建筑艺术中的瑰宝。少数民族群众利用天然食材制作美食佳肴,蒙古族的烤羊腿、高山族的长年菜、满族的糯米粉、壮族的粽粑、侗族的腌鱼、苗族的酸汤鱼等,每一种美食都有营养价值理论基础。少数民族的药品亦是独特配方,我国以蒙古、苗、藏、维吾尔等为代表的30多个少数民族,都具有较为系统的民族医药学发展史,建立了独特的医学体系,开发了丰富的医药品种。少数民族的服饰是服装界的奇葩,彝族的鸡冠帽、藏族的袍、苗族的刺绣、满族的袍等,风格迥异、五彩缤纷、绚丽多姿。少数民族的音乐舞蹈更是享有盛名,师公舞、芦笙舞、花灯、木鼓舞、多音部情歌等,都是艺术殿堂的高雅之作。

---

① 王胜、丁忠兵:《农产品电商生态系统——理论分析框架》,《中国农村观察》2015年第4期。

少数民族并不缺乏经济发展的资源，缺乏的是这些资源开发过程中对现代技术的应用与市场化运作。机械化大生产显然不能盲目引入到少数民族县域的商品开发中，必须从顶层设计上把握产业生态化的发展观，从战略意义上设计产业生态布局。

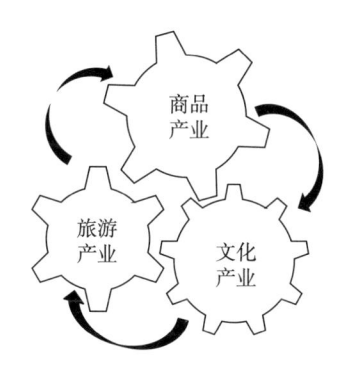

图5-11　少数民族产业生态布局

回归少数民族自身资源禀赋，不难发现，少数民族县域以其独特的文化、浓郁的风情著称，每一个民族都有自己鲜明的特色，充分挖掘民族文化是经济发展的重要一环。少数民族大多居住在风景奇特的深山茂林中，以自然生态为主打的旅游经济是其可以重点发展的另一环。除此之外，少数民族的衣、食、住、用有其独特的工艺与生产方式，这是发展工业经济的第三环。在这三个环节中，少数民族文化是产业生态发展的上游，文化的无形性增加了对外交流的便利性，通过传播多样的少数民族文化作品，在精神层面上吸引价值认同者，引发价值认同者实地游览的渴望，继而进入第二环——少数民族县域旅游。民族旅游是促进地区基础设施建设的重要举措，价值认同者通过住少数民族的民宅、吃少数民族的佳肴、观少数民族的自然、参与少数民族的活动，切身体验有别于其日常生活的另一种生活方式，增强其精神释放与文化认同，从而爱屋及乌，对少数民族的一切用品产生兴趣，进入第三环——少数民族县域商品。少数民族商品开发是促进地区工业经济发展的重要内容，具有民族风格的服装、丝巾、包包、首饰、餐具、茶具、酒盅、画扇、乐器等等是能够与普通大众的生活需求产生交集的联结点。改良商品设计、实现规模生产、优化商业模式是少数民族商品开发的重要措施。少数民族县域应围绕着文化、旅游、商品这三个着力点，精耕细作，布局产业链，发展可循环的产业生态，形成县域经济竞争优势。

二 少数民族文化产业与电子商务发展

文化是一个民族在历史上所创造的并渗透在其一切行为系统里的观念体系和价值体系。文化是凝聚人民成为群体的思想意识，是区分民族范围的重要内容。文化的无形性通过文字、语言、诗歌、图画等形式表达，深刻蕴含在民族民众的日常生活中。吃、穿、住、用、行的习惯，房屋、桥梁的构造，都有其独特特征与风貌。

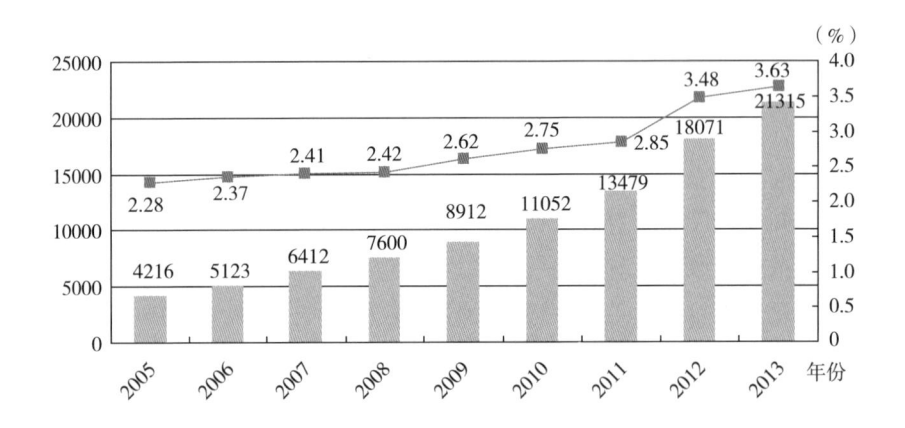

图 5-12 2005—2013 年中国文化产业增加值及其占 GDP 的比重

文化产业在我国的快速发展始于 2000 年，这一概念的提出受到了人们的关注。从 2005 年起，文化创意产业商业运营规模以年均复合增长 21.3% 的比率高速增长。至 2014 年，全国文化及相关产业增加值达到了 23940 亿元，比上年增长 12.1%，比同期 GDP 增速高 3.9%；占 GDP 的比重为 3.76%，比上年提高 0.13%。核算数据表明，文化及相关产业在经济稳增长、调结构中发挥了积极作用。[①]

---

① 资料来源：智研咨询发布的《2016—2022 年中国文化创意产业市场研究及投资前景预测报告》。

文化产业在产业链上包括内容产业、传媒与平台产业、延伸产业与文化制造业。内容产业是文化产业的核心，表达民族文化的精神与内涵。内容产业的发展需要依托于民族文化原材料进行创意创作，这是民族文化形成商品走向市场的第一步。当文化内容被制作成产品后，需要传媒的传播，需要发行平台的发布。良好的传媒与平台运营能够让文化产品与广大民众接触，进而产生消费的意愿。延伸产业依托于内容商品进行深度挖掘，产生与之相关联的新商品或新业态，从而使文化内核的影响力发挥更充分。文化制造业使文化表意转化为有形物品，在当今文化产业商业化过程中占比较重。

从 2014 年文化产业的生产构成看，文化产品的生产占到了 61.30%，其中，文化创意和设计服务占到了 17.20%，工艺美术品的生产占比 12.70%，文化信息传输服务占比 10.10%。由这排名前三位的类目可知，文化产业中关于文化产品本身的生产占比较少，远低于文化周边产品的生产，占比为 38.70%，见表 5 - 1。

表 5 - 1　　　　　　　　2014 年文化产业生产值

	类别名称	绝对额（亿元）	同比增长（%）	所占比重（%）
	合计	23.940	12.10	100.00
第一部分	文化产品的生产	14.671	15.60	61.30
	新闻出版发行服务	1.209	5.20	5.10
	广播电视电影服务	1.059	4.50	4.40
	文化艺术服务	1.127	7.00	4.70
	文化信息传输服务	2.429	36.50	10.10
	文化创意和设计服务	4.107	17.50	17.20
	文化休闲娱乐服务	1.702	11.20	7.10
	工艺美术品的生产	3.037	13.60	12.70
第二部分	文化相关产品的生产	9.269	7.10	38.70
	文化产品生产的辅助生产	2.835	12.70	11.80
	文化用品的生产	5.564	6.60	23.20
	文化专用设备的生产	869		

文化产业不同于生产制造业，它是以人的创意为生产核心要素，结

合一定的时间节点和地域文化而形成的作品生产链和销售链。在文化商品生产过程中，资金、高新技术、商业运行生态系统是必不可少的因素。众多要素的结合形成了业务环节关联的文化产业价值链，以创新、传递、保持和实现文化产业价值。文化产品的生成经过创意、开发、制作等环节，然后通过商业推广供消费者享乐。文化产业的健康发展需要健全的知识产权保护政策。

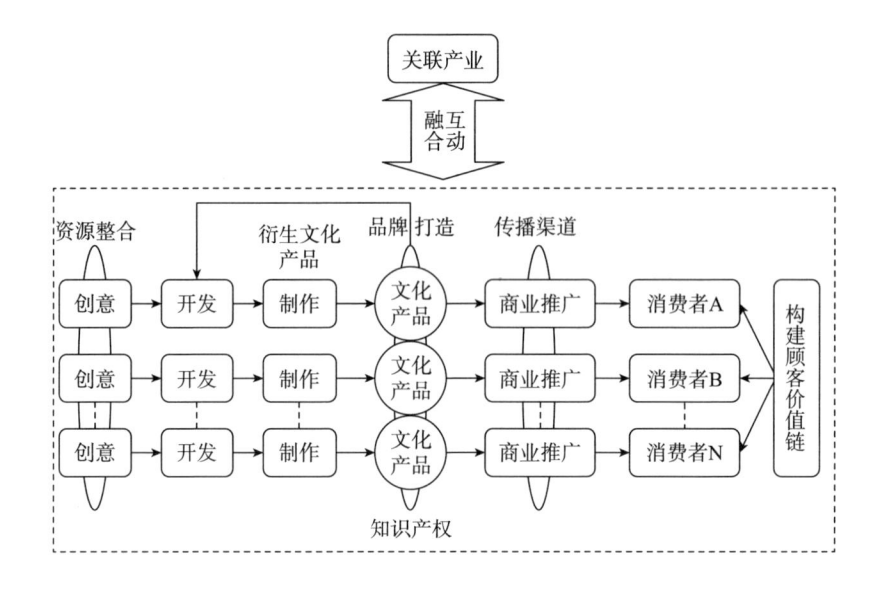

图 5-13　文化产业价值链构成

从文化产业价值链构成看，文化产业与电子商务可以在所有价值节点上融合，形成全产业电子商务化。

（一）文化创意与电子商务

创意是对艺术家或设计者基于文化原型进行的思想、意识与表现形式等方面的具体设想，是对原材料的能动性加工。创意是文化开发的重要起点，一个好的创意可以提升文化的内涵与外延，所形成的商品带给消费者耳目一新的感觉，让人不禁感叹智慧的力量。但是，好的创意并不能唾手可得。在人才缺乏的少数民族县域，充分利用互联网的众包功能，汇聚尽可能多人民的智慧，是激发创意的重要来源。

创意众包是指将需要进行创意的原材料、要求及合作模式发布到网站平台上，由设计人员领取任务。设计人员领到任务后，按照要求发挥主观能动性，完成创作。创作结束后将作品反馈给任务发布方。发布方收到创作后，判断是否符合要求，并决定是否需要继续完成支付过程。

表 5-2　　　　　　　　　国内创意网络平台

网站名称	网址	创意范围
一品威客	http：//www.epwk.com/	广告设计、多媒体、动漫、工业设计、软件设计、房屋装修等
创意网	http：//www.fsdpp.cn/	商品、家居、艺术、广告、手工制作、黑科技
一点点创意	http：//www.1diandian.net/	礼物、家居、图片、灵感、插画、摄影
顶尖设计	http：//www.bobd.cn/	平面、工业、环境、网页、UI、CG
创意在线	http：//www.52design.com/	平面、网页、工业、摄影、环艺、
千库网	http：//588ku.com/	图案、产品、文案、促销、节日
多新奇	http：//www.duoxinqi.com/	智能硬件、数码、办公、厨房、家居、广告、概念、科技
猪八戒	http：//www.zbj.com/	企业管理、品牌创意、工业设计、软件开发、知识产权服务、法律
创意功夫网	http：//www.adkungfu.com/	整合营销
设计之家	http：//www.sj33.cn/	摄影、艺术、素材、网页、环艺
中国设计网	http：//www.cndesign.com/	作品、字体、文章、赛事、意品
编舞网	http：//www.urbandance.cn/	舞蹈
中国编剧网	http：//www.bianju.me/	剧本：电视，电影，微电影，小说
中国国际剧本网	http：//www.juben108.com/	剧本：电影，电视，微电影，小品，戏剧，话剧，相声
小故事网	http：//www.xiaogushi.com/	故事：爱情、亲情、民间、职场、鬼怪、传奇、少儿
作曲网	http：//www.zuoqu.net/portal.php	歌曲

（二）文化商品与电子商务

文化商品是指那些能够传达生活理念、表现生活方式的消费品。目前，国际上对文化商品的界定尚没有统一标准，联合国教科文组织

(UNESCO)依据贸易对象反映文化内容的程度差异将文化贸易商品划分为核心层和相关层。核心文化商品是指能够呈现创意人才的文化产品构思，表达一定的生活寓意，记录历史、反映现实、畅想未来，传达思想的内容商品。由于核心文化商品的无形性，需要一些设备和材料使之形成物质载体，在配送体系下通过一定渠道面向消费群体，这些活动被称为相关文化商品。相关文化商品支持着核心文化商品的活动和要素，服务于创作、生产和传播文化内容的需要[①]。

根据上述分类标准，文化商品的表现形式包括文化遗物、图书、报纸和期刊、其他印刷品、音像制品、视觉艺术品、视听媒介[②]，具体商品形态如表5-3所示。

表5-3　　　　　　　　核心文化商品贸易统计指标

序号	一级类别	二级类别	三级注解
1	文化遗产	收集品、收藏品	动植物、矿物、解剖、历史、考古学等收集品和收藏品
2	图书	古物	超过100年的古物
		印刷书籍等	书籍、小册子、散页印刷品及类似印刷品
		儿童图片	儿童图画书、绘画或涂色书
3	报纸和期刊	报纸和期刊	报纸、杂志及期刊，不论有无插图或广告材料
4	其他印刷品	印刷乐谱	乐谱原籍或印本，不论是否装订或印有插图
		地图	印刷的地图、水道图及类似图表
		明信片	印刷或有图画明信片，印有个人问候、祝贺、通告卡片
			使用过或未使用过的邮票、印花税票、首日封及类似品
		图片设计	手绘的设计图稿、手稿及商务物品复印件
			印刷的各种日历及其印刷品

---

① 刘薇：《电子商务对少数民族经济文化的影响网络调研——以朝鲜族电商经济为例》，《商场现代化》2016年第16期。

② 郭旭、赵宝福、邢贵和：《少数民族地区旅游开发的电子商务发展研究》，《贵州民族研究》2017年第7期。

续表

序号	一级类别	二级类别 收集品、收藏品	三级注解
5	声像制品	磁性媒体	已录制磁盘
			重放声音或图像信息的磁带
		光学媒体	仅用于重放声音信息的已录制光盘
			已录制其他光学媒体
		留声机唱片	已录制唱片
		其他声音记录媒体	已录制固态非易失性存储器件（闪速存储器）
			已录制半导体媒体
			其他品目 8471 所列机器用录制声音或其他信息用的媒体，已录制
			未列明录制声音或其他信息用的媒体，已录制
6	视觉艺术品	绘画	油画、粉画及其手画、拼贴画及类似装饰板
		其他视觉艺术品	塑料制、木制小雕塑及其他装饰品，竹刻
			镀贵金属及其他动物质雕刻材料及其制品
			雕版画、印制画、石印画的原本
			成匹、成条或小块图案的刺绣品
			开来姆、苏麦克、卡拉玛尼及类似的手织地毯
			哥白林、弗朗德、奥步生、波威似手织装饰毯手工针秀嵌花装饰毯，无论是否制成
			玻璃眼：灯工方法制作的玻璃塑像等装饰品
			烟花、爆竹
7	视听媒介	摄影和电影胶片	已曝光为冲洗的摄影硬片、软片、纸、纸板及纺织物
			已曝光为冲洗的摄影硬片、软片，但电影胶片除外
			已曝光为冲洗的摄影胶片，无论是否配有声道或仅有声道
		新型媒介	与电影接收机配套使用的视频游戏控制器及设备及其他视频游戏控制器及设备，但子目号 9504.30 的货号除外

1. 音像制品电商

在这些商品形式中，目前市场上最流行的是电影。但是，以少数民族生活为题材的作品非常少，比如，少数民族电影1997—2008年共193部①，藏族影片2004—2016年共发行21部，而中国2016年的电影产量为944部②。数量上的悬殊使得少数民族电影消费并没有形成大众市场。在腾讯视频、360视频、爱奇艺视频等多媒体平台中，反映少数民族题材的音像制品少之又少。在百度视频搜索中，以"少数民族文化"为关键词的搜索结果只有2646条③，其中30分钟以上的视频为113条，10—30分钟的视频为622条，0—10分钟的为1507条。从中可以看出，以专题形式、精心编排的少数民族文化视频只占了4.27%。在网络平台上充斥着大量业余人员自拍的少数民族县域旅游活动的见闻。这些内容虽然对少数民族文化传播起了一定作用，但是对少数民族县域而言，并没有从文化产业本身获取较高价值。丰富的民族文化内容并没有形成规模化、有特色、有创意的商品。这需要少数民族县域人民集中智慧，将自身拥有的文化资源从产业价值链上构建文化产业生态。

2. 图书报刊电商

图书报刊作为智慧的结晶之一，是记录社会思想、事件的重要形式。在国内最大的图书网站当当网站上，关于少数民族的图书共3219件，关于少数民族的电子书有75件，而当当网关于图书的总库存约为80万件。④ 少数民族图书报刊数量的绝对稀少，是少数民族文化原型开发不够的具体表现。这为少数民族文化产业的发展留下了空间。

3. 艺术收藏电商

少数民族艺术题材的收藏品深受国内外收藏家们的喜爱。纵使艺术收藏品作为高价值的经验型商品，并不是最佳网货。但是通过电子商务平台，可以让这些寓意丰富、技艺精湛的艺术品得到更多有识之士的赏识，从而实现其价值。少数民族艺术收藏品范围广泛，包括图画、刺

---

① http：//blog.sina.com.cn/s/blog_8272b2490101dmuk.html。
② 中国文明网，http：//www.wenming.cn/wmzh_pd/yh/yhdt/201701/t20170103_3979634.shtml。
③ 搜索日期：2017年4月5日上午10：00。
④ 数据截止日期：2017年4月6日。

绣、银饰、服装、家居用品等。

图 5-14　淘宝网站上的少数民族艺术收藏

中国艺术研究院副院长吕品田认为，少数民族题材美术创作是最能代表中国美术特色的作品和艺术。它记录了少数民族特有的文化基因和情感，直接地、酣畅淋漓地展现了少数民族生活原态。少数民族美术作品丰富了美术作品的风格和样式，扩大了美术作品表现的时空范围和领域，扩展了美术作品消费者的欣赏品味，是艺术领域具有不可或缺的一部分，使得美术历史进入了兼收并蓄的发展期。少数民族题材的美术创作也最能表现社会变迁。比如，通过少数民族美术作品，可发现 20 世纪是中原文化和少数民族文化大融合的时代。

除了美术作品，少数民族服饰也得到一些收藏家的偏爱。北京东旭民族艺术博物馆馆长王东旭耗尽家产，只想给后代留点文化遗产，他对少数民族收藏尤其是少数民族服饰收藏痴迷了半辈子。近 30 年间，他倾其所有，收藏了总数近万件（套）的少数民族服饰及民俗文化实物。其中，有西南各民族的刺绣、染织、服饰、银饰、生活用具等，有藏族、蒙古族的宗教用品、生活用品，有中原地区的农具、民俗物品等。2009 年，王东旭创建的北京东旭民族艺术博物馆正式对外开放。

馆中的每一件藏品都有故事，王东旭最喜欢的藏品之一——三件刺绣背儿带，是贵州织金县一位苗族残疾妇女的作品。绣品选择了苗绣里最难最复杂的破丝绣（把一根线破成很多条丝来绣）。金黄色的底布上，绣着翠绿色的花草，紫色和粉红色的蝴蝶。图案色彩鲜艳，栩栩如生。这位妇女从小双腿残疾，用膝盖走路。由于家境贫困，她只能上山割草去卖，一天收入不过几元钱，但她却悉心抚养了三个女儿，坚持让她们上学。她说："只有上学，今后她们才不会像我这样生活。"这名贵州妇女的坚强，让王东旭深深感动。还有一次，王东旭去贵州的一个村寨，看中了一位苗族老奶奶做的蜡染头巾。孙子希望卖掉头巾去买摩托车，但老奶奶因为头巾是自己的陪嫁品，死活不肯。王东旭于心不忍，直到老奶奶去世以后，才把这块头巾收藏了。①

表 5-4　　　　　　2000—2016 年少数民族题材电影列表

电影片名	出品年份	导演	类型	片长	推荐收录人
草原	2004	万玛才旦	故事	22	
静静的嘛呢石	2006		故事	102	
寻找智美更登	2007		故事	112	
老狗	2010		故事	93	
五彩神箭	2014		故事	88	
塔洛	2015		故事	123	
太阳总在左边	2010	松太加	故事	89	
河	2015		故事	94	
农奴	1963	李俊	故事	88	
盗马贼	1986	田壮壮	故事	88	
益西卓玛	2000	谢飞	故事	100	
喜马拉雅王子	2006	胡雪桦	故事	108	
牛粪	2010	兰则	纪录片	50	
塔瓦证上的德吉	2010	才旺瑙乳	故事	24	
给我一天来做梦	2014	阿岗·雅尔基	故事	15	
她的名字叫索拉	2015		故事	37	
回家	2015		纪录片	42	

---

① 资料来源：中国民族宗教网，http://www.mzb.com.cn/html/report/141232213-1.htm137。

续表

电影片名	出品年份	导演	类型	片长	推荐收录人
贡嘎日噢	2014	多吉彭措	故事		
拉萨青年	2015	拉毛扎西	纪录片	50	
小喇叭的春节	2015	张国栋	纪录片	70	
白牦牛	2016	李加雅德	故事	123	

中国少数民族的艺术瑰宝不仅深受国内收藏家的喜爱，国外一些收藏家也纷至沓来。20世纪末，王旭东到贵州黔东南的一个寨子收集藏品，简陋的小旅店内住的全部是外国人。他们拿着大把的美元，不远万里来到中国"淘宝"。王东旭得和这些老外拼价格。面对同一件牯藏衣，外国人扔下美元根本不还价，可他还得拿着人民币狠狠地砍价："虽然我的价格低，但至少宝贝到我手里，就能一直留在中国，你们的后辈想看的时候，还能看得到。"

正是类似于王旭东这样富有民族情感的收藏家，才使得少数民族民间收藏的希望之火不熄，而这股希望之火应该被我们充分认识，从产业链角度采用多形式对少数民族艺术加以保护和开发。以苗族刺绣为例，从绣娘培训、纱线布匹生产、绣品制作、绣品展览、绣品贸易、绣品收藏等方面形成产业链，切实推进少数民族艺术的传承。

三 少数民族旅游产业与电子商务发展

我国少数民族县域的旅游产业由于独特的地理民俗而具备特别的风味。少数民族县域依托于民族文化，推动旅游产业发展，实现民族地区的经济增长，是少数民族县域正在探索的道路。而在这条道路上，网络旅游是电子商务运营商们激烈争夺的领域之一。

旅游产业价值链条长，交通、饮食、玩赏、住宿、购物是旅游中必不可少的环节，每一个环节都有消费需求。以旅游为核心的消费订单价值高、计划性强，消费者对旅游目的地的信息资源依赖度高，用户具有较高黏性。随着国民经济发展、消费者收入增加及长途旅游与短途旅游商品的开发，在网络上预订旅游活动的各类票务是消费者消费倾向较高的活动。2016年中国在线旅游度假用户获取旅游网站及度假产品信息的主要渠道为 PC 互联网（76.0%）、移动互联网（71.5%）和朋友推荐（54.4%）①。从线下渠道获取旅游度假信息的客户占比较少，实体门店 32.1%，传统媒体 31.8%，户外展示广告 27.0%。

在网络旅游领域，涌现了一批著名的 C 端电子商务平台，比如，起步较早的携程网、艺龙网、同程网，后起之秀去哪儿、驴妈妈、途牛网、马蜂窝，综合平台运营的飞猪旅行、京东旅行、凤凰网旅行等。这些网站要么整合旅游资源，形成以 B2C 模式为主的分销平台，要么是以旅游目的地为内容创造对象的 UGC 用户分享平台。这些网络平台的存在一方面宣传了旅游目的地的知名度，另一方面也为其带来了客流量。

少数民族旅游资源包括三方面，一是以自然地貌为主的景点旅游，二是以文化节日为主的民俗旅游，三是以民族生活为主的村寨旅游。少数民族旅游开发最充分的是云南省，然后是海南、四川、广西。贵州、江西等省份虽然拥有较丰富的资源，但在旅游开发、基础设施建设及营销推广方面还需努力。在网络旅游信息中，少数民族县域中的云南、海南、四川、广西的信息较多。这些信息包括旅游路线信息、旅行社信息、出行信息、酒店客栈信息、美食信息、购物信息、旅行日志信息等。这些旅游资源开发程度较高的地区，在信息内容方面占有优势，比如景点介绍齐全、配套服务完善、品牌运营商多、推广渠道广泛、游客量大，这些为官方媒体、第三方机构及自媒体提供了丰富的创作材料，在网络上自然形成了旅游信息高地。因此，旅游电子商务的发展需要旅游资源本身得到较好开发。

（一）少数民族县域需将文化与旅游产业融合发展

民族文化对旅游产业发展意义重大。民族文化为旅游产业提供了精神内涵，让消费者在观赏自然风光的同时，也能受到思想意识上的洗礼，这对于当今注重旅游体验的消费者而言，是视觉盛宴与精神盛宴的完美结合。同时，旅游产业也推动着民族文化的传播，增强少数民族群众的社会认同，促进民族大融合，有利于社会和谐。民族文化为旅游产业提供了商品与服务。具有民族特色的音乐、舞蹈，是鲜活的旅游人文

---

① 资料来源：艾瑞咨询，2016 中国在线旅游度假用户研究报告。

景观；具有民族特色的服饰用品，是可带走的民族记忆；反映少数民族发展历史的故事，是可写入游客大脑的数据。旅游产业所吸引来的游客，成了少数民族文化产业的直接消费者。可见，民族文化产业的发展与民族旅游产业的发展息息相关。

（二）以民族文化为基础，因地制宜优化旅游产业结构

旅游业务中的"吃、住、行、游、购、娱"活动根据目的地发展状况有选择地发展。比如，贵州省施秉的杉木河漂流资源非常优质，河水清澈，河道有平缓处也有湍急处，河两岸风景奇险峻，每年夏天会吸引大量游客前往。但是，游客们到达施秉县漂流后，并不住在施秉，而是选择离施秉约40公里的镇远县留宿。因为镇远是水运古城，舞阳河水蜿蜒着以"S"形穿城而过，形成一个类似太极图的样式，俗称八卦古镇。镇远曾是湘黔联通的主要通道，自古既有"湘黔咽喉"之称。该县城的旅游景观融合山、水、洞、人文为一体，古色古香的住宅、幽长的老巷道，穿梭其中，会带给人们历史穿越的感觉。因此，施秉县在发展旅游时，应该以自然景观为主，建造与镇远的快速交通线，尽可能多地吸引镇远的游客。

每个景区在规划设计自己的发展路径时，不可贪图求全，一定要求精。在了解邻近区域的优劣势之后，根据本地特点将特色发展成邻近地区无法超越的特长[①]。

随着社会经济的发展，消费者对消费品的需求不仅仅是物质层面的，更有精神层面的。好山好水的自然风光，若没有几个文人墨客的点笔，必然会失去几分神采。旅游业与文化业天然密不可分。开发旅游资源的文化内涵，会提高旅游产品的市场竞争力。少数民族地区在这方面具备天然优势，丰富多彩的民族文化资源是其旅游资源大放异彩的重要烘托。

在挖掘少数民族文化底蕴时，首先，要调研少数民族文化的历史渊源，对民族文化的发展历程、重大事件、重要人物以及深远影响进行深刻分析；其次，对少数民族文化的独特性进行总结归纳，本民族文化与

---

① 郭旭、赵宝福、邢贵和：《少数民族地区旅游开发的电子商务发展研究》，《贵州民族研究》2017年第7期。

其他民族文化的差异究竟在哪里，体现在哪些方面，表现方式是什么；再次，对少数民族文化进行艺术产品生产，利用文学、音乐、舞蹈、歌剧、电影、商品设计、建筑设计等多元素，充分调动创意人员的主观能动性，形成可供消费者观赏、体验的各类产品；最后，对文化产品进行品牌塑造，深度挖掘品牌内涵，扩大品牌影响力，形成知名旅游商品。

（三）以民族文化发展为契机，完善旅游产业市场化发展需求

少数民族文化在商业开发过程中，需要考虑大众消费者需求。大众消费者对商品的美观、功能、质量与少数民族文化商品之间存在差异，少数民族在开发文化资源，寻求自身文化经济发展的过程中，需将少数民族的美学元素、思想元素、功能元素加以抽离，使之转化成普通大众能够接受的形式，从而获得大众消费者支持。

在民族文化发展的同时，将这些因素注入旅游产业中，显得非常必要。比如，壮族的吊脚楼从美学价值与实用价值来讲，都很高。但是，从城市消费者的角度看，木质结构的吊脚楼非常不安全，容易着火，防火防潮性差，卫生条件不便利。所以，在发展民居旅游时，要对吊脚楼人作功能划分，游玩观赏性民宅与居住型民宅采用不同结构与设计，从而满足消费者需求。

（四）少数民族村寨旅游是农村电子商务发展的重要工程

休闲农业和乡村旅游发展为农村地区经济发展注入了新活力。一方面，乡村旅游的开发改善了乡村的基础环境建设，道路、卫生、居住、景观等与现代化标准接轨，提高了乡村居民的生活水平；另一方面，乡村旅游增加了当地居民的就业机会。当地居民通过简单培训，进入后勤服务部门，实现在家门口就业，既解决了家庭收入问题，又避免了留守老人和留守儿童的问题。乡村旅游开发在县域脱贫攻坚中是优势项目。2016年，全国休闲农业和乡村旅游发展态势良好，共接待游客近21亿人次，营业收入超过5700亿元，从业人员845万，带动672万农民受益。①

休闲农业和乡村旅游是农业部推进农业供给侧结构性改革的重要举措，在传统农业的基础上叠加旅游、教育、文化、康养等产业，拓宽农

---

① 《乡村旅游发展综述》，http://www.sohu.com/a/157568046_335546。

业产业价值链，规范行业发展监管条例，为农村经济注入活力，引导农村经济走上螺旋式上升发展道路。

在休闲农业与乡村旅游发展中，少数民族古城或村寨是最佳选址。比如贵州，上千年的古村寨如一颗颗珍珠散落在民间，镇远古城、旧州古城、天龙屯堡、云峰屯堡、西江苗寨等，形成了不同现代文明的古文化。古城反映了千百年前居民聚集地的生活原态，屯堡反映了战争时期军事防御与居民生活融为一体的部落文化，寨子反映了一支族系的迁徙与繁衍。这些地域在农耕文明发展的历史长河中，形成了独特的农业社会场域形态。以古城落和民族村寨为核心载体，延伸到该范围外部的山体、森林、河流、田土、水利设施、道路桥梁，以及与民族生活密切相关的耕种、饮食、歌舞、仪式典礼、社会准则等，共同组成了独具魅力的村寨民族文化景观和自然生态景观，形成了优质民族村寨旅游资源。

少数民族村寨的原生性与生态性，对城市居民及非本部落居民而言有神秘感、新鲜感。这些游客前来体验生态美食、民居休闲、观光农业、乡村养生等，感受不一样的生活体验，为少数民族村寨带来了生机，促使旅游经济得以发展。因此，休闲农业与乡村旅游需完善旅游产品、组合旅游路线、塑造旅游地域品牌，构建乡村旅游产业，通过产业化路径提高经济效益。

少数民族村寨旅游对于喜好猎奇的消费者而言，是充满未知与期待的神往。而少数民族村寨旅游相关的信息只存在于只言片语的口头传播中，社交媒体、点评类网站等新媒体中的相关内容并不充分，这为发展旅游电子商务留下空间。

1. 民族村寨开发之初的网络口碑传播

少数民族村寨旅游获得持续规范发展的前提是市场化运作，必须有市场运营主体按照市场规则进行基础设施建设、商品开发、运营管理。在这一开发过程中，能够借助互联网平台的是口碑传播。少数民族村寨的生态、传说、生活、情感等是宣传重点。在口碑传播团队上，可组织大学生、文人墨客进行主题内容创作，也可吸纳自由旅行者的正向自媒体言论。在口碑传播内容的形式上，以文字＋图片为主，配以少量短视频。在口碑传播渠道上，以马蜂窝、大众点评、百度贴吧、百度知道、微信、微博、QQ等为重点，进行媒体啮合。在口碑传播扩散上，注重初始内容发布之后的互动,形成信息的二次传播及级联传播。

2. 民族村寨开发中期的网络旅游商品交易

在前期舆论酝酿及少量游客的基础上,处于开发中期的民族村寨不论是基础设施建设还是旅游开发,都处于相对较成熟的阶段。在这个阶段,借助互联网平台推广旅游商品并获得交易是实现前期发展经济价值的必然之路。飞猪旅行、携程旅行、美团团购、大众点评是网络平台运营重点,或将旅游商品信息交于专业旅游公司,由他们进行旅游商品整合,形成适合于消费者消费时间与消费水平的旅游线路;或者组建运营团队,直接在网络上开设商店、发布商品、宣传商品、客户交流、获得订单、执行订单。

旅游商品不同于一般商品,消费者关注的焦点是风景气候适宜、时间恰当、风俗人情具有特色、价格合适。因此,少数民族村寨在卖点选择上应该紧贴这些关注点。当旅游商品作为网货时,是一款体验型商品。体验型网货需要提供尽可能多的详细信息给消费者,比如细节展示图片、效果对比图片、使用过程的演示视频等,以增加消费者对商品的整体感知;同时,要给消费者尽可能多的消费评论,这些评论不是泛泛而谈的"好""满意""可以"等字眼,而是对旅行过程中的细节描述,比如,"居住的木屋有淡淡的松木味道,仿佛让人至于一片松林中"。这样的细节评论让其他消费者能够获得形象感知,从而在知道旅行质量的同时也能够对将要开启的旅行充满想象。在评论方向上,运营者要注意引导正向评价,避免出现负面评价。在评价主体上,除了有切身体验的消费者,第三方评论机构的评价也非常重要,比如旅游杂志、地理杂志、生活周刊等媒体的推介非常重要。在商品初始交易中,可发展线下渠道向网络渠道延伸,以获得初始值,从而带动后续信息量的增加与质的提升。

3. 民族村寨开发后期的网络旅游商品创新

单个旅游商品对于单个消费者而言,大多是一次性消费品。消费者到此一游后,如果没有特别打动消费者的地方,第二次再来的可能性很小。所以民族村寨旅游在开发中,除了景观的美与体验的奇之外,还要注意增加商品的黏性,比如绿色农业与家庭消费,为来访游客提供后续食品保障,将村寨的农产品变成游客的厨房专供,定期定量发送农产品给游客。在果园开花期，邀请定制顾客来观赏，在果园结果期，邀请定制顾客来摘果，通过不同的时节、活动，增加游客回访率。

除了黏性外，旅游商品的更新也是吸引游客再访的因素。少数民族村寨旅游开发要紧跟时代发展涌现出的新技术、新服务理念，使得旅游商品不断推陈出新，才能增加村寨旅游的可观赏性与体验性，让消费者在不同时间段的到访中感受到变化。比如，民族村寨旅游商品按照四季设计不同的观赏点，春季的花、夏季的凉、秋天的果、冬天的绣等，让消费者在不同季节感受不一样的村寨。

民族村寨旅游商品开发的创意可以借助网络平台集思广益。网络游客的旅游体验回访及需求调研，将有助于运营者及时了解消费者的想法，从而为商品开发创新与升级奠定基础。

(五) 少数民族节庆旅游是虚拟体验的重要内容

少数民族节庆仪式是为了表达共同信仰而约定聚集的特殊行为，这些行为往往以富有含义的舞蹈、音乐、朝拜、敬酒、美食等形式表现，表达了对祖先的怀念、对自然的尊重以及对美好生活的祈求。

少数民族的这些节庆仪式由于其隆重性与可观赏性，成了少数民族旅游资源的重要组成部分。但是，旅游学界重点从学术视角探讨了节庆的概念、特点与开发对策，关注少数民族节庆的文化重构，集中描述仪式过程，探讨文化象征意义。从旅游产业角度出发探索节庆旅游的文献也很多，大多从旅游的五个要素"吃、住、行、娱、购"构建节庆旅游产业链，建议打造节庆旅游的少数民族风情园，进行多功能分区建设。这些研究及建议为少数民族节庆旅游提供了良好思路。

然而，少数民族节庆旅游目前的运作方式是向外公布少数民族节庆日时间及地点，由游客自行到目的地观看。少数民族节庆成了一场不卖门票的表演会。当地老百姓从节庆活动中收益的是游客的餐饮消费及住宿消费，这从商业角度而言，属于低溢价运作。

少数民族节庆不仅仅是少数民族同胞自身的活动，其蕴含的民族情感、家庭情感与自然情感适用于所有人类。将情感因素从仪式表现中抽离，能够形成适用于多场合的仪式活动。比如，贵州省台江县姊妹节是贵州黔东南苗族侗族自治州台江县苗族同胞的传统节日，一般在每年农历三月十五至十七举行，2006年被列入第一批国家级非物质文化遗产名录。姊妹节是苗族的情人节，通过做姊妹饭、吃姊妹饭、唱歌谈情、踩鼓、斗牛、斗鸟、赛马、送竹篮、还竹篮等活动，让青年男女找到心仪对象。为了增强姊妹节的参与性，2016年台江县向全国发起邀请，邀请100对新人参加姊妹节，为其举办苗族仪式的婚礼。这种参与式体验为游客们对姊妹节的感受不仅更深刻，而且将姊妹节与自己的生活相关联，一想起某个重要日子就会想起台江姊妹节，这种节庆仪式的意义已经远超旅游体验本身，而成为游客重要事件的表达仪式。目前的少数民族节庆旅游缺乏这样与游客融为一体的设计。

在仪式的感染上，西方文化对中国人民的影响反而更深刻，情人节、愚人节、感恩节、圣诞节等已经走进中国人民的生活，也成为商家节日促销的由头。不仅如此，西式婚礼、西式餐饮也是中国人热衷于尝试的生活选择。深入思考西方的这些节日与意识为何能够在国内大众中引起广泛影响？原因有二：一是西方节日与仪式代表国际潮流，是经济发达地区的人们的生活习惯，这对于刚刚有能力像西方人一样生活的中国人产生了追逐、模仿的意愿。二是西方节日仪式的各类构成物件具有可获得性，西式餐馆随处可见，做西餐的各种辅料如沙拉、锡纸、奶酪等在超市即可购买，西式婚纱在网络上、商场中、婚纱店都可购买或租用。西方的这些文化已经通过概念输入及物化细分渗透进了中国老百姓的生活。

回归少数民族文化与节庆本身，少数民族文化在中国民众中的知晓度不够高，除了本民族群众知道节庆的意义外（或者随着某些少数民族文化的慢慢遗失，本民族民众都不一定全部知道节庆的意义），其他民族的群众并不熟知。少数民族节日由于按照另一套时间体系，比如苗族日历等，往往与其他族的时间作息不一样，不能固定在某个公认的时间段内开展活动，这就使得时间紧迫的现代人无法为某个节庆日预留时间。少数民族节庆中所需的服装、饰品、歌舞、礼物并不大众化，或者与商品的接触点太稀少，或者商品价格太高，导致即使有想法过少数民族节日的民众也无法实现。综观这些现象，不难发现，少数民族节庆日旅游的发展依赖于少数民族文化传播、商品开发的增强。

少数民族节庆旅游在网络上的传播多属于介绍性的，仅供与这些地域有关联或对这些活动感兴趣的民众查看，大部分与他们的生活无关的民众不会查看。因此，需要通过一定策略让少数民族文化走进大众生活。比如，在网络上开设少数民族专栏，增加少数民族人物、故事、风土人情的影片、综艺或书籍；建立少数民族讨论论坛，建立少数民族节庆日的休假制度等，让更多人能够参与到少数民族节庆活动中来。

少数民族节庆是传统文化的重要表征，仪式参与不仅能增强民族凝聚力、强化民族文化自觉与自信，而且也能深化区域旅游形象并推动仪式举办地的经济发展。少数民族节庆是有待开发的重要旅游资源。

综合而言，在经济发展经历了从生产要素竞争到管理创新竞争到商业模式竞争再到核心技术竞争的过程，国内乃至世界经济贸易战从未停止过，少数民族地区在经济发展时序上已经落后了几节，必须在当前国家大扶贫战略的历史机遇上，夯实本区域经济发展基础，构建电子商务发展体系，促使广大经营者加入到电子商务的运行网络中来，实现落后的经济增长方式与现代化的经济发展模式相对接，为少数民族县域的发展实现跨越式的飞跃。

附 录

台江县电商发展基础调研

台江县位于贵州省东南部、黔东南苗族侗族自治州中部，全县15.9万人口，有苗、侗、土家、布依等15个少数民族，其中苗族同胞占全县总人口的97%。为了解台江县电子商务发展基础，2016年7月20日至27日，贵州财经大学电子商务服务团队对台江县村镇展开了电子商务发展基础调研。本次调查样本量为127户，其中44.68%的家庭来自施洞镇，34.04%的家庭来自南宫镇，21.28%的家庭来自革一镇。样本中苗族家庭占98.43%。

一 少数民族家庭状况统计

（一）家庭人口统计特征

家庭人口是4人的户数最多，占比33.9%；家庭人口是2人及以下的户数最少，占比4.7%；由样本数据可得平均每户家庭人口数为4.4人。其中平均每户家庭男性人口数为2.5人，平均每户家庭女性人口数为2.4人，性别比例分布平衡。家庭常住人口中年龄段在18—35岁的占38.58%，35—45岁的占35.43%，45—60岁的占33.07%。家庭的主要决策人是已婚人士的占89.76%。家庭教育程度学历最高的，初中学历的为34.65%，占比最高；高中和大学（大专）学历的为19.69%，占比最低。从调查结果看，台江县乡镇家庭人口数量适中，以新生小家庭为主，最高教育程度偏低，这意味着家庭脱贫的主要任务是为年轻家庭主力提供创业就业机会。

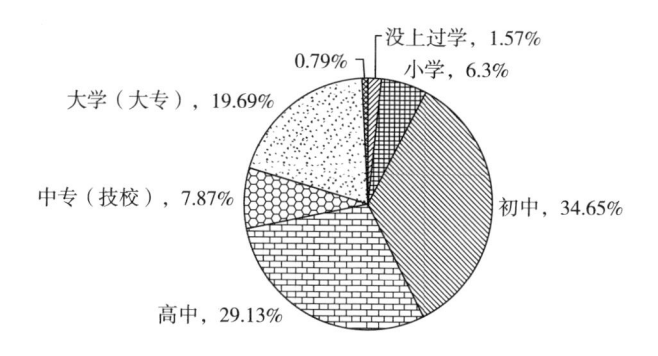

没上过学，1.57%
小学，6.3%
初中，34.65%
高中，29.13%
中专（技校），7.87%
0.79%
大学（大专），19.69%

图1　台江县村镇居民最高教育程度分布

（二）家庭经济收入来源

家庭承包土地亩数在 4 亩以下的占比 58.27%，超过 4 亩的家庭占比 23.6%。家庭年收入在 10000 元以上的占比 30.95%，年收入在 7500—10000 元的占比 7.94%，5000—7500 元的占比 18.25%，2500—50000 元的占比 29.37%，2500 元以下的占比 13.49%。如图 2 所示。

2500元以下，13.49%
10000元以上，30.95%
7500—10000元，7.94%
5000—7500元，18.25%
2500—5000元，29.37%

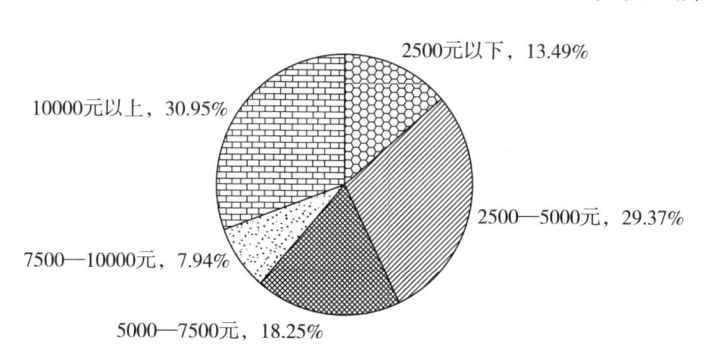

图2　农村家庭年收入状况

家庭收入的主要来源中，以种植业（蔬菜、水果等）为主要收入方式的占比 51.97%，外出打工的占比 40.94%；以养殖业（黑毛猪、羊、鱼等）为主的占 33.86%，以个体会为主的占 27.56%，以公职人员收入为主的占 23.62%，以家庭作坊（刺绣、银饰等）为主的占 17.32%。其余可能的家庭收入来源，比如采野货（采药材、蜂蜜、蘑菇等、捕蛇或其他野生动物等）、农产品经销、农药和种子经销、运输（客运、货运）、服务业（理发、照相、开挖掘机等）和小企业主等方式所占比率较小（见图3）。从收入来源看，台江县村镇居民的第一收入来源是农业种植，第二收入来源是外出打工，第三收入来源是做小生意，第四收入来源是家有公职人员。从收入构成看，通过已有资源获取收入的比率较高，这些资源以所属地为中心，包括土地资源、养殖技术、劳力及智力，服务于传统农业及日常生活所需。而为传统农业提供服务的商业及服务业的经营收入在整个收入比重中占比很少。这意味着台江县村镇居民的商业意识存在较低阶段的买与卖，没有从产业链角度整体思考生产要素的运行规律，比如为农业提供支撑的农药、种子经销、农产品经销、运输等所占比重较少，也许受市场规模限制，农村并不需要太多此类经营者，但是从整体而言，当本地市场与外地市场对接时，本地的生产者、经营者会自动产生角色分工。从台江县调研情况看，并不存在市场的自然分工。这说明经济缺乏产业基础，居民对商业模式的设计与思考非常缺乏。为居民提供服务的行业如理发、照相、开挖掘机等，所占比率为 3.15%，意味着居民的服务技能较为欠缺。在台江县比较有特色的产业中，如银饰、刺绣，居民参与的比率有17.32%，低于种植、养殖与外出打工，说明特色产业的规模效应不明显。因此，在扶贫开发策略中，应该注重本地产业经济的构建，注意对村镇居民开展商业意识与技能的培养。

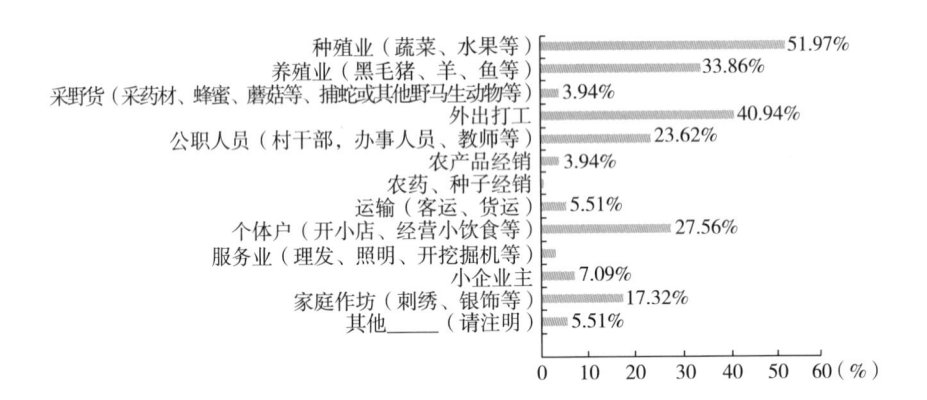

类别	比例
种殖业（蔬菜、水果等）	51.97%
养殖业（黑毛猪、羊、鱼等）	33.86%
采野货（采药材、蜂蜜、蘑菇等、捕蛇或其他野马生动物等）	3.94%
外出打工	40.94%
公职人员（村干部、办事人员、教师等）	23.62%
农产品经销	3.94%
农药、种子经销	
运输（客运、货运）	5.51%
个体户（开小店、经营小饮食等）	27.56%
服务业（理发、照明、开挖掘机等）	
小企业主	7.09%
家庭作坊（刺绣、银饰等）	17.32%
其他____（请注明）	5.51%

图3　家庭收入主要来源

（三）家庭增收计划

家庭未来增收计划中在种植业上选择种植水稻的户数最多，占

53%；其次选择有种植树苗、水果、中药材和蔬菜，少数家庭选择种植红米、茶和玉米。在养殖业上选择养猪的户数最多，占44%；其次是选择养鱼的户数，占30%；然后是选择养鸡、养牛、养鸭、养鹅、养羊的户数，有少数家庭选择养黑毛猪、驴和蜜蜂。另外，采野货、农产品经销和增加运输也是少数家庭的未来增收来源。家庭未来增收计划反映了台江县村镇居民对未来生活的打算，是解决当前问题的预计方案。从调研结果看，大部分人依然以传统产业为主要增收渠道，说明主要居民找不到更好的出路。少数居民有意识通过技能提升增加收入，对这部分居民要正确引导，给予技能培训机会，为其提供实现技能致富的其他条件，比如创业起步的小额资金贷款，政策优惠等。

选择外出打工的群体中，有57%的家庭选择就近打工，有39%的家庭选择外出打工。说明居民的家庭观念较重，大部分人希望能够家庭与生计兼顾，只是迫于县域就业机会少、工资额度低，而不得不放弃对家庭的照顾，外出就业。因此，应增加招商引资，增加就业岗位，帮助村镇居民实现家门口就业。

在技术培训意愿上，选择学习养殖技术的家庭占比最多，为44%；其次是选择种植技术的家庭，为28%；再次是选择学习银饰技术的家庭，为22%；少数家庭分别选择学习刺绣、电商技术和机动车技术。说明台江县村镇居民对自己熟悉的产业技能提升的意愿较强，偏好市场运营方式简单的行业；对于具有更高运营能力要求、市场远离自己生活场域的行业持回避态度。村镇居民的生存技能决定了该地区的经济形态，行业选择决定了该地区的产业布局。因此，台江县应以发展农业为主，本地主要劳动力为种植养殖生产者，市场运营力量需要外围力量支持，即需要引进商业运营组织，从而促进县域经济的一体化运行。

家庭日常支出中，85.4%的家庭认为开销最大的项目是日常生活费用，52.76%的家庭认为是孩子上学费用；除去这两项外，其他选项如医疗费用、经营资本、住房建设开销占比较少，家用电器购置费、农业生产资料购置费、债务和其他支出费用占比最少（见图4）。从家庭日常支出看，台江县村镇居民生活的恩格尔系数较大，家庭收入的绝大部分用于维持生活。即使国家实行了九年义务教育，但是，对于居民而言，其他可能存在的支持费用也是一笔很大的开支。医疗费用、经营资本、住房建设、家用电器购买、农业生产资料购置等在居民生活中占比较少,这并不是意味着居民有实际超额收入来负担这部分费用,而是意味着收入总量限制下的人为开支缩减。这说明台江县居民的生活水平处在温饱线上。在扶贫政策中,要加大医疗扶贫、教育扶贫、基建扶贫及产业扶贫。

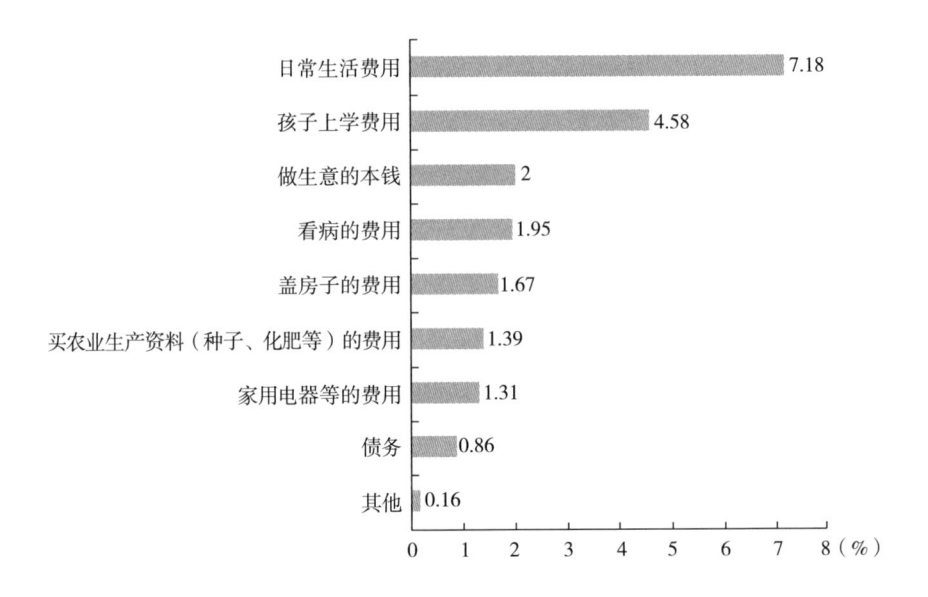

项目	得分
日常生活费用	7.18
孩子上学费用	4.58
做生意的本钱	2
看病的费用	1.95
盖房子的费用	1.67
买农业生产资料（种子、化肥等）的费用	1.39
家用电器等的费用	1.31
债务	0.86
其他	0.16

图4 农村家庭支出状况（按选项平均综合得分）

4. 家庭增收后的支出计划

在调研居民对收入增加后的生活设想时,按照居民意愿强度排序,居民在未来收入增加后愿意:(1) 多买些生活用品;(2) 供孩子们上学;(3) 买家电;(4) 买种鸡、种猪、种羊等扩大养殖规模;(5) 买电脑;(6) 买小客车;(7) 买智能手机;(8) 买取暖驱寒设备;(9) 买摩托车或小货车;(10) 治病;(11) 当个体户;(12) 当网商;(13) 学习技术。

从排序看,居民在收入增加后,以解决生活困难为首要事件,居第一位;较高一点的期望是增加现代办公用品的消费居第二位,比如买电脑、小客车、智能手机等;第三位是解决自身可以克服的一些苦难,如取暖驱寒、出行及病痛;第四位是较高且离他们较远的想象,当老板、学习技术。居民在收入增加后的支出计划反映了他们对自身生活质量提升的迫切期望，其在使用价值上的支出高于投资价值的支出，一方面说明现实的生活水平低到必须改善的地步了；另一方面也说明居民在追加投资扩充增收渠道的意识上成熟度不高。居民选择的增收方式是扩大劳动技能相对简单、市场供给量高的产品的产量，而不是提升自身知识技能以提高单位劳动价值量。收入增加的部分用在"物"上的比率高于用在"我"上的比率，这与当今知识经济时代，改变命运的核心要素是个人能力的思维逻辑严重脱节。因此，扶贫先扶智，增加地域偏远地区的居民的眼界，增加这些居民与外部世界的交流，改变居民的思维意识，扩充其对不同商业模式尤其一些新兴商业模式的了解与接触，显得非常必要。

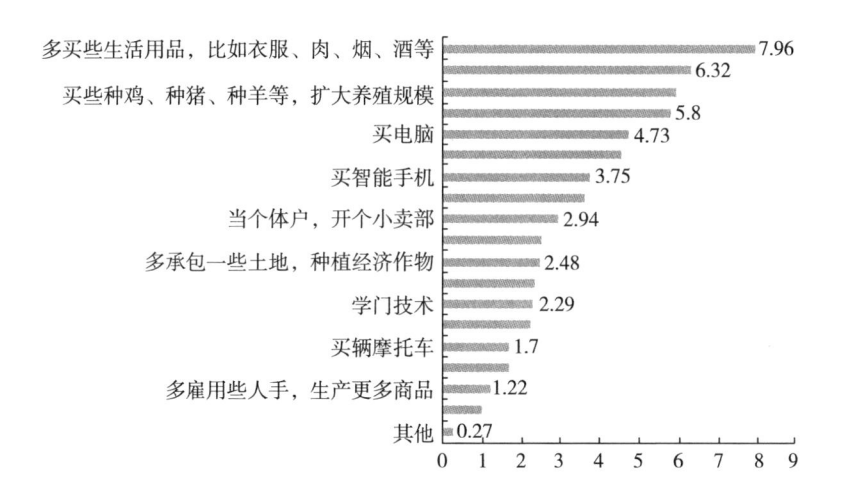

选项	得分
多买些生活用品，比如衣服、肉、烟、酒等	7.96
	6.32
买些种鸡、种猪、种羊等，扩大养殖规模	5.8
买电脑	4.73
买智能手机	3.75
当个体户，开个小卖部	2.94
多承包一些土地，种植经济作物	2.48
学门技术	2.29
买辆摩托车	1.7
多雇用些人手，生产更多商品	1.22
其他	0.27

图5 农村家庭未来收入增加后支出（按选项平均综合得分）

二 少数民族农村电子商务发展调查

（一）电脑拥有量

本次调查样本中家庭拥有电脑的占比为38.58%；没有电脑的家庭占比61.42%（见图6）。有电脑的家庭中超过七成的家庭只有1台电脑。这说明电脑在台江县村镇家庭中的普及率较低，依靠村民开展电子商务的硬件基础弱。

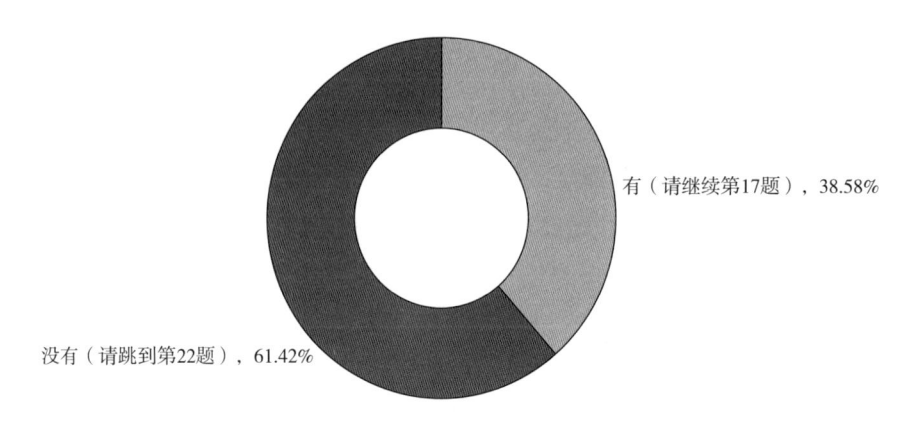

图 6　农村家庭电脑配备情况

有（请继续第17题），38.58%
没有（请跳到第22题），61.42%

（二）网络联结状况

在拥有电脑的家庭中，超过九成的家庭可以连接互联网。家庭中连接网络费用平均每个月超过100元的，占比50.30%；家庭月上网费在50元以上的户数占比76.09%。对于上网费用，有34.78%的家庭认为上网费非常贵，36.96%的家庭认为上网费贵，只有6.52%的用户认为不贵（见图7）。这说明在台江村镇，即使有条件购买电脑的家庭，也会认为支付上网费是个负担，有可能在家庭遇到事故时，取消联结互联网络的支出。如果要依靠这些率先是用电脑的用户开展电子商务，必须在经营过程中解决其网络连接的不确定性问题。

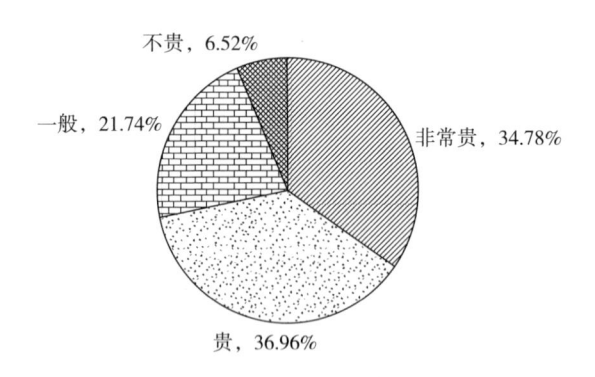

不贵，6.52%
一般，21.74%
非常贵，34.78%
贵，36.96%

图 7　农村家庭对网费的看法

(三) 网络用途状况

在农村家庭用电脑上网的主要目的上，使用率较高（每天使用或一周使用两三次）的是：看新闻（39.13%），使用搜索引擎查资料（34.79%），看网络视频（34.78%），网上买火车票、汽车票（28.26%），网上购买生活用品（19.57%），为小孩找学习资源（19.57%）。从使用率看，只有少数人会使用网络资源，新闻是乡镇居民获取意愿最高的内容，然后是使用搜索引擎查资料，说明用户对外界信息了解的渴望比较强烈。网络视频在用户的使用比率中较高，说明乡镇居民对视频的接受程度高于文字或音频，至于视频内容是偏向娱乐型的还是知识型的，需要作进一步调查。网上买票的使用率排名第四，说明外出务工人员对网络售票的接受度相对较高，一方面可能是他们在大城市打工对网络售票的接受度较高，另一方面可能网络票务能解决乡镇实地购票的不方便性，第三方面是乡镇居民有出行的刚需。在网络上购买生活用品及为小孩寻找学习资源的比例相等，在所有使用项目中排名第五，说明网络购物以及网络教育逐渐渗透至乡镇百姓的生活，但是限于一些原因发展程度还有限。

偶尔使用（一个月一次）的是：网上购买生活用品（30.43%），看网络视频（21.74%），看新闻（19.57%），网上销售自有产品（17.39%），网上电话充值（17.39%）。数据表明，网上购物虽然不是乡镇居民的高频率活动，但接近经常性活动，几乎有四分之一的居民每个月网络购物一次，这显示了工业品下行在乡镇的巨大市场，至于网络购物金额及网络购物品类需要进一步调查。看网络视频是乡镇居民第二个接近经常性的网络行为，说明网络影视、网络直播、网络培训等以视频呈现的内容在乡镇市场潜力巨大。乡镇居民对网上销售自有产品和网上电话充值在一个月一次的使用比率中值较小，说明乡镇居民对此有需求，但还需培育。

基本上没有使用过的类别包括：

（1）网络社交类：84.78%的人不会选择在网络上寻找配偶，80.44%的人没有逛过论坛，76.09%的人没有使用过微博，73.92%的人不会选择在网上交友。这一组关于社交的调研数据表明，从比率数值上看，乡镇居民对网络的应用程度很低。网络婚配、网络交友、网络论坛交流在乡镇基本没有市场，可能是乡镇是熟人社会，人与人之间的沟通比较容易；民族习俗及社会道德的约束力较强，比如台江县苗族青年的恋爱过程有其自有程序，姊妹节等节日规则在苗族青年的意识中占据较强位置，通过网络等方式交友甚至是婚配的现实意识基础及可行性条件非常弱。

（2）网络金融类：82.61%的人没有使用过网络银行，67.39%的人没有在网上转过资金，82.78%的人没有在网上买过理财产品。乡镇居民使用网络银行的比率很低，一是资金有限，二是具有银联功能的银行布点较少，三是与外界的资金往来项目少。台江乡镇多是自给自足的自然经济，乡镇居民靠自己种植、养殖，已经能够满足基本生活所需，与外界通过货币交换而获取生活资源的需求较低。网络金融在农村的发展还有很长的路要走。

（3）网络招聘类：78.26%的人没有在网络上找过工作。乡镇居民在网络上找工作的概率很低。外出务工人员多通过熟人介绍工作，这反映了乡镇居民对陌生环境的信任度低，在陌生世界里的安全感低，与生活水平差异较大的人沟通及交流的主导能力有限，遇到问题时没有能力保护自己的权利。因此，网络招聘市场如何面向庞大的农民工群体还需要探索信任机制的建立。

（4）农资电商类：76.09%的人没有在网络上买过化肥、种子。农资电商是今年在农村电商中呼叫声较高的一类，过去化肥、种子靠农业技术站或者供销社提供，农村供销社属于行政机构，垂直结构设置直接落到村，与邮政局一样，属于城市与农村连接通道最畅通的一个机构。供销社的农资电商这几年有起色，但通过调查结果看，农村居民的参与度还不够高。今后，可加大此类电子商务模式的探索。

（5）网络医疗类：73.92%的人没有在网络上查病症、找医院、找医生、找处方、找药品的经历。农村医疗条件差，网络医疗应该是能够克服地域限制，在农村市场有巨大潜力的行业电商。但是，现实情况不容乐观，农村居民对医疗的重要性认识不如城市居民，受收入及医疗资源限制，农村居民对小病小伤都是能扛就扛，能拖就拖，实在忍受不了了才上镇医院或县医院检查就诊。随着农村医疗保险的推行，农村居民对能够报销医疗费用的医疗机构依赖度较高。网络医疗中的信息服务也许是可以先在农村市场推广的应用。

（6）生活服务类：73.92%的人没有在网络上进行过自我充电，73.74%的人没有在网络上缴过水费、电费。网络技能培训对于农村居民而言是自我提升的最优途径，但是，农村居民可能对这方面的平台及渠道不熟悉，导致非常多的免费网络教育资料并没有被农村居民使用。生活服务的管制、相关平台的缺乏、应用推动力度弱小，是生活网络服务在农村居民中应用率较低的可能性原因。但从居民的使用需求上，通过网络平台缴费是免去村民交通成本和农村管理成本的重要方式，在这方面，可通过自上而下的推动，提高农村居民使用率。

（7）网络经营类：71.74%的人没有在网络上销售过商品，67.39%的人没有在网络上代销过商品。农村商品的电商上行需要网货培育、技能培训、物流配套等一系列工程的实施。但从没有使用的比率看，并不是没有使用比率最高的类别，这说明已经有一部分农村居民在尝试接触电子商务。这是一个有利的信号。

（8）网络娱乐：65.22%的人没有在网络上看过小说，65.22%的人没有玩过网络游戏，60.87%的人没有使用微信的经历。网络娱乐离农村居民的生活较远，少数民族的娱乐活动更注重群体性，苗族的节日丰富，一年有三分之一的时间都在过节，唱歌、跳舞、喝酒、斗鸡、斗牛等活动时常举行，使依靠网络进行娱乐的个体行为显得不是特别必要。

（四）智能手机拥有状况

91.13%的乡镇居民有智能手机，但只有21.77%的乡镇居民家庭是人人都有智能手机，有76.61%的家庭不是每个成员都有智能手机。离所有人都是智能手机的差距，16.33%的家庭差1部，42.86%的家庭差2部，22.45%的家庭差3部。与前面调查，台江县乡镇居民家庭平均人口为4人的比例相比，59.19%的家庭拥有2部或3部智能手机，即意味着主要家庭成员基本拥有智能手机。这为移动电子商务的开展提供了便利条件。相较于电脑的拥有量（71.43%），移动手机的拥有量（91.13%）更高。

（五）智能手机联网状况

家庭中手机能上网的户数最多，占64.52%；有时能有时不能的占

11.29%；有21.77%的家庭手机不能上网。这为移动商务的开展提供了网络保证。家庭中每部手机月均流量费在30元以上的占36.69%，有43.3%的家庭中每部手机月均流量费在10—30元，仅有14.15%的家庭的每部手机月均流量费在10元以下。有43.4%的家庭认为手机流量费贵，32.08%的家庭表示手机流量费处于一般水平，15.09%的家庭认为手机流量费非常贵，仅有3.77%的家庭表示手机流量费不贵（见图8）。从手机流量费用的接受能力上看，62%的人认为移动流量费用贵，能够接受的每个月流量费用在每月20元左右。如果开展移动电商，需要考虑流量费用问题。

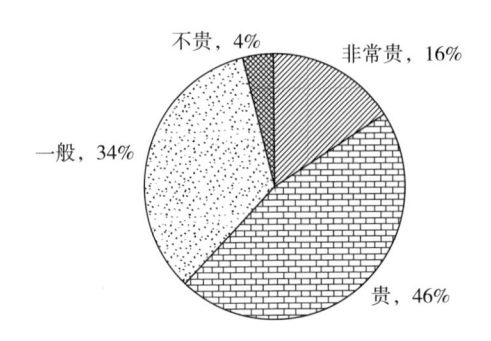

图8　农村家庭对手机流量费的看法

（六）移动网络用途状况

在每天都使用的类别上，排名前三位的是：14.15%的人每天用手机上网看新闻，13.21%的人每天用手机网上聊QQ，11.32%的人每天用手机上网看微信。这说明少量用户通过移动网络与外界产生联系。新闻、QQ、微信是农村居民用户愿意每天使用的项目，不可忽视腾讯公司在信息推送方面对农村用户的影响，一些有用的信息，如政务信息、商业信息、就业信息、教育信息等，可以通过腾讯新闻端、QQ、微信等工具进行推送。

在经常使用的类别上，看网络视频、听音乐、通过百度查资料各自占到了13.21%。属于除了每天使用类别之后占比最高的用途。由此可见，移动网络的娱乐及问答功能比较受农村居民欢迎。百度知道、百度贴吧、百度百科、百度新闻、百度网页等应增加"三农"方面的信息，以提高农村居民的信息匹配度。

在偶尔使用的类别上,16.04%的居民选择在网络上购买生活用品。说明移动购物是农村居民在慢慢接受的事物。应该培育农村居民的移动消费习惯。

除了上述类别,农资电商、网络金融、网络招聘、网络医疗、生活网络服务、网络社交等在移动端几乎未被使用过。这与 PC 端的状况一致,说明是网络使用经验及习惯问题,需要加强这些类别的应用推广。

(七) 网络服务代操作

在上述使用用途的网络服务代操作意愿调查中,愿意接受代操作服务的比率都很低,最高的是下载重要的政策文件,比率为 27.42%,其次为下载音乐,比率为 26.61%,再次是与家人 QQ 视频聊天,比率为 25.8%。这些数据表明,乡镇村民对政府是否关注自己的生活比较在意,乡镇村民非常愿意了解政府动态,非常关注政策内容及走势,所以,国家实行三农政策及扶贫政策,关心老百姓生活,提出共同富裕的目标,不仅温暖着乡镇村民的心,还为他们带去了生活的希望。乡镇村民对音乐的热爱度较高,在愿意代操作中排名第二,说明乡镇村民希望提升精神生活,也可能与调研对象是苗族同胞,本身就热爱音乐的因素有关。因此,在少数民族县域扶贫,除了扶持物质生活外,对少数民族精神生活也应特别关注。与家人视频聊天,在愿意代操作中排名第三,反映了乡镇村民对亲情的渴望,这些亲人或远在他乡打工,或远居他地,与这些血脉相承之人交流,是情感寄托、抒发的重要渠道,也是自我调节的重要方式。这反映了乡镇村民的社会圈是以家族关系为主的亲人圈,在关系联结中,亲人是与其最近的联结节点,在关系强度上,亲人是对其影响力最大的群体。因此,在扶贫工作中,不仅仅需要发动政府、企业家、致富能手的作用,发动贫困户的亲人或家族的力量,形成家族互助小组,实行家族振兴计划,也许比政府人员天天去做思想工作请他们参与经济发展项目,效果会更好。

在对网络代操作服务收费意愿的调查中,几乎都不愿意被收费。这说明,乡镇村民的经济状况确实不尽如人意,不愿意增加支出。这也表明,在缩小乡镇村民与城镇居民的信息鸿沟中,不仅仅需要政府更多的投入,也需要创新商业模式,通过第三方付费或转移支付方式,让乡镇村民尽快融入互联网世界。针对愿意付费的项目，按照支持人数的比率大小排列，前五位是：网上电话充值（21.78%），与家人QQ聊天（18.55%），与家人在网上发送信件（16.94%），查看家人生活近况（16.94%），下载重要的政策文件（16.13%）。调研数据表明，当需要付出经济成本时，对家人的付出意愿超出其他项目。在不付费时，乡镇村民愿意代操作下载音乐，而在付费时，代操作下载音乐没有出现在排行榜上，说明乡镇村民为家人付出的意愿超过了自身精神生活提升的意愿，可见，家人在乡镇村民心中的分量有多重。除了亲人外，政府政策对老百姓的影响很大，对于本可以免费获得的政府政策资源，老百姓愿意花钱购买。可见，政府政策文件传递的渠道还需提升透明度、通畅度。

（八）技能活动需求

畜牧养殖技术培训是台江县乡镇村民最愿意参加的培训，比率约为61.28%；农业种植技术培训在参加意愿度上排名第二，占比59.67%；上网操作技能培训的参加意愿度为第三，占比57.26%；电子商务培训的参加意愿度为第四，占比50%。数据表明，乡镇村民在技能提升上选择农业相关的意愿度高于信息技术的相关活动。农村信息化还需一段过程。

（九）农村信息基础设施

农村信息基础设施中普及率较高的是黑板报、广播站（大喇叭）、阅览室（报刊室），但是，这些基础设施的使用率很低，一般一个月才用一次。网络中心（公家）、网吧（私人）、信息服务站、农家书屋和电子显示屏，在村里的普及率不高，几乎没有。农村信息基础设施的状况表明，乡镇村民与外界进行信息联结的渠道有限，乡镇村民之间进行信息交流的媒介也有限。当有重要信息时，乡镇村民获取信息的可能性低，获取信息的速度低，在村民之间传播的速度慢。这些基础设施的缺乏导致一些专用技能型知识不能得到有效传播。信息级联效应在村镇居民中发生的可能性较小。

（十）农村电商发展的联动效应

本次调查中有60.48%的家庭所在村没有快递，有70.16%的家庭所在村没有电子商务服务站，有62.1%的家庭所在村没有技术能人，有50.81%的家庭所在村没有致富能手，有29.84%的家庭所在村没有农村合作社。县域电商的发展除了基本的计算机网络等硬件设施外，是否有发展电子商务的商业氛围，是否有发展电子商务的榜样，对整个电子商务发展环境的营造以及其他未参与人员的意识影响是非常重要的。但是，从调研结果看，台江县发展电子商务的软环境并不理想，县域自身的联动效应差。

（十一）乡镇村民的信息内容需求

在对掌握外界信息的渠道上，认为政府宣传（村委会通知等）的信息渠道对掌握外界信息很重要的家庭最多，有50%；其次是认为信息服务站的信息渠道对掌握外界信息很重要，有41.94%；仅有33.87%和20.16%的家庭认为使用电脑上网和使用手机上网的信息渠道很重要。信息技术时代的信息鸿沟效应在台江县村镇中比较明显。

在对信息的需求程度上，多数家庭很需要气象信息、农产品价格和供求信息、农资信息、种养殖技术、技术培训信息、医疗、金融贷款、食品安全等信息。有44.35%的家庭曾经遇到过由于不了解市场行情，在做农产品买卖时吃亏；有36.29%的家庭曾经遇到过因为无法及时获得气象预警预报，受到生产、生活上的灾害；有35.48%的家庭曾经遇到过头年听说某农产品好卖大量养殖，第二年却卖不出去；有35.48%的家庭曾经遇到过因为缺乏农产品的种植知识，使得庄稼收成不好、家畜养的不好；有33.06%的家庭曾经遇到过不知道国家政策，很多费用收得不清楚、很多优惠享受不到。乡镇居民对信息的需求集中表现在农业生产及生活上。

在主要影响获取信息的原因上，79.84%的家庭认为自身文化教育水平低是重要原因；其次有51.61%的家庭认为所在地基础设施差，广播站、阅览室等设施建设水平差、利用不高是主要影响获取信息的原因，也有45.16%的家庭认为个人通信条件差是主要影响获取信息的原因，少数家庭填写的其他原因包括缺乏相关信息培训、政策宣传不到位、信息获取费用过高。在提升乡镇村民的信息获取能力上，加强基础设施建设是一方面，提升村民的知识文化水平是另一方面。

在信息质量上，有46.34%的家庭认为所在地政策通知不及时，少数家庭选择认为存在信息不公开、信息内容受到扭曲的状况。有

52.43%的家庭遇到过即使了解某些政策信息也感觉没有用处，有46.6%的家庭遇到过不知道去哪里获取需要的信息，有33.01%的家庭遇到过某个涉及自己的重要信息，只在来到城镇后才了解的情况，有30.1%的家庭遇到过当询问有关政策信息时遭到拒绝的情况。从调研结果看，信息传达时效性差、信息内容不公开、信息内容扭曲、信息利用率低的状况在村镇中存在，今后，在信息传达渠道及信息解读上，应对村镇居民提供进一步服务。

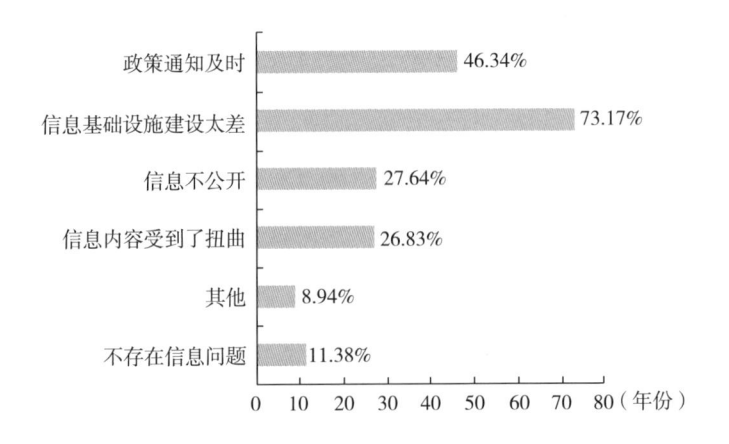

选项	比例
政策通知及时	46.34%
信息基础设施建设太差	73.17%
信息不公开	27.64%
信息内容受到了扭曲	26.83%
其他	8.94%
不存在信息问题	11.38%

图9　农村家庭所在地存在的信息问题

本次调查所统计的数据总体反映了台江县部分区域农村家庭生活的基本状况。台江县的农村家庭大多为苗族，家庭组成一般为四口之家，家庭成员中男女人口几乎对等；大多数家庭为已婚家庭，家庭结构较为稳定，其中青年人和中年人为家庭的主要成员，同时也是家庭的主要劳动力，家庭成员受教育程度普遍偏低；大多数家庭有自家耕地。农业、畜牧业和手工业是大多数农村家庭的首选行业，少数家庭从事服务行业；有超过四成的家庭中有成员选择外出打工，选择外出打工的家庭更倾向于在离家近的地域工作。年收入过万的家庭较少，多数为年收入基本能满足生活需要的家庭，并存在一定数量的贫困家庭。多数家庭选择扩大种植和养殖规模以增加收入，部分家庭选择学习种植、养殖和手工艺技术。日常生活费用是大多数家庭的家庭支出中占比较高的部分，孩子的学费、看病也是农村家庭生活成本的重要组成部分，即使在收入增加的情况下，多数家庭也会选择增加日常生活用品和学费的开支，部分家庭会选择扩大已有产业的规模，只有少数家庭会选择增添电脑、智能手机等电子设施。

苗族家庭注重传统的家庭观念，重视家庭的组建，家庭成员年龄层次分布较为合理，青年人和中年人承担了家庭收入的职责。由于农村地区多为山地面貌，耕地资源有限，每户所承包的土地只能满足自家生活需要，除了传统农业，便于在山地开展的畜牧业和家庭手工业也是多数农户的收入来源。农村家庭中选择打工的一般为年纪较小的青年劳动力，当下农村的青年人大多对从事农业生产不感兴趣，造成农村地区普遍缺少农业发展的后继力量。大多数农村分布离散，并受限于交通不便，农村教育资源匮乏，教育发展十分落后。由于台江县农村地区自给自足经济的特点，农村家庭在农业收入上提升极其有限，即使扩大种植和养殖规模，或增加收入项目，也只是对农村家庭生活条件上有所改善，无法打破农村地区目前经济发展的限制，无法明显改善农村整体的经济发展状况。

本次调查所统计的数据总体反映了台江县部分区域农村家庭电子商务发展的基本状况。

农村家庭中电子设备普及率较低，大多数农户对电脑的认知还处于不了解的阶段，一方面农村地区经济发展落后，农民的大部分收入都用于日常家庭支出，有条件添置电脑这样高科技设备的农民较少，农村地区教育水平落后，大部分农民的思想较为封闭，无法较快接受电脑和互联网这样的高科技产物；另一方面也反映了农村地区信息基础设施落后，信息高度闭塞的问题。

从已有电脑的家庭使用电脑的目的来看，农村家庭使用电脑的主要人员多为年轻人，生活娱乐则是多数家庭购置电脑的主要目的，虽然极大丰富了农村家庭的娱乐活动，而在如何利用电脑和网络及时掌握农资信息、农产品价格和供求信息、市场信息、气象信息、国家政策、医疗、金融贷款、食品安全等重要信息方面，多数农村用户尚未明确意识到这一点。以手机为代表的移动电子设施在农村的普及率要好于电脑，但农村用户在使用手机的目的上，除了用于日常通信外，大多和电脑的使用一样用于生活娱乐，在使用手机进行网络交易方面，大多数农民暂时还无法接受这一新兴事物。另外，多数农村的电脑用户和手机用户均认为上网资费偏贵，这也是造成农村高科技电子设备使用率不高的原因之一。农村地区的信息获取手段贫乏，即使有条件的农村已建有信息服务站，但如何有效利用服务站为所在区域的农户提供所需的信息是摆在每一个村级信息服务站的难题。大部分农民都有过因为获取信息的不及时，不准确导致经济损失的经历，解决农村地区信息闭塞的问题是电商扶贫的重点之一。

当前农村基础设施不完善是电商扶贫首要解决的问题，农村电子商务的基础设施如农村物流、信息网络中心、村级信息服务站等重要环节的缺少使农村电子商务的开展举步维艰。对此，首先要加紧完善农村的信息基础设施建设，健全农村物流配送体系；加快信息网络建设，实现"村村通宽带，家家有网络"，在上网资费方面，政府应与主要的通信企业进行协商，适当降低资费，拉低农民使用电子信息设备的成本门槛。其次，相关部门做好电子商务的宣传工作，在农村普及电子商务的相关知识。最后，县、乡（镇）要及时公开农业相关信息，构建多层次、多元化的农业信息共享机制，充分发挥电子商务服务站作为信息传播中转站的作用，保证农民能切实享受到电商扶贫带来的好处。

调研启示从调查结果看，台江县电子商务发展建设思路如下：

（1）以农业、农民、农村发展为中心，加强农业生产政策信息、市场信息以及技能培训的提供，加快农业生产方式与运营方式的现代化转型，加强市场组织的培育。选拔一部分教育程度较高、有一定劳动技能或者商业思维活跃的农民，进行电子商务发展的先行培育及重点支持，使其成为电子商务发展的先锋。加强农村信息化基础设施建设，联通村级互联网络，建设村级公共网络资讯室，提升信息传达的速度与质量。

（2）以互联网应用为推手，推进互联网络资源在乡镇村民中的应用，培育乡村居民的网络使用经验，培育网络买家与卖家。互联网应用应以反映村民生活的基本服务为重点，比如缴纳电话费、缴纳电费、买车票、网络亲友交流、网络医疗及教育资源的使用等，通过村电子商务服务点、中国邮政电子商务服务站、村公共网络资讯室，优先培育学生、教育程度较高的村民群体，实现带动作用。

贵州农产品电子商务企业调研报告

为了解贵州农产品企业电子商务经营现状及经营需求,借助贵州生产力促进中心举办"电子商务促进科技特派员创业与农民致富培训班"之际,对参会企业进行了调查。

调查方法:随机抽样

开始时间:2015-10-13

结束时间:2015-10-15

样本总数:发放问卷65份,回收45份

数据与分析:

表1　　　　请问贵企业目前是否在进行电子商务运营?

选项	小计	比例
A. 是	19	42.22%
B. 否	26	57.78%
本题有效填写人次	45	

从表1可以看出,开展了电子商务运营的农产品企业所占比例较低,为42.22%,这说明贵州农产品企业以传统销售渠道为主,尚未形成互联网化的销售模式,发展农产品电子商务具备一定的市场潜力。

表2　　　　　贵企业没有进行电子商务运营的原因是：

选项	小计	比例
A. 公司没有懂电子商务的人员	11	42.31%
B. 产品不适合开展电子商务	2	7.69%
C. 资金不够	4	15.38%
D. 物流配送有问题	0	0%
E. 传统经营方式已经能满足公司发展要求	0	0%
F. 曾经开展过电子商务，但经营业绩不佳	3	11.54%
G. 其他	6	23.08%
本题有效填写人次	26	

贵州农产品企业发展电商存在缺乏运营人员、资金不足等问题，且部分企业表示由于产品属性的原因，无法通过物流将产品完好无损地送到消费者手中，这些因素导致农产品企业无法有效开展电商活动，经营业绩不佳。

表3　　　　　贵企业是否有开展电子商务的意愿？

选项	小计	比例
A. 希望能尽快开展	19	73.08%
B. 观察一段时间后再说	5	19.23%
C. 没意愿	2	7.69%
本题有效填写人次	26	

关于开展电子商务的意向问题，73.08%的贵州农产品企业表示非常愿意，并希望在政府、高校的支持下尽快开展，可以看出大部分地方企业是具有电商意识的，渴望拓展农产品的互联网销售途径。同时，有19.23%的企业表示先观望一段时间，说明这些企业对电商的开展心存疑虑。

表 4　　　　　　　　贵企业开展电子商务的年限有：

选项	小计	比例
A. 1 年以内	15	68.18%
B. 1—2 年	6	27.27%
C. 2—3 年	1	4.55%
D. 3—4 年	0	0%
E. 4 年以上	0	0%
本题有效填写人次	22	

表 4 显示，有 68.18% 的企业开展电商活动已经持续 1 年左右的时间，27.27% 的企业则已经持续了 1—2 年，只有 4.55% 的企业已经持续了 2—3 年。这说明电子商务对于贵州农产品企业而言还是新鲜事物，开展的时长较短，尚不具备成熟的电商模式，缺乏互联网销售的经验。

表 5　　　　　　　　贵企业开设店铺的电子商务平台是：

选项	小计	比例
A. 淘宝	16	72.73%
B. 天猫	7	31.82%
C. 阿里巴巴	8	36.36%
D. 京东	5	22.73%
E. 贵州农经网	6	27.27%
F. 美团	2	9.09%
G. 大众点评	1	4.55%
H. 58 同城	3	13.64%
I. 当当	1	4.55%
J. 其他	6	27.27%
本题有效填写人次	22	

表 5 显示，淘宝是农产品企业开展电子商务的首选平台，占比为 72.73%，其次为天猫和阿里巴巴，占比分别为 31.82%、36.36%，说明企业对阿里巴巴的平台是较为熟悉的。京东和贵州农经网的使用占比相近，分别为 22.73%、27.27%，而美团、大众点评、58 同城和当当

等平台使用比例较低，可以看出企业对于电商平台的了解不是很全面，选择范围窄。

表6　贵企业每年在这些平台上的花费是：

选项	小计	比例
A. 小于5万元	11	50%
B. 5万—10万元	4	18.18%
C. 10万—15万元	3	13.64%
D. 15万—20万元	0	0%
E. 20万元以上	4	18.18%
本题有效填写人次	22	

表6显示，不同农产品企业对电子商务的年均投入存在较大差异，其中，小于5万的居多，占50%，投资5万—10万元、20万元以上的企业数意愿，占比均为18.18%。可见，企业对电子商务的态度和发展阶段不一，大部分还处于起步阶段，投入较少，持观望态度；只有少部分是已经形成电商规模，投入也较多，持积极态度。

表7　除了开设店铺的平台，贵企业开展网络营销的电子商务平台是：

选项	小计	比例
A. 百度	9	40.91%
B. 新浪	4	18.18%
C. QQ	9	40.91%
D. 360	1	4.55%
E. 贵州信息港	2	9.09%
F. 微信	10	45.45%
G. 阿里旺旺	6	27.27%
H. 网易	2	9.09%
I. hao123	1	4.55%
J. 其他	8	36.36%
本题有效填写人次	22	

表 7 显示，贵州农产品企业以百度、QQ、微信这三个平台开展网络营销为主，占比分别为 40.91%、40.91%、45.45%，其次为新浪、阿里旺旺。这说明贵州农产品企业开网店的同时，也具备了营销的意识，偏好于知名平台和常用社交软件来开展营销活动。

表 8　　　　　贵企业每年开展网络营销的投入有：

选项	小计	比例
A. 小于 5 万元	9	40.91%
B. 5 万—10 万元	5	22.73%
C. 10 万—15 万元	2	9.09%
D. 15 万—20 万元	0	0%
E. 20 万元以上	6	27.27%
本题有效填写人次	22	

表 8 显示，不同贵州农产品企业对网络营销的年均投入存在较大差异，其中，投入额度以小于 5 万元为主，占 40.91%，其次为 5 万—10 万元和 20 万元以上，极少数为 10 万—15 万元。可见地方企业的网络营销还处于发展阶段，尚未形成区域化的互联网营销模式。

表 9　　　　　贵企业开展网络营销的方式是：

选项	小计	比例
A. 公司内部的电子商务团队独立策划	11	50%
B. 参加电子商务平台的活动	4	18.18%
C. 外包给专业人员操作	3	13.64%
D. 其他	4	18.18%
本题有效填写人次	22	

表 9 显示，大部分贵州农产品企业开展网络营销的方式是公司内部电子商务团队独立策划，占比为 50%，参加电子商务平台的活动和外包给专业人员操作的方式占比较低，分别为 18.18%、13.64%。可见有能力的企业偏好内部团队策划的营销活动，而参与到平台活动也不失

为有效的营销方式。

表10　　　　　贵企业电子商务运营的组织方式是：

选项	小计	比例
A. 设立独立的电子商务运营部	10	45.45%
B. 在原有的部门增加电子商务任务	6	27.27%
C. 外包给专业电子商务运营商	3	13.64%
D. 其他	3	13.64%
本题有效填写人次	22	

表10显示，关于电子商务运营的组织方式选择，有45.45%的贵州农产品企业会设立独立的电子商务运营部，27.27%的企业会对原有部门增加电子商务任务，只有13.64%的企业选择外包给专业运营商。可见，大部分企业是重视电子商务这一销售模式的，会选择内部自主运营；同时外包的方式可以减少成本，也不失为有效的组织方式。

表11　　　　　贵企业开展电子商务人员的来源是：

选项	小计	比例
A. 招聘电子商务专业人才	10	45.45%
B. 自学电子商务知识的原有员工	7	31.82%
C. 经过专业培训的原有员工	2	9.09%
D. 其他	3	13.64%
本题有效填写人次	22	

表11显示，贵州农产品企业开展电子商务的人员来源方式主要是通过招聘，占比为45.45%，且企业员工自学电子商务知识的方式占比为31.82%，只有极少企业是对员工进行专业培训。可见，企业开展电商活动的人员来源以社会招聘为主，这在一定程度上利于企业快速开展电子商务。

表 12　　　　　贵企业运营电子商务人员的状况是：

选项	小计	比例
A. 全公司的人员都参与	2	9.09%
B. 只有部分人员参与	15	68.18%
C. 其他	5	22.73%
本题有效填写人次	22	

表 12 显示，贵州农产品企业运营电子商务的员工参与程度不一，全公司人员都参与的仅占 9.09%，而只有部分员工参与的企业占到 68.18%。可见，极少的企业对电子商务是非常重视的，全体员工或多或少了解相关知识；而大部分企业将电商独立为公司的组织部门，不要求全体成员参与电商活动中。

表 13　　　　　贵企业对电子商务工作的考核办法是：

选项	小计	比例
A. 按任务考核	4	18.18%
B. 按绩效考核	10	45.45%
C. 按岗位考核	2	9.09%
D. 没有单独考核	3	13.64%
E. 其他	3	13.64%
本题有效填写人次	22	

表 13 显示，贵州农产品企业对电子商务工作的考核办法主要是绩效考核，占比为 45.45%，而任务考核、岗位考核的企业较少，并有 13.64% 的企业表示并未对电商工作设置单独考核办法。可见，电商的考核工作可以传统的绩效考核方式进行，由于处于起步阶段，部分企业尚未形成模块化的考核程序。

表 14　　　贵企业开展电子商务的商品来源是：

选项	小计	比例
A. 自己农场的产品	7	31.82%
B. 收集农村散户的货品	0	0%
C. 自己加工厂的产品	10	45.45%
D. 从当地加工厂进货	2	9.09%
E. 其他	3	13.64%
本题有效填写人次	22	

表 14 显示，贵州农产品企业开展电子商务的商品主要来源于自己农场的产品和自己加工厂的产品，占比分别为 31.82%、45.45%，类似于自产自销，只有 9.09% 的企业是从当地加工厂进货销售的。可见，企业开展电商是能提供有质量保证和地方特色的农产品的，这点可成为贵州企业的电商优势。

表 15　　　贵企业在网络上销售商品的优势是：

选项	小计	比例
A. 品牌	14	63.64%
B. 价格	10	45.45%
C. 原产地	17	77.27%
D. 原生态	18	81.82%
E. 安全	17	77.27%
F. 健康	17	77.27%
G. 其他	2	9.09%
本题有效填写人次	22	

表 15 显示，贵州农产品企业在网上销售商品的优势体现在品牌、价格、原产地、原生态、安全、健康等方面，凸显了当地农产品电商有自己的独特之处，贴合当前城市人的"绿色无公害"消费理念，说明贵州企业发展电商有巨大潜力。

表 16　　贵企业平均每年在网络上销售商品的经营业绩是：

选项	小计	比例
A. 小于 10 万元	12	54.55%
B. 10 万—30 万元	6	27.27%
C. 30 万—50 万元	1	4.55%
D. 50 万元以上	3	13.64%
本题有效填写人次	22	

表 16 显示，贵州农产品企业年平均网上销售业绩各不相同，其中以小于 10 万元的企业居多，占比为 54.55%；少部分的业绩为 10 万—30 万元，占比为 27.27%；极少部分企业的经营业绩为 30 万元以上。可见，企业的电商销售业绩并不理想，还需要进一步完善发展。

表 17　　开展电子商务时，您遇到了哪些方面的问题？

选项	小计	比例
A. 电子商务平台构建	21	46.67%
B. 电子商务业务流程设计	20	44.44%
C. 商务盈利模式设计	18	40%
D. 商品或技术优势的转化	13	28.89%
E. 网络营销策划	23	51.11%
F. 物流配送	17	37.78%
G. 企业内部组织管理	12	26.67%
H. 仓储管理	7	15.56%
I. 客户管理	7	15.56%
J. 资金周转	8	17.78%
K. 其他	10	22.22%
本题有效填写人次	45	

表 17 显示，贵州农产品企业开展电子商务时会遇到不同的问题，其中以平台构建、业务流程设计、盈利模式设计、优势转化、网络营销策划、物流配送、内部组织管理等问题居多；而少部分企业存在着仓储管理、客户管理、资金周转的问题。可见，企业发展电商的过程是困难重重的，不仅体现在技术层面，还包括管理和业务层面。

表18　　　　在遇到问题时，贵企业获得解决方法的途径是：

选项	小计	比例
A. 向行业中的优秀人员请教	26	57.78%
B. 上网查询同类问题的解决方法	22	48.89%
C. 向政府或行业组织寻求帮助	8	17.78%
D. 询问专业电商服务人员	25	55.56%
E. 委托咨询公司开处方	4	8.89%
F. 询问大专院校的专家	7	15.56%
G. 找专业公司进行业务外包	5	11.11%
H. 其他	8	17.78%
本题有效填写人次	45	

表18显示，贵州农产品企业在遇到问题时会有各自的解决办法，其中，以向行业中的优秀人员请教、上网查询同类问题的解决办法和询问专业电商服务人员居多，占比分别为57.78%、48.89%、55.56%。可见，企业解决问题的手段以个体层面为主，即个人通过信息检索和单独咨询的方式来获得解决方案，与高校、政府和外包公司交流的途径来解决问题的数量较少。

表19　　　　　　贵企业进行运营决策的方式是：

选项	小计	比例
A. 集体决策制	23	51.11%
B. 行政独裁制	4	8.89%
C. 信息系统辅助决策	12	26.67%
D. 其他	6	13.33%
本题有效填写人次	45	

表19显示，贵州农产品企业进行运营决策的方式以集体决策为主，占比为51.11%；信息系统辅助决策的方式次之，占比26.67%；且较少企业是采用行政独裁的方式。可见，企业在发展电子商务的过程中偏好于依据集体的智慧作出决策，甚至接受信息系统的辅助，说明企业对电子商务是保持理性的。

表20 贵企业是否有运营状态数据库？

选项	小计	比例
A. 有	8	17.78%
B. 没有	37	82.22%
本题有效填写人次	45	

表20显示，大部分贵州农产品企业发展电子商务是没有建立运营状态数据库的，只有少部分会有数据库，可见企业在发展电商的过程中尚未形成技术支持的观念，存在技术短板。

表21 贵企业是否有建立公司数据库的意愿？

选项	小计	比例
A. 有	35	77.78%
B. 没有	10	22.22%
本题有效填写人次	45	

表21显示，有77.78%的企业表示愿意建立运营数据库，只有22.22%的企业不愿意，说明虽然贵州农产品企业存在技术上的缺陷，但弥补技术不足的意愿是十分强烈的，需要政府、高校的大力支持。

表22 贵企业通过运营数据分析哪些经营问题？

选项	小计	比例
A. 公司财务	5	14.29%
B. 商品进销存	7	20%
C. 员工绩效	4	11.43%
D. 客户群体	2	5.71%
E. 销售策略	10	28.57%
F. 市场行情	3	8.57%
G. 其他	4	11.43%
本题有效填写人次	35	

表22显示，贵州农产品企业通过运营数据分析发现诸多问题，包括公司财务、商品进销存、员工绩效、客户群体、销售策略、市场行情等。可见，企业经营过程中需要收集诸多方面的数据，根据数据分析的结果制订解决方案，从而保障电子商务的规范发展。

表23　贵企业是否愿意定期参加电子商务培训？

选项	小计	比例
A. 是	39	86.67%
B. 否	6	13.33%
本题有效填写人次	45	

表23显示，大部分贵州农产品企业表示愿意定期参加电子商务培训，占比为86.67%，只有少部分表示不愿意，说明企业发展电子商务的意愿较为强烈，希望能够积极开展电商工作，为农产品的销售拓宽渠道。

表24　贵企业对电子商务人才的需求是：

选项	小计	比例
A. 系统开发与维护人员	16	35.56%
B. 网络营销人员	15	33.33%
C. 美工	6	13.33%
D. 数据采集与分析人员	1	2.22%
E. 仓储管理人员	0	0%
F. 电子商务运营主管	2	4.44%
G. 其他	5	11.11%
本题有效填写人次	45	

表24显示，贵州农产品企业对电子商务人才的需求不一，包括系统开发与维护人员、网络营销人员、美工、数据采集与分析人员和电子商务运营主管，说明企业对技术人员的需求增加，依赖数据进行决策将成为发展方向。

台江县电商发展规划

电子商务是推动未来经济社会发展的重要力量。大力发展电子商务已成为一种战略选择和必然趋势。电子商务带来的深远影响主要体现在拉动内需、搞活流通、服务民生、促进产业结构调整等方面。台江县位于贵州省东南部、黔东南苗族侗族自治州中部，有"天下苗族第一县"之称。当前，台江县电子商务发展处于初级阶段，应顺应发展趋势，抓住发展机遇，克服发展困难，充分发挥电子商务作用，推动现代服务业、新型工业、高效农业和民族工艺品产业发展。

为加快台江县电子商务发展，促进传统产业转型升级，实现"网货下乡、农产品进城"的农村电商新格局，认真贯彻落实《国务院关于大力发展电子商务加快培育经济新动力的意见》（国发〔2015〕24号）、《贵州省人民政府关于大力发展电子商务的实施意见》（黔府发〔2015〕28号）、《贵州省人民政府办公厅关于印发贵州省加快农村电子商务发展实施方案的通知》（黔府办发〔2015〕50号）以及《黔东南州电子商务发展"北斗计划"实施方案》（黔东南党办发〔2015〕23号）等文件精神，在深入分析台江县电子商务发展现状的基础上，编制《台江县电子商务发展规划（2017—2019年)》。

一 台江县电子商务发展状况

（一）发展现状

1. 举措齐头并进，电子商务发展有政策支持

近年来，台江县委县政府高度重视电子商务发展。2016年初成立了台江县电子商务产业发展工作领导小组，负责全县电子商务产业发展

工作的领导和协调推进，出台了《台江县促进电子商务发展扶持办法（试行）》《台江县电子商务发展行动计划》《台江县电商服务推进精准扶贫的实施方案》《台江县"十三五"商务发展规划、建议》《台江县电子商务发展"北斗"计划实施方案》等10余份文件。2016年3月，台江县成立了电子商务协会并通过了《台江县电子商务协会章程》，推动商业服务信息化建设和电子商务健康发展。

2. 培训相继开展，电子商务发展有人才储备

台江县重视电子商务相关人才培养。通过举办各类培训班，培训领导干部、电商从业人员、创业青年、企业负责人等2300余人次。台江县充分利用贵州财经大学电子商务专业优势，组织人员参加电子商务理论及实操培训，选派优秀创业青年赴贵州财经大学参加农村电商精准扶贫项目培训，组织贵州财经大学电子商务教师团队赴各乡镇开展知识普及培训，台江县的创业青年、电商从业人员、乡镇干部等900余人受益。

3. 部门投资增加，电子商务发展有资金来源

台江县的经济发展为电子商务打下了一定基础。2015年全县地区生产总值完成25.24亿元，同比增长12%；全年减少贫困人口8800人，贫困发生率下降了6.17%。为响应党中央、国务院号召，台江县各职能部门执行与电子商务相关的任务安排，2015年工信局、团县委、妇联等在相关活动上总投资额度达100余万元。虽然总体额度不高，但各部门从无到有的实际行动，也再推动着台江县电子商务的发展。2016年台江县申报国家级电子商务进农村综合示范县成功，每年将得到国家电子商务建设专项资金2000万元，这将有力地促进台江电子商务的发展。

4. 产业规模升级，电子商务发展有产业依托

台江县加快调整产业布局，结构不断优化升级，形成了以第一产业为支柱、第二产业为主导、第三产业为优势的产业经济布局。农业现代化发展稳步推进，重点发展精品水果、田鱼、马铃薯等商品的种养殖，着力挖掘蔬菜、生态畜牧业、中药材、茶、休闲农业的特色，农业总产值累计完成32.48亿元，年均增长5.16%。新型工业发展迈出坚实步伐，工业产业园区是推进工业发展的现实路径，台江县打造循环经济园

区，累计完成规模以上工业增加值18.4亿元，年均增长14.7%。第三产业正在发展。台江县把文化旅游产业作为优势产业来培育，"十二五"期末第三产业增加值达15.29亿元，年均增长20.65%；旅游综合总收入累计实现19.37亿元，年均增长26.9%；金融、邮政、批发零售业、住宿餐饮业、房地产业稳步发展，消费环境不断改善，社会消费品销售总额累计完成67.91亿元，年均增长22%。

5. 企业经营转型，电子商务发展有示范标杆

目前，台江县电子商务服务中心已建成并投入使用，38个村级服务站建设已全部启动。电子商务企业有21家，电子商务个体户有26家，电子商务从业人员达1000余人，现有物流企业8家进驻，预计2016年全年电商销售达800万元，初步形成了以销售银饰手镯、刺绣服装、苦丁茶、姊妹饭、水盐菜等特色商品为主的电商模式，培养出"电商达人"邰小庆、"王的手创"王建明、"馨喔"品牌唐飞扬等一批优秀电商创业青年，把县内腊肉、刺绣、银饰等特色商品通过电商平台向社会大众进行销售，取得了良好效果。

(二) 存在问题

1. 电子商务发展根基薄弱，基础设施建设落后

台江县基础设施建设处于落后状态，电子商务发展的硬件支持体系尚未形成。在交通运输上，乡村公路建设标准低、路况差、抗灾能力弱，客、货运输工具匮乏，运输频率很低；在仓储配送上，县域内第三方物流企业规模偏小、管理落后、分布分散、竞争力弱，由于贫困地区订单少，物流配送时效低，农村快递可达率不到20%。物流园区、配送中心等新建项目进程缓慢，特别是台江目前亟须完善的鲜活农产品冷链物流基础设施建设严重落后，全县尚未建立物流综合信息服务平台，缺乏专业化物流供给能力。在信息网络建设上，截至2016年7月，县域内还有两个街道、4个镇、3个乡及农村地区尚未开通网络，部分行政村还未接入有线光纤宽带。在旅游基础设施上，全县游客接待能力不足，宾馆酒店规模小、档次低，星级宾馆数量稀少，在旅游服务功能和旅游配套设施整体上存在诸多短板。

2. 电子商务认知程度较低，部门协同机制尚缺

台江县政府在"十三五"商务发展规划中明确表明，农村电子商

务是下一个五年计划的发展重点,但由于台江县自身的经济社会发展环境,大部分民众对互联网思维下的现代商务方式比较陌生,对新兴网络技术在扩大经济效益方面所起的作用持怀疑态度,且多数农村用户习惯了传统农业"自产自销,自给自足"的购销模式,思想观念的封闭性使农户难以立即接受电商服务;而大部分传统工商业对电子商务持观望态度,发展电商的意识虽然已逐渐增强,但不愿增加运营成本来投资电商,对电子商务的应用均持等待态度,对政府及外界力量的依赖心理很强。同时,县、乡(镇)及以下各级政府内部各个行政机构对电子商务的理解有待加强,各部门与工信局电商办尚未建立起信息共享机制,县域电子商务信息指标数据库的建立还处于空白期。

3. 电子商务配套服务不足,相关产业发展受限

开展电子商务服务所需的支付信用、资质认证、技术研发、运营维护、美工设计、数据分析、培训服务等配套服务体系不够健全。目前台江尚未建立大型电子商务产业专业集聚区,产业集中度不高,涉足电子商务的企业、个体户规模小、数量少且运营性质单一。县域内缺少综合性电子商务服务商,能提供的电商服务有限,电商运营产品种类不丰富,限制了电子商务业务的扩展。县域内多数旅游扶贫景区没有自己的官方网站,没有开设线上预订门票的端口,没有周边住宿及娱乐设施的预订平台,对挖掘旅游商业服务新的经济增长点造成阻碍。

4. 电子商务从业人员缺乏,人才培育受到影响

台江县与贵州省其他贫困地区一样面临着农村本土人才外流严重、青壮年外出务工较多、农村实用劳动力不足的困境。目前台江县电子商务人才大多经过政府组织集中培训或外出学习培训,这种方式虽然能向潜在电商从业者普及电商基本知识,但在学习时间、授课层次和知识深度上达不到培养专业电商人才的标准。总体而言,台江县人民群众的教育水平较低,农村人口文化程度和对新事物接受程度均偏低,且由于台江县的区域条件,在吸引外来电商人才上缺乏竞争优势,特别在电子商务技术、管理、营销、运营等方面的中高层专业人才招聘上存在较大困难,这些都严重影响了本土电商人才的培育和发展。

5. 电子商务产品开发困难,民族经济发展遇阻

台江县各乡镇村,大多数农产品还处于自给自足的自然经济生产状

态，农产品虽然种类较多，但生产规模较小，大多数农产品的产量只能满足本地市场的需求。农产品标准化生产模式尚未建立，缺少农产品质量追溯体系，且农产品都是初级产品，精加工厂数量不足，导致农产品商品转化率低。龙头企业、合作社等经营主体数量少、规模小、实力弱，无力针对当地特色农产品打造统一电商品牌。目前台江现有的农产品网货多为粗加工农产品，附加值低，产量有限，产品包装识别度和品牌知名度不高，线上直销或分销难度大。台江县苗族手工艺品极富民族特色，但民族特色产品的外观无法满足大众化的审美需求，所针对的消费群体有限，经济效益的挖掘需加大对民族文化、民风民俗与产品相结合的研发投入。当前对于台江县适合发展电子商务的农产品和工艺品还缺少电子商务发展模式的研究，缺少路径的指引。

(三) 发展面临的机遇与挑战

1. 面临的机遇

(1) 三级组织高度重视电商扶贫

"十二五"期间，国家相关部委、贵州省、黔东南州相继出台了一系列电子商务发展政策、规范及办法，以促进电子商务产业发展和环境营造。近年来，台江县高度重视本地电子商务的发展，按照《贵州省扶贫开发改革专项小组重点改革工作实施方案》《贵州省人民政府关于大力发展电子商务的实施意见》《贵州省人民政府加快农村电子商务发展实施方案的通知》《黔东南州人民政府办公室关于印发黔东南州加快发展农村电子商务发展实施方案的通知》等政策文件精神要求，将电子商务列为发展台江县的有效途径，为台江县加快发展电子商务提供了良好的政策环境。

(2) "互联网+"全方位发展

在"互联网+""大众创业、万众创新"等战略的推动下，我国电子商务发展迅猛，激发了新的消费需求，引起了新的投资热潮，开辟了就业增收的新渠道，为创新创业提供了新舞台。电子商务催生了一种新兴业态：与制造业等实体经济在广度与深度上融合，实现高效、低成本生产要素的流动与配置，推动实体经济转型升级。"互联网+农业"促进农业的转型升级，推进现代农业建设，促进农民就业增收致富，促进农村经济社会的发展转型；"互联网+旅游"提升实体经济创新力和生产力，促进旅游业转型升级、提质增效；"互联网＋工业"重塑传统产业，提高生产效率，促进新常态经济的发展。一系列"互联网＋"工程的实施，将为台江县加快发展电子商务提供良好的市场环境。

(3) 蕴藏的资源值得深挖

台江县以其独特的地理优势与少数民族风情，蕴藏着大量别具一格的优质资源。原生态农产品，黑毛猪、茶叶、蔬菜、水果、中药材、马铃薯等，为电子商务发展提供了特色优势品种；浓郁的少数民族风情为乡村旅游及休闲旅游提供了优质内容，原始的自然面貌为观光旅游提供了独特风景。台江县将重点推出施洞文化旅游综合体、红阳草场、翁密河漂流、南市温泉水城等一批精品景区景点，组织开展的"元宵舞龙嘘花节、姊妹节、独木龙舟节"等苗族民间民俗节庆活动，为全县旅游业加速发展提供了样板，也是"电子商务＋旅游"发展的重要领域；民族多样性造就文化多元化，以银饰、苗绣为代表的民族文化产品和特色手工艺品，成为台江县电子商务发展的重要商品。

(4) 电商示范县必须发展电商

台江县于2016年成功申报电子商务示范县，将大力营造电子商务发展环境、加强制度建设、完善服务体系。电商示范县的建设要求将是台江县电子商务发展的硬动力。

2. 面临的挑战

(1) 电子商务竞争日趋激烈。贵州省各地区竞相发展电子商务，力图借助电子商务手段脱贫致富。20个国家级电子商务示范县，发挥自身优势助推县域电子商务的飞速发展。2015年，在阿里巴巴零售平台上，网店销售额超过1亿元的县域（即"亿元淘宝县"）超过350个，其中位于中西部的超过120个，如四川彭州、陕西丹凤、湖南浏阳、河南新郑、云南景洪、安徽舒城、广西容县等。省外其他地区电子商务使台江县在吸引客源方面面临着激烈的竞争，尤其是各地对电子商务认识的不断深化，对台江县各产业在产品内容、质量、特色以及服务水平等方面提出了严峻挑战。台江县要想发展电子商务，必须走出一条符合本地实情的创新之路。

(2) 整体发展环境支撑不足。台江县属民族欠发达地区，基础设施落后，网络覆盖率不全面，物流仓储成本高，网络支付体系不完善，电子商务人才稀缺，人口素质相对较低，总体经济实力和自我发展能力不强。市场体系不健全，产业基础相对薄弱，农业产出不高，品种较少，规模效益低；工业产出不强，主要是手工业产品占据市场；旅游业发展迟缓，现有基础设施不能完全满足旅游发展的需要，三大产业的支撑力度小，发展不充分、不全面、不协调的局面尚未得到有效改变。承接产业转移与招商引资力度不够，快速通达内地和连接周边省份的综合交通网络亟待加快建设，市场品牌竞争力不强，对电子商务快速发展的支撑作用不足。

（3）县直各部门工作压力大。多级管理组织、多头扶贫单位、多样帮扶队伍前赴后继地入驻台江，给县政府从上至下的部门、机构、人员带来了巨大工作压力，招待、会议、参观等工作占据了领导及办事人员的大量时间，不同声音对台江县发展方式及路径的建议让各部门无所适从。高层的重点督察、全国的焦点关注，让各部门在工作中形成保守的工作作风，"不出错、少作为"成为各部门不得已而为之的上上策。在这种形式下，各部门完成自己的本职工作都有困难，谈何部门协同作战！而电子商务的发展牵涉社会的方方面面，不是工信局、电商办一个部门能够完全推动的。电子商务的特点决定着县域电子商务发展必须是一场目标唯一、思想一致、行动并发、力度够大的攻坚战，要求各部门认清形势、厘清思路、协力合作。

二　台江县电子商务发展顶层设计

（一）指导思想

以党的十八大，十八届三中、四中、五中全会为指导，深入贯彻落实科学发展观，紧紧围绕全国电子商务示范县这一核心目标，以工业、农业、旅游业为重要抓手，采取政府牵头，企业主导，示范点带动的方式，营造良好的电子商务环境，促进电子商与各产业融合，提升大众对电子商务的认知程度、应用程度和创新程度，充分发挥电子商务优势，推动台江县产业升级，带动经济发展，使成果惠及民生，实现产业扶贫，精准脱贫，将台江县打造成为"天下第一苗"的电子商务示范县。

（二）基本原则

1. 政府牵头，企业主导

政府统领全局，综合发挥政府在台江县电子商务发展中规划引导的作用。加强宣传推广，健全相关政策体系，规划产业布局，建立质量认证体系，完善电子商务基础设施，加强人才引进与人才培养，激发企业开展电子商务的积极性，营造台江县电子商务发展良好环境。企业为主体，充分发挥其在经济发展中的重要作用，以项目带动电子商务与传统经济实体融合，提高企业对电子商务的使用与创新，深化台江县电子商务发展。

2. 树立典范，带动普及

对内扶持和培育一批极具特色的龙头企业，打造知名品牌，对外引进与台江县优势互补的优质电子商务企业，双轨道同步进行，探索适合台江县发展的电子商务发展模式，推动台江县传统产业、特色产业与电子商务融合。通过示范作用带动台江县电子商务发展，推动产业集聚，形成规模，实现经济的可持续发展。

3. 农工优先，梯次推进

依据台江县产业发展现状，优先对农业和工业开展电子商务，为完善旅游电商争取时间，待旅游业的基础设施建设基本完成后，三者齐头并进、协同发展，带动电子商务与其他产业融合，拓展电子商务域的应用领域，优化台江县产业布局，推动台江县电子商务向纵深发展。

（三）发展目标

1. 总体目标

到2019年，台江县电子商务产业布局初步完成，电子商务已渗透到在台江县各领域，大众电子商务应用程度显著提升。台江县电子商务人才储备、基础设施、产业集聚、保障体系、配套服务等内容基本完成，企业应用电子商务转型成为主流，电子商务产业链条完整，电商生态圈良性循环。至2019年年底：（1）在电子商务发展方面：培育电子商务龙头企业35家，打造体现当地特色品牌40个，建成电子商务示范点25个，电子商务园区2个，村级电子商务服务站100个，电子商务孵化园3个，共实现网络交易额2000万元，网络零售额1000万元。（2）在电子商务带动产业方面：带动招商引资30亿元，企业入驻1000家，产品质量、技术水平、企业管理水平得到较大提升，产业链条不断完善。（3）在促进社会发展方面：创业企业600家，带动当地就业人数30000人，服务体系不断完善，台江县人民对新兴事物的接受程度不断提高。通过上述努力，台江县电子商务发展将达到的目标是：台江县是工业、农业、旅游业为一体的国家级电子商务示范基地，台江县电子商务的发展在贵州省属于一流水平。

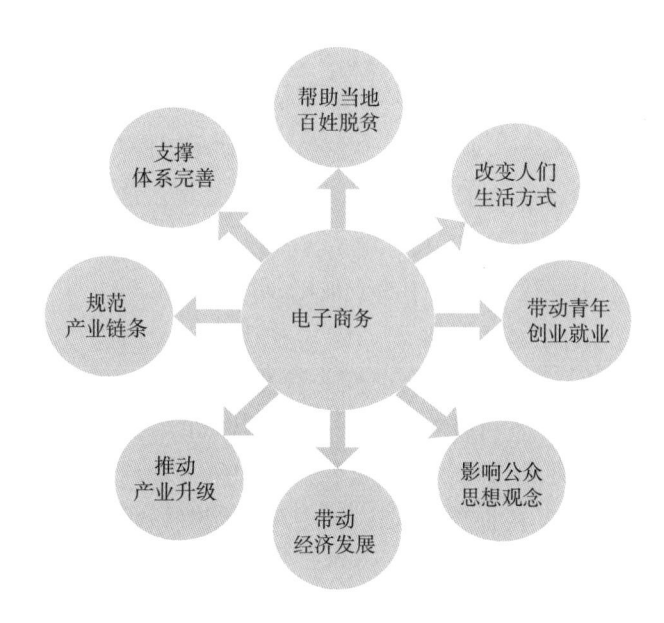

图 1　台江县电子商务发展目标图

2. 阶段目标

2017 年，网络建设与电脑普及两项任务都已完成，重要村镇网络仓储点建设日趋完善，在县级电子商务示范点做到有路可通，有网可上。产品质量标准体系建设任务完成，电子商务扶持政策不断完善，培养电商人才 500 人，引进电子商务高层人才 30 人，在淘宝、天猫、京东等知名电子商务平台开设网店的企业 20 家，规模以上企业电子商务应用率达 30%，中小企业电子商务应用率达 20%。培育电子商务龙头企业 5 家，打造特色品牌 5 个，培育电子商务示范点 5 个，电子商务孵化园 1 个，开展电子商务企业销售额占总销售额比重为 30%，全县电子商务年交易额达 500 万元，全县农产品、工业品、特色旅游等都开展电子商务，促进当地百姓增收效果明显。

2018 年，物流仓储设施完成，根据台江县电子商务发展状况对企业推出各项利好政策，培养电商人才800人，引进高层人才50人，电子商务应用进一步扩大，开设网店企业50家，其中规模以上企业电子商务应用率达50%，中小企业电子商务应用率达40%，培育龙头企业10家，打造特色品牌10个，建立电子商务示范点10个，村级电子商务服务站50个，电子商务孵化园2个，电子商务园区1个。开展电子商务企业销售额占总销售额比重为50%，全县电子商务年交易额达1000万元，农产品、工业品、特色旅游品牌初步形成。

2019年，台江县电子商务政策体系不断完善，培养电子商务人才1000人，引进高层人才50人。开设网店企业50家，其中规模以上企业电子商务应用率达70%，中小企业电子商务应用率达60%，培育龙头企业20家，打造特色品牌25个，其中1家电子商务年交易额超过500万元的企业，3家电子商务年交易额超过200万元的企业，建立电子商务示范点10个，村级电子商务服务站100个，电子商务园区1个。开展电子商务企业销售额占总销售额比重为70%，全县电子商务年交易额达2000万元，在农产品、工业品、特色旅游都形成各自品牌。

三 台江县电子商务发展产业布局

(一) 农业产业布局

根据台江县农业发展"十三五"规划，结合产业发展需求，按照"三横一纵"结构布局发展农业电商产业带。横向产业带："巴拉河"沿线产业带，途经台盘、革一、老屯和施洞，重点发展精品果业、马铃薯、蔬菜和生产畜牧业产业带；"G60沪昆高速-国道320"沿线产业带，途经排羊、太公、方召，重点发展精品果业、蔬菜、生态畜牧业和茶产业带；"翁密河"沿线产业带，途经南宫，重点发展稻田综合种养、蔬菜、生态畜牧业、中药材和茶产业带。纵线产业带："西施（雷山西江-台江施洞）"公路沿线产业带，途经排羊、台拱、老屯和施洞，重点发展精品果业、稻田综合种养、马铃薯、蔬菜、生态畜牧业和中药材产业带。

其中，重点发展主导产业，如精品果业、稻田综合种养产业、马铃薯产业；积极发展特色产业，如蔬菜产业、生态畜牧业、中药材产业和茶产业；因地制宜发展农产品加工产业；大力发展休闲农业。

ID	任务名称	开始时间	完成	持续时间
1	物流仓储建设	2016/7/26	2018/8/31	549 d
2	网络建设	2016/7/26	2017/7/26	262 d
3	电脑普及	2016/7/26	2017/7/26	262 d
4	完善扶持政策	2016/7/26	2019/12/31	896 d
5	产品标准体系建设	2016/7/26	2017/3/31	179 d
6	人才培养与引进	2016/7/26	2019/12/31	896 d
7	电子商务应用普及	2016/7/26	2019/12/31	896 d
8	品牌打造	2016/7/26	2019/12/31	896 d
9	村级电子商务服务站建设	2017/11/1	2019/6/28	433 d
10	电子商务示范点建设	2017/8/1	2018/12/31	370 d
11	电子商务园区	2018/1/1	2019/12/31	522 d
12	电子商务孵化园	2016/7/26	2017/7/26	262 d

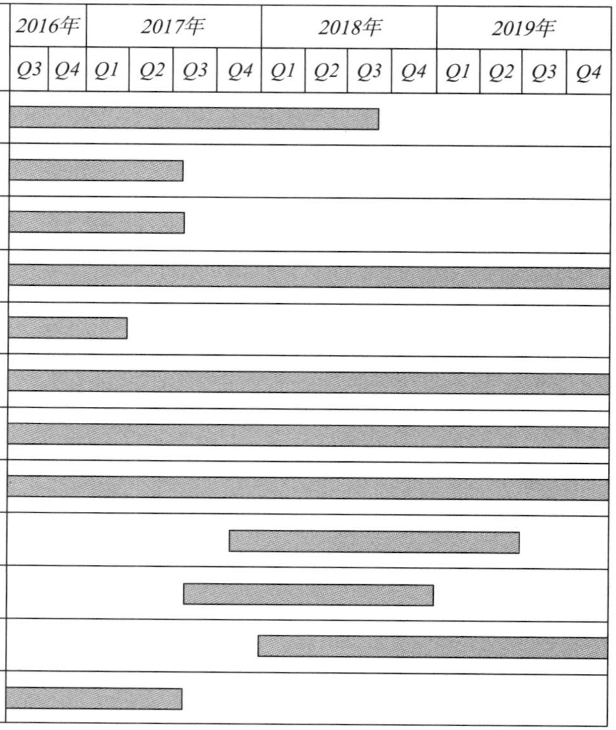

图 2 台江县电子商务阶段目标图

1. 主导行业

（1）精品果业。

精品果业重点分布在排羊0.5万亩、台拱1万亩、老屯0.7万亩、施洞0.7万亩、台盘0.7万亩、革一0.8万亩。结合生态农业与乡村旅游业的发展，调整精品果业的品种结构，加强果园基础设施建设和果品加工、冷藏保鲜设施建设，重点发展适合观光采摘的精品水果，抓好精品果业"两带一区"基地建设，两带分别为"西施线沿路观光水果产业带"和"清水江沿岸特色柑橘产业带"，一区为"台江县精品果业产业园区"。逐渐在全县主产区建立起具有特色的优质精品水果基地，充分发挥精品果业"赏花品果"活动在美丽乡村建设、休闲农业和乡村旅游中的作用，通过旅游业带动水果业，水果业的发展提升旅游业，二者相互融合，提高水果种植的综合效益。

在排羊—台拱—老屯—施洞的公路沿线两侧建以观光采摘为目的的水果标准园6000亩，包括桃2000亩、樱桃1000亩、李子1000亩、杨梅500亩、蓝莓500亩，因地制宜发展猕猴桃和葡萄等庭院水果，通过观光采摘等方式，借助"原生态+美丽乡村+旅游电商"等方式实现商品营销；在施洞—革一—清水江沿岸建立特色水果标准园3000亩，包括柑橘1000亩、蜜糖李1000亩、百香果1000亩；在台拱—台盘—革一的公路沿线两侧建立精品水果标准园6000亩，包括梨3000亩、枇杷2000亩、杨梅1000亩。建台江精品水果采摘商品化处理中心，引进梨、柑橘果实清洗打蜡和分级设备3套，建设面积1000平方米的水果包装库房3个，建县水果质量检测中心，在台拱、革一、老屯分别建立储存量100吨的冷库1个。以地方为主，培育水果的招商引资，实现大单定额销售。或按照果品的成熟季节设计主推果品的电商营销方案，主打品牌、地域特色等优势，突出产品纯天然无公害特征，实现产品溯源，通过微商、团购、众筹、电商平台等方式实现商品销售。此外，组织台江"梨花节""金秋梨采摘月活动"等赏花采果活动，结合台江苗族"姊妹节"等民俗节庆，筹备一些文艺娱乐活动，实现精品水果的品牌推广工程。

（2）稻田综合种养业。

优质稻重点分布在排羊0.6万亩、南宫0.8万亩、台拱1万亩、老屯 0.6 万亩。稻田养鱼重点布局在排羊、台拱、南宫。稻田养鸭重点布局在老屯、施洞，其中，建立健全稻田综合种养农民专业合作社 6 个。稻田综合种养产业可以考虑将一日游与农家乐结合起来作为特色推广宣传，收入可观，也可以吸引一些优质客户；稻田养殖可以开展鱼虾蟹的垂钓、餐饮（包含垂钓后当场烹饪）等，产品价格方面做成低、中、高三个档次。此外，将优质稻米打造成"有机、健康、优质、营养、口感好"的高端品牌形象，进行高端优质客户的推广，建成优质稻米加工厂，引进或自建 1—2 家优质稻米加工企业，打造"绿色台江优质稻米"品牌。在营销中作出有特色的创新规划，吸引多方合作以降低或消除营销中心的部分投资。另外，进行部分特色产品的招商（比如酒水饮料、特色零食、干鲜特产等），联合其他产业做深度资源整合。最后，将产品入驻同城本地生活网或采取与天猫超市等多种 B2C 电商平台合作的方式将产品置于网上销售。

（3）马铃薯产业。

马铃薯产业重点分布在台拱 0.5 万亩、老屯 0.4 万亩、施洞 0.4 万亩。地方政府可以组织合作社在中农网、中国马铃薯交易网、阿里特色中国馆（贵州馆）等电商平台上，实现原产地的马铃薯直销。同时以老屯乡为依托建设马铃薯加工业电子商务集聚区，建物流贸易市场 200 亩，商品马铃薯储存库 2 个，质量检测中心和农资配送中心，配套引进全自动清洗、分级、包装设备，吸引工商资本投资，加大加工马铃薯的生产规模，建立网络食品安全体系，打造特色马铃薯加工品牌，实现马铃薯加工品（马铃薯淀粉、马铃薯副食、粉条、粉皮等）的网上销售。最后，大力与合作社、加工厂等合作发展订单农业，推动产业联盟。

2. 特色行业

（1）蔬菜业。

蔬菜业分布于台拱 3 万亩、台盘 1 万亩、革一 1 万亩、老屯 1.2 万亩、施洞 1.3 万亩、方召 1 万亩、南宫 1 万亩、排羊 0.5 万亩。辣椒布局在全县。魔芋重点布局在方召、南宫、排羊。食用菌重点布局在台拱、南宫、老屯、排羊。其他种类商品蔬菜重点布局在台拱、老屯、台盘、革一。

蔬菜业应大幅度提升"生态、品质、特色"产业形象，在台盘、革一建保供蔬菜基地，结合休闲农业产业的发展，在重要的旅游集散或周边，因地制宜发展新奇特色名优蔬菜。建成储存量500吨的预冷库和20亩的蔬菜批发市场，可进行蔬菜的粗加工，设停车场、钢架棚、管理用房。培育蔬菜优秀公司、蔬菜专业合作社、蔬菜协会10个以上。完成绿色或有机蔬菜产品认证10个以上，创建台江县知名蔬菜品牌2—3个。

在电商推广方面，首先，积极取得与"老干妈""贵山红"等一批在全国有一定影响力的辣椒制品企业合作，形成订单销售或专业批发市场。同时主打地方辣椒品牌，通过搜索引擎推广、口碑营销等方式，实现B2B（如贵州辣椒城电子商务有限公司）、B2C（入驻天猫旗舰店）等电商销售模式，打造原创线上辣椒品牌，增加品牌附加值提升知名度；其次，以革一乡为中心大规模引进魔芋加工企业，引导魔芋产业适度规模发展；再次，引进食用菌层架栽培技术，建立食用菌生产和加工基地，适度规模发展香菇、黑木耳、秀珍菇和茶芯菇等食用菌类，满足本县和周边地区的现实需求和外销需求；最后，积极利用淘宝网（村淘网）、京东商城、苏宁易购等第三方平台，与蔬菜产业化基地对接，推动魔芋、辣椒、食用菌等"黔货出山"。

（2）生态畜牧业。

台江县生态畜牧业发展以主攻黑毛猪、家禽、畜产品加工为三大重点，兼顾蜜蜂、水产等特种养殖发展。黑毛猪重点布局在方召1万头、南宫1万头、台拱1万头；优质肉羊产业重点布局在南宫4万只、排羊1万只、施洞2万只、老屯2.5万只、革一2万只；优质肉牛产业重点布局在台拱2万头、方召2万头、南宫2万头、台盘2万头、排羊0.5万头、老屯2万头、革一0.2万头、施洞0.3万头；蛋鸡产业重点布局在台拱、台盘、施洞；优质肉鹅产业重点布局在台盘6万羽、台拱6万羽、老屯6万羽、施洞2万羽；特种养殖：蜜蜂产业重点布局在台拱0.4万群、南宫0.4万群和排羊0.3万群；特种水产养殖产业重点布局在南宫150亩、排羊100亩、台拱150亩、革一200亩。

围绕台拱、方召、南宫建立贵州黑毛猪保护区。引导黑毛猪养殖向规模化、标准化、产业化方向发展，推广新技术，引进新品种，加强品种改良繁育，实现优势互补，提升本地黑毛猪产品优势。在南宫、排羊、施洞、老屯和革一建成 5 个优质肉羊产业带、2 个优质肉牛产业带、1 个优质肉鹅产业带和 9 个特种兽类标准化规模养殖场。建 1 个肉鹅和羊肉屠宰加工厂，年加工肉鹅和羊肉 200 吨。建 1 个肉牛屠宰加工厂，年加工牛肉 600 吨。挖掘地方特色畜牧文化，制定食草畜牧业标准化规模养殖规范，鼓励企业和合作社创建畜禽产品著名商标、知名品牌，扶持开展无公害、绿色、有机畜禽产品（产地）认证。培育台江县名牌产品 2 个、台江县著名商标 2 个、地理标志证明（集体）商标或者获得原产地保护产品 1 个。新增无公害、绿色、有机畜产品（产地）认证产品 5 个。

台江黑毛猪的电子商务推广方案可以通过"年猪众筹""年猪团购"等方式进行，"年猪众筹"是将有需求的客户集中起来，预订猪仔，预订客户可到养猪场自选猪仔，并贴上专有标签，养猪场配有 24 小时无间断的视频监控，时时掌握小猪生长的一举一动，到期以约定的价格结算，再进行产品加工，最后将制作好的成品安排物流配送至客户手中。"年猪团购"指通过与阿里巴巴农村淘宝等电商平台合作，策划推出"团年猪"的活动，使得消费者可以通过手机淘宝客户端、聚划算、淘宝 PC 端等方式购买土法养殖的农家土猪，以此拉动当地农村养殖经济发展，进而推广农户直供、订单饲养等理念。此外，为保证品质，加入"团年猪"项目的猪苗需由台江县政府提供授权和担保函，并在发货时提交检验检疫报告。

建成 1 个年存栏 15 万只的蛋鸡养殖标准化示范场，引进和培育 2—3 家蛋鸡专业化养殖生产企业入驻台江，打造"苗江"牌特色禽蛋旅游农产品品牌，以各镇为单位建立 8 个特种养殖专业合作社。推进蛋鸡品种多元化、养殖模式差异化、产品品牌化发展，优化禽蛋产品结构，提升蛋鸡产业的发展空间。加大龙头企业引进、培育和壮大力度，提高企业带动能力，协调和引导龙头企业和农户通过契约、股份合作等方式结成利益共同体，建立蛋鸡业利益链接机制。利用台江县旅游产业优势，将蛋鸡业发展与旅游农产品开发相结合，提供优质鸡蛋旅游产品。

建成 1.6 万箱蜂群养殖场、4 个特种水产标准化规模养殖场。加强种蜂品种的保护和开发，加强改进养殖设备和条件，提高技术服务指导,优化质量、增强产量,加大扶持特种兽类和特种水产养殖,加快引进和培育新型农业经营主体,加强市场流通和品牌创建,走产业经营一体化发展。

(3) 中药材产业。

中药材产业重点布局在台拱0.4万亩、排羊0.35万亩、南宫0.6万亩、方召0.35万亩、老屯0.2万亩、台盘0.1万亩。其中,天麻主要布局在排羊和南宫乡,油用牡丹和头花蓼产业重点布局在台盘。结合苗药在苗岭地区的传承性、民族性和地域性等特点,抓住大健康产业发展机遇,按照农文旅一体化发展思路,适度规模发展苗药产业。做好现有科技成果转化,利用现代科技手段、遵古与现代技术相结合对中药材进行加工、炮制,提高药材经济附加值,切实提高生产效率,大幅度高产稳产,规范化生产,创建自己的品牌和市场销售体系。

(4) 茶产业。

茶产业重点布局在台拱1万亩、排羊1.24万亩、南宫1万亩、老屯1万亩、方召0.36万亩、施洞0.4万亩。加强茶树良繁体系建设,优化品种结构,加快无公害绿色有机认证步伐,提升有机茶园比重,加快茶叶加工企业引进步伐,新建15个1000—2000平方米的标准化、清洁化绿茶、红茶加工厂房,新建3个3000平方米的标准化、清洁化精致加工厂房,培育扶持3—5个州级农业产业化经营重点龙头企业,力争培育1—2个省级农业产业化经营重点龙头企业,搞好茶综合利用精深加工,提高台江苗茶资源利用率、效益和市场占有率,把"台江苗茶"打造成为独特、品质优异的省内知名茶叶品牌。建设1个高效茶业和茶旅一体化示范基地,依托贵州丰富多彩的苗族文化资源,鼓励和支持茶文化和民俗文化的融合,建设一批以茶文化为内涵,集"吃住行、游购娱"于一体的茶叶休闲观光综合体,促进茶旅融合发展。

3. 农产品加工业

马铃薯加工重点布局在老屯、魔芋加工重点布局在革一。建立农产品加工标准化认证体系,推进农产品加工标准化,鼓励和支持农产品加工企业、农民合作社、家庭农场、专业大户运用各类先进加工设备和技术,开展农产品初、精、深加工,延伸产业链、拓宽产业幅、提高农产品附加值和综合利用率。鼓励支持农产品加工企业申报 QS、ISO9000

（质量管理体系）和 HACCP（危害分析关键控制点）等认证。引导经营主体开发、生产独具台江特色的姊妹饭、白酸汤、粘口苕、渣辣子等休闲食品，引导企业进行技术研发、新产品研发和品牌创建等，打造1—2个健康养生农产品品牌，形成具有台江特色的农产品产业链，为农产品开展电子商务活动奠定基础。

4. 休闲农业产业

休闲农业产业覆盖全县，主要包括农业生产经营和体验（农业生产经营、军事体验、农业科普体验、农家美食体验）、民俗文化体验（方召的民族文化和休闲养生避暑风情小镇、台拱的民族文化产业园区、覆盖全县的古村落民族文化体验区和革一、方召的斗牛产业）、自然风光康体体验（环雷公山自驾游、南市苗韵枫情温泉水城、南宫国家森林公园、翁密河漂流体验、弘扬万亩草场、玉龙潭景区、百鸡山、白水洞峡谷景区）等。休闲农业产业的电子商务发展规划详见下文台江县电子商务发展规划旅游产业部分内容。

（二）旅游业产业布局

1. 南北两线

竭力打造台江县特色旅游线路，实现农业、文化产业、旅游业高度融合。南线以"民族文化 + 自然风光"为基调，起始台江县，南向沿线经南宫镇（台江国家森林公园风景区）至榕江以及北向沿线经施洞镇（施洞苗族风情旅游区）至镇远。南线重点打造"一城两村三区"（"一城"即苗韵枫情·温泉水城；"两村"即红阳、交宫民族村寨；"三区"即翁密河漂流、万亩草场和玉龙潭三大景区），以文化体验为核心进行电子商务促销活动，活动需体现台江县的历史典故、民族习俗、文娱艺术、社会习性、生活形态等文化个性，内容核心为"一生不得不去的世外桃源"及其所包含的内容能够给个性旅游带来全新的生活方式，即远离都市尘嚣、放松心情、休闲度假、品味生活。通过台江旅游网、携程网、途牛旅游网、驴妈妈等各大旅游网站、电视广告以及平面媒体，以宣传视频方式吸引客源，强化台江旅游形象；游客可根据需求，以亲子游、自驾游、自助游、休闲游等方式参与其中，台江县面对游客个性化需求，积极与小猪短租、蚂蚁短租、大鱼、度假客、住百家、自在客等为代表的垂直类非标准住宿平台大力合作，满足游客文化体验需求。

北线以现代农业观光旅游为特色,以"农文旅"为抓手,打造"体验—休闲"旅游服务体系。以老屯现代高效农业示范园区为核心,以施洞旅游文化综合体为支撑,以南冬和南省供凯蔬菜基地为节点,着力宣传乡村旅游、现代农业观光、民族文化体验特色,吸引汽车俱乐部、自助游俱乐部、探险俱乐部、登山俱乐部、休闲俱乐部等客源,以口碑宣传方式,引入客流。以网络直播方式,宣传台江县特色农产品,突出纯天然、无公害、绿色有机属性,吸引网民做农业观光体验。筛选精品水果业、马铃薯业、稻田种养业、中药材等产业产品及其加工产品为网货,以O2O、众筹等方式为基准,制订台江特色营销计划。

2. 旅游产品

着力发展两大民族工艺产业,即银饰和刺绣,积极为旅游产业转型升级提供支持。成立银饰、刺绣产业电子商务服务中心,发展"电商＋服务中心＋农户＋基地"模式;鼓励银饰、刺绣企业开网店,在电子商务平台展出产品,增大产品曝光率;开展旅游产品"联姻"活动,线下体验,线上购买,抱团取暖;大力支持银饰、刺绣企业参与跨境电子商务,与贵州财经大学夜郎宝藏跨境电子商务企业合作,将产品推出国门,推向国际;以姊妹街为培育平台,培养电子商务人才以及银饰、刺绣销售大户。开拓主题产品,依托台江县旅游文化特色,打造一批有苗族特色的主题产品,对接台江县发展的亲子游、休闲游与自驾游等旅游形式,以旅游带动产品销售。

3. 民族文化

重点打造"苗族姊妹节""施洞独木龙舟节""舞龙嘘花节"三大民族节日品牌,将台江县民族节日作为旅游业发展的重要内容,提升旅游产业内涵。不断提升民族节日档次,将三大民族节日提升到省、国家层面,冠以"中国·贵州苗族姊妹节""中国·贵州独木龙舟节""贵州·台江舞龙嘘花节"等字样,并对节日进行品牌专利注册,提升节日档次,提高民族节日品牌知名度;通过台江县旅游网、"苗族文化论坛"、台江县官方微博、微信公众号等形式,加大三大民族节日的宣传力度;不断丰富民族活动的内容,在三大民族节日活动期间增加民族歌舞表演、民间斗牛、斗鸡、斗鸟、苗家老庚摸鱼、十佳姊妹花评选、苗家篝火晚会等活动，丰富民族节日内容；以网络直播方式，大力推广反排木鼓舞、苗族盛装踩鼓舞、苗族多声部情歌、苗族古歌、嘎百福五大民族歌舞文化，提升台江民族文化知名度；开设网络课堂，传承苗文、苗族歌舞、苗族文化。

（三）民族工艺产业布局

银饰刺绣产业是台江县重点发展的民族工艺产业，是农民脱贫致富的重要产业之一。截至2016年1月，全县共注册银饰刺绣生产经营企业83户，其中：注册资金50万元以上企业12户；共注册银饰刺绣加工经营个体户252户。台江县银饰品传承了千百年苗族人民生产生活的精神财富，来源于生活，表达着生活。

银饰全部为手工作业，极具民间工艺特色，主要产品有银项圈、银帽、银衣、银项链、银手链、银耳环、银戒指、银杯、银碗筷等。台江刺绣历史悠久，充分展示了台江苗族人民对美的独特创造，它映照出台江苗族人民在不同历史时期的风俗习惯、宗教信仰、民风民情、审美情趣和思维方式等广阔的社会生活图景。主要产品有苗绣盛装、苗绣旅游包、苗绣裙、苗绣衣、苗绣鞋、苗绣帕等。

银饰刺绣产业的生产地带主要分布在施洞镇，销售地带主要分布在台拱镇和施洞镇，台江县发展银饰刺绣产业，应重视上下游产业链的发展。

基础支撑体系：从生产源头控制原材料（如银、布、线等）的质量；引进现代化的生产设备，完善工厂、厂房等基础设施；支持和孵化一批银饰、刺绣电子商务企业，以银饰、刺绣产业发展促进劳动就业，培养银饰、刺绣等优秀人才。

产品服务体系：银饰、刺绣的产品设计既要符合苗族的文化传统，又要融合现代化的文化理念，与贵州财经大学电子商务实验室进行建立长期的合作关系，在生产前进入系统中进行预测试，演示成品效果；严格遵守黔东南州质量技术监督局制定的银饰、刺绣标准，按照苗族银饰传统工艺流程进行生产、加工；发展品牌设计、产品包装、媒体推广、销售培训等服务。

产品营销体系：鼓励银饰、刺绣企业拓宽销售渠道，积极推荐银饰刺绣企业参加国内外博览会展销会等经贸洽谈和交流会,把台江银饰刺绣产品向国内外展销展示;打造"电子商务+民族工艺"模式,巧用淘宝网、京东商城、贵州电商云等知名电商平台的影响力进行网络营销活动。

四 台江县电子商务发展重点工程

(一)农业黔货出山工程

1. 农村电商基础设施建设项目

项目名称:台江县农村电商基础设施建设项目

项目简介:此项目以加强台江县电子商务发展所需的农村基础设施建设为目的,重点完善通信网络、电脑、智能手机的普及,精品果业、生态旅游产业的乡镇的交通、水利、住宿、垃圾处理等基础设施建设,提升台江县农村电子商务发展的基本环境。

项目内容:农村信息化建设、农村道路建设、旅游车站建设、水利工程设施建设、村民居住环境改善建设。项目投资额度:按工程所属各职责部门的工程预算,县财政局负责审核预算金额。

项目建设时间:2017—2019年。

各部门工作内容:

(1)交通局:继续推进农村公路三年会战和小康路任务,加快台江内部路网改造工程进程,按三级公路等级标准改造县乡道,优先完善精品水果产业重点区域(革一镇、台盘乡和台拱镇)的农村道路建设。按照农村公路4个100%的建设要求优先建设旅游开发重点区域施洞苗族风情旅游区(施洞镇、老屯乡)和台江国家森林公园风景区(南宫镇)的乡镇道路,在具备条件的中心村开设农村旅游车站。

(2)水利局:开展农村水利建设工程,在"十二五"规划和小康水平任务中的已建或在建水利设施基础上,加快施洞镇、老屯乡、台盘乡、革一镇、台拱镇和南宫镇的农村供水工程、水利资源开发及防洪减灾体系的建设。

(3)住建局:开展农村居住条件改善工程,加快推进小康房任务,加快农村危房改造、生活垃圾收运、公厕建设等工程的建设进度,优先改善施洞镇、老屯乡和南宫镇的农村公共卫生环境。

（4）工信局：开展农村信息化建设工程，在已完成的小康讯任务基础上，协调县域内主要通信运营商，继续部署"村村通电话""村村通宽带"的计划任务，推动贫困地区光缆入乡、入村、部分光纤入户，行政村通宽带和连片特困地区行政村互联网覆盖和宽带网络全覆盖。引入社区宽带服务，覆盖贫困地区主要社区，大幅降低社区居民互联网接入服务费。在电脑、智能手机方面，加大电商硬件扶持力度，提高电脑在农村的普及率，优先在重点村落开设电子商务服务站，配置2—3台电脑，示范带动各村电脑普及推广，落实电子商务服务站功能，并在两年内实现村村有电脑。出台农民购买智能手机补贴政策，鼓励农民使用智能手机，推动农村智能手机的普及。

（5）通信公司（移动、联通、电信）：调低智能手机资费水平，与手机提供商达成合作，为农民提供质优价廉的智能手机或针对农民开设交话费增智能手机的活动，推动台江县农村智能手机的推广。

2. 农产品加工品牌建设项目

项目名称：台江县农产品加工品牌建设项目

项目简介：本项目旨在打造本土农产品电商品牌，完成农产品加工厂的建设、品牌设计和产品包装设计等，实现初级农产品的加工升级。针对优先发展电子商务的农产品建设农产品粗加工或深加工厂，提高农产品附加值，利用各种宣传渠道开展品牌营销，培育面向本土市场的电商品牌。

项目内容：针对台江县优先适合开发电子商务的农特产品（如黑毛猪、精品水果、茶等）进行品牌包装和推广，在已建成的台江县精品水果标准园附近建立农产品粗加工厂，主要对产品进行清洗、挑选、保鲜、入库等加工处理，在品牌设计上要突出企业形象，增加产品文化背景；在产品包装上按国家相应的产品包装标准进行，要标明产地，突出产地地域特点，包装设计要符合网购消费者的消费心态，避免包装过于简陋。

在产品的品牌营销上，加快制定县《农产品品牌建设规划》，以现有的知名品牌和产品为基础，推出1—2个代表全县的拳头产品。在广播、电视、报纸等传统媒体上进行初步推广；建立品牌网站，网站设计要得当；在第三方网购平台开设网店，引进电商运营专业人才；以

"品牌+产品"为名称专门开设微博、微信，辅助网店进行品牌推广；积极开展申报国家驰名商标和招商引资工作。

项目投资额度：拟定为5000万元。

项目建设时间：2017—2018年。

各部门工作内容：

（1）工信局：负责农产品加工厂的选址和建设工作，扶持农产品加工企业；

（2）宣传部：负责在各大媒体平台上的品牌宣传工作；

（3）投促局：负责项目的招商引资工作。

（4）扶贫办：负责推动农业合作社的建设工作，组织农户提供农产品。

（二）旅游业客户引流工程

项目名称：台江县苗族文化博览园工程

项目简介：研究苗族文化的丰富内涵和特色，弘扬苗族文化的优良传统，对于丰富中华文化的内容，具有重要的意义和作用。为了将所有台江特色的民俗汇聚在一起，在台江县城形成第一个集中展示的窗口，"苗族文化博览园"项目应运而生。博览园聚合台江小吃、土特产等，为人们提供优质服务和购物享受。该项目致力于实现传统文化和民间艺术产业化，构建中国文化创意产业公共服务平台，集创意设计、展览展示、交流交易、休闲娱乐等于一体的特色园区。

项目功能：台江苗族文化博览园作为一个苗族文化展示平台，主要为传播苗族文化服务，并面向社会开展苗文化科普教育，促进苗族文化传播发展，提高苗族文化水平，在弘扬苗族文化中发挥重要作用。博览园不仅有丰富实物、文物和模型，还利用多种现代化展示手段，形象、生动、系统地介绍苗族人民从古至今的生活生产形态，面向公众传播苗族文化。博览园网络全面覆盖，各个特色馆内设"电子导游"——二维码，网络远程讲堂（资深苗族文化研究专家、苗族文化传承者授课）。园区内五星级酒店、停车场、旅游休闲度假中心均接受线上预订、线下体验。博览园内小吃及土特产均接受网上购买。

项目建设时间：2017—2018年。

项目建设内容：苗族民居馆、服饰馆、刺绣馆、银饰馆、剪纸馆、染织馆、传统节日馆、铜鼓木鼓馆、乐器馆歌舞馆、陶艺馆、造纸术馆、苗族酿酒馆、苗族婚丧馆、苗族饮食文化餐馆、苗族水车馆、苗族生活农耕用具馆、苗族中草药馆、苗族名人博物馆、苗族斗牛馆、苗族建筑风格五星级酒店、步道、标示标牌、星级厕所、游客服务中心、停车场、垃圾箱、给排水设施、旅游休闲度假中心。

项目选址及规模：台拱镇；占地面积250亩，建筑面积100050平方米。

项目投资额度：项目建设总投资8800万元。

各部门的工作内容：

（1）宣传部：负责研究制订台江县苗族文化博览园项目总体宣传计划并组织实施，营造项目创建的氛围，提高社会关注度。

（2）旅游局：负责台江县苗族文化博览园营销推广、旅游形象设计宣传计划并组织实施，督促完成项目建设，吸引客源。

（3）住建局：负责台江县苗族文化博览园的建设和达标工作。

（4）电商办：负责制定台江县苗族文化博览园的"互联网+旅游"计划并组织实施。

（5）投促局：负责招商引资工作。

（6）扶贫办：推动贫困户参与商品生产、服务提供等工作。

（三）工业产业升级工程

项目名称：台江县工业产业升级工程

项目简介：以当地刺绣和银饰制造为主，旨在人才队伍、品牌打造、产业规模、产业融合、服务体系5个维度推动台江县工业产业升级，带动经济增长。

项目建设时间：2017—2019年。

项目建设内容：依托台江县中等职业学校、贵州财经大学等高校及研究机构，扶持与引进创意型人才，促进民族文化、设计理念、行业规范的融合；邀请优秀工艺师对绣娘、银饰锻造工匠等进行专业化培训，提升制造技能和电子商务应用水平，带动台江县工业发展。

参加展销会、博览会，促进文化传播，打造产品知名度。与国内外知名品牌合作，提高台江县工业制品知名度，传播民族手工业文化；与国内外著名设计师合作，将时代文化理念与传统民族文化深度融合，打造兼具民族文化和时代文化的创新型产品。参与技术交流会，加强外部联系，吸收与借鉴优秀经验，提升台江县技工水平。

建立刺绣手工协会和银饰锻造等行业协会，增强内部人员沟通交流，使之成为企业之间、企业与政府之间的连接纽带，加强信息互通与分工协作，推动产品生产由小规模家庭作坊向集群化规模化转变，实现规模效应。

开展电子商务网上销售平台，线上线下产业联动，推动台江县工业产品的网络化销售。将生产与旅游业结合，建立集展示、生产、销售为一体的平台，刺激台江县旅游业的发展，推动民族文化的传播，带动产品的销售。

引入新兴资本，设立专项产业发展基金，为拉动台江县产业升级提供资金支持。引进 VR、3D 打印等新兴技术，为进行个性化定制、众包等网上销售方式提供技术支撑。完善工业制品的工艺、质量认证体系，加强知识产权保护，维护原创性产品和品牌的权益。

项目规模：总投资拟定 3000 万元。

各部门的工作内容：

（1）投促局：负责招商引资工作。

（2）质监局：制定工业产品质量标准体系，对产品质量进行检查、鉴定与监督，配合工商部门查处假冒伪劣工作，打击不法商贩。管理机构代码、物品代码等内容。

（3）财政局：负责向上级申请财政拨款，制定该项目基金规章制度，管理项目基金，检查与监督项目资金使用情况。

（4）妇联：推动妇女组织建设，带动台江县妇女脱贫致富。

（5）知识产权局：负责专利的申请与管理等方面的内容。

（6）工商局：对企业、合同、商标、市场等内容进行管理，打击假冒伪劣商品，制止企业不正当行为。

（7）工信局：拟定台江县近 3 年工业发展目标，规划产业布局，指导技术创新与新兴技术引入，指导人才培训及对外交流等工作。

（8）组织部：对项目内容进行整体规划及各部门调度工作，建设创意性人才队伍，提出相关利好政策。

（四）电子商务发展基础工程

1. 电子商务应用项目

项目名称：台江县电子商务应用项目

项目简介：此项目以加强台江县电子商务应用为目的，一方面从生活中提升台江县农村用户对电子商务的认识，让农村用户感受到电子商务带来的便捷与实惠；另一方面鼓励企业应用电子商务，提高经营能力；再者，推动政府利用电子政务，提高政务效率，减少工作量。

项目内容：推进电子商务进农村、进企业、进政府。加强农村用户应用电子商务力度，推动农村用户使用网络进行网上购物，网上销售产品，网上缴费，网上订票，话费充值，农业信息查询，网上挂号看病，在线支付，在线学习，在线交友等；鼓励企业，尤其是小微企业，利用第三方电子商务平台，开展在线销售、订单管理、客户服务、商品采购等生产经营活动，以提高生产经营和流通效率；鼓励政府利用电子商务进行采购，增强在招投标、信息收集与发布、项目申报与审核等公共领域电子政务的应用。

项目投资额度：按工程所属各职责部门的工程预算，县财政局负责审核预算金额。

项目建设时间：2017—2019 年。

各部门工作内容：

（1）电商办：对台江县电子商务应用全局部署，引导政府、企业、乡镇、行政村应用电子商务。

（2）教育局：研究电子商务应用战略思路，统筹规划、协调指导全县电子商务知识培训并组织实施。

（3）财政局：负责向上级申请财政拨款，对该工程资金使用情况进行审核与监督。

（4）团县委：向上级申请相关项目，协助有关部门开展政府、企业、农村用户电子商务培训工作，帮助政府、企业、农村用户举办电子商务经验交流会。

（5）通信公司（移动、联通、电信）：全面覆盖优质网络，制定农村网络资费政策，推出电子商务应用的诸多项目并组织实施。

2. 电子商务人才培养项目

项目名称：台江县电子商务人才培养项目

项目简介：电子商务人才培养工程由电商办牵头，组织部、教育局、县团委等部门协作，旨在提高台江县电子商务应用普及，为台江县电子商务发展提供人才保障，推动台江县电子商务发展，带动经济增长。

项目建设时间：2017—2019年。

项目建设内容：依托台江县中等职业学校，开办电子商务专业，加强教师培训与引进，提升师资力量，建立并完善台江县电子商务教育体系，并将该校作为台江县电子商务人才教育、实训基地。引导在校生、毕业生、社会青年到电子商务企业实习、工作。

构建多层次、多元化的培训体系，针对企业中高层领导开设高级研修班；针对农村合作社工作人员、电子商务服务站工作人员、企业中基层人员开设网上开店技巧、网购操作技能、电子商务运营技巧等内容的培训；针对农民、下岗工人等进行电子商务知识的普及电子商务应用能力的培训；对县、镇、乡级政府人员进行电子商务战略思维培训，提高其对电子商务的决策能力和组织协调能力，为推动台江县电子商务向纵深发展打下基础。

与贵州财经大学、贵州农学院、浙江大学等高校及常春藤、淘宝大学等电子商务培训机构展开合作，从多渠道、多角度扩散电子商务知识，提升台江县电子商务普及率；与省内外电子商务发展较好的地区如杭州、贵阳、铜仁等展开交流，借鉴经验；鼓励电子商务示范企业开展沙龙交流会，为其他企业发展电子商务提供经验借鉴，调动企业发展电子商务积极性。

与贵州财经大学、贵州大学等省内高等院校合作，鼓励大学生、创新创业青年到台江县利用电子商务平台创业。加大人才的引进力度，利用多渠道引进中高层次复合人才，组建层次结构合理的电子商务人才队伍。

各部门工作内容：

（1）电商办：对台江县电子商务发展全局部署，依据台江县电子商务发展规划，明确电子商务人才要求，提出台江县电子商务人才队伍建设规划。

（2）组织部：依照电子商务人才队伍建设规划，明确各部门相关职责，对培养与引进的电子商务人才进行合理配置，加强台江县电子商务人才队伍建设。出台人才培养与引进的利好政策，在人才的发展、住房、福利、子女教育等方面提供配套政策，营造良好的电商人才培育环境，促进电子商务人才在台江县聚集。

（3）团县委：向上级申请相关项目，协助有关部门开展返乡青年、创业青年的电子商务培训工作，帮助示范企业举办电子商务经验交流会，创立电子商务示范点、成立青年电子商务创业基地，设立电子商务服务站等工作。

（4）教育局：指导台江县中等职业学校开设电子商务专业，对学校管理及教育等内容进行指导与督促。建设电子商务师资队伍，规划及管理电子商务教学设备建设。引导毕业生到电子商务企业工作。

（5）财政局：负责向上级申请财政拨款，对该工程资金使用情况进行审核与监督。

3. 物流配送中心建设项目

项目名称：台江县物流配送中心建设项目

项目简介：本项目由台江县工业信息化和商务局牵头，住建局负责工程实施，投促局招商引资，建设台江县综合服务功能的物流园区，以完善台江县的物流配送体系。本项目旨在建设台江物流园区，健全物流配送体系，有效整合邮政企业、快递公司、运输公司的力量，与各乡、镇、村的电商服务站无缝衔接，提升物流效率。

项目功能：本项目中建设的物流园对全县的物流体系起到运转衔接作用，实现运输、储存、装卸、搬运、包装、流通、加工、配送、信息处理等功能，培育一批优秀的物流企业，开展电子商务物流配送标准服务示范，提高电子商务物流配送效率和服务质量，促进资金流、信息流、物流的有机结合。

项目建设时间：2017—2019年。

项目建设内容：项目的建筑面积15000平方米，主要建设办公大楼、营业区、仓储区、运输区、配发区、分拣区、包装区、加工区、信息处理、物流设计等综合服务功能的全新物流园。

项目选址及规模：项目选址位于台江县台拱镇打革坝，拟建占地面积30亩。

项目投资额度：总投资额度拟定为5亿元。

各部门的工作内容：

（1）工信局：负责项目的整体规划和布局，协调各部门的关系。

（2）投促局：负责招商引资工作。

（3）交通局和住建局：负责监督物流配送中心的建设情况。

（4）邮政局：负责全县物流运转工作，提供"邮乐网"电子商务平台。

（5）财政局：负责向上级申请财政拨款，对该工程资金使用情况进行审核与监督。

4. 电子商务示范企业培育项目

项目名称：台江县电子商务示范企业培育项目

项目简介：本项目旨在培育一批电子商务示范及骨干企业，如吉玉鸟、国祥、苗人匠心等电子商务公司。依托本县产业体系、专业市场和产业集群，培育1—2个重点电子商务应用和服务企业，发展壮大10家特色鲜明、诚信经营、业绩良好的网商企业。

项目功能：发挥电子商务示范企业在行业中的引领作用，通过在政策、资金、宣传和人才资源等方面的大力扶持，在全县范围内培育一批示范带动强、辐射面广的电子商务示范企业和示范集聚区，从而形成以强带大、以大带小、多点开花、集群发展的电子商务示范效益。

项目建设时间：2017—2018年。

项目建设内容：围绕台江县电子商务工作发展目标，以青年网商培育、台江特色产品品牌培育为出发点，开展电子商务示范企业的培育工作。紧密结合当前网创青年的现实需求、小微型电子商务企业的发展瓶颈、特色网销产品品牌培育等实际困难设计工作载体，确保台江县电子商务示范企业培育工作取得实效。

以小微电商企业为重点，为网创青年提供"技术支持+信息服务+营销推广+管理咨询+其他增值业务"的全方位服务。针对起步较早、规模较大、专业素质较高的骨干电商企业特点，积极鼓励企业主要负责人参加电商培训及"深造"，加大培训费用补贴力度，使优秀网商与一流的电子商务专家进行深入交流,掌握最新的形势动态和管理模式。掌握一批区域化布局、标准化生产、规范化管理的网销特色产品(如黑毛猪、金秋梨、银饰、刺绣等),在营销台江特色产品品牌网商中大力宣传"生态农业""精品手工业"概念,通过市场化运作,对产品进行深度包装,提升产品附加值,逐渐打响台江精品知名度。

项目选址及规模:台江县姊妹街,拟建占地面积100亩。

项目投资额度:总投资拟定为200万元。

各部门的工作内容:

(1)工信局:负责项目的整体规划和布局,协调各部门的关系。

(2)投促局:负责招商引资工作。

(3)宣传部:广泛宣传电子商务知识,提高电商社会关注度及普及率,营造青年网商创业及从业氛围。

(4)电商办:对台江县电子商务发展全局部署,明确电子商务示范企业要求,设计工作载体并组织实施。

(5)组织部:培养与引进的电商人才,定期举办电商交流活动。

(6)团县委:协助有关部门开展返乡青年、创业青年的电子商务培训工作,帮助示范企业举办电子商务经验交流会,创立电子商务示范点、成立青年电子商务创业基地,设立电子商务服务站等工作。

(7)教育局:争取与各科研院所、高等学校等的合作,培育和引导电子商务就业、创业。

(8)财政局:负责向上级申请财政拨款,对该工程资金使用情况进行审核与监督。

5."一县百村"建设项目

项目名称:台江县"一县百村"建设项目

项目简介:实施电子商务"一县百村"工程,大力推动农村电子商务发展,力争用两年左右的时间,在全县2个街道、4个镇、3个乡、157个村,建设100个左右的电子商务服务站点。支持农产品市场、银饰刺绣等工艺品市场、旅游市场应用电子商务,引导各乡镇村发展电子商务、建设网商园或电子商务产业园区等,加快传统产业市场转型升级。支持电子商务与农业、工业、旅游业跨界发展、融合发展、创新发展,打造一批独具特色的供应链一体化电子商务应用企业。"一县百村"工程起到抛砖引玉、穿针引线的作用，引导和激发农村在电子商务方面迸发出更大的活力。

项目功能：通过设立电子商务服务站，应用电子商务平台，一方面让农村消费者足不出户享受到全球的产品，另一方面让全球的消费者享受到农村的产品，实现"网货下乡，农产品进城"；一方面促进农村消费，另一方面留住农村人才。电子商务服务站提供网上商品代售代购、火车票代购、代缴水电费、手机充值、收寄快递、农业技术咨询等服务，增加互联网＋医疗、劳务、教育、金融、工业、民生、政务等各种业务。县级物流运营中心统筹管理乡镇级、村级物流工作。

项目建设时间：2017—2018年。

项目建设内容：县级电子商务综合园区、乡镇级电子商务服务站、村级电子商务服务站

项目选址：村级电子商务服务站设立在村中心位置，县级、乡镇级电子商务服务站设立在商业街或是繁华地带路口处。

项目投资额度：项目投资拟定300万元。

各部门工作内容：

（1）住建局：负责"一县百村"工程的基础设施建设和达标工作。

（2）电商办：引导全县各乡镇、行政村应用电子商务。

（3）邮政局：负责全县物流运转工作，提供"邮乐网"电子商务平台。

（4）投促局：负责招商引资工作。

（5）各乡镇、村：配合协调各部门的工作。

（6）教育局：负责电子商务人才培训工作。

（7）交通局：制订农村路网建设计划并组织实施。

（8）工信局：负责项目的整体规划和布局，协调各部门的关系。

6. 电子商务产业园建设项目

项目名称：台江县电子商务产业园建设项目。

项目简介：本项目旨在扩大电子商务产业规模，建设台江县电子商务产业园，增强电子支付、物流、服务环境等电子商务关键配套设施，培育电子商务龙头企业，落实"黔货出山"工程，形成电子商务产业链的转型和升级。

项目功能：本项目能促进传统企业应用电子商务，实现线上线下交易相结合，同时为电商企业提供配套服务，形成电商特色产业链。将台江县电子商务产业园区打造成为以"网上交易为主，实体经营为辅，配套服务共存"的新型电子商务应用示范园区，从而推动台江县电子商务产业的发展。电子商务产业园能提供物流快递、代运营、电商培训、网络营销、网店设计、商品拍照、图片处理、文案撰写、质量认证、身份认证、域名注册、人才招聘等方面的服务。

项目建设时间：2017—2019年。

项目建设内容：办公区、商品展示交易中心、仓储配送中心、电子商务服务区、电子商务孵化园、人才交流区等多功能一体化的电子商务产业园区。

项目选址：项目选址位于台江县轻工业园区。

项目投资额度：总投资额度拟定为5亿元。

各部门的工作内容：

（1）工信局：负责产业园的整体规划和布局，协调各部门的关系，统筹全局。

（2）投促局：负责产业园招商引资工作。

（3）住建局：负责监督产业园建设的执行情况。

（4）文化局：负责产业园的推广和宣传工作，吸引更多电商企业入驻产业园。

五 台江县电子商务发展保障措施

（一）优化政策环境，创新政务机制

严格执行各项扶贫政策，结合台江县实际，加快制定和落实支撑电子商务发展的专项资金、税收、融资、土地、园区等政策，降低电子商务应用门槛，促进台江县电子商务企业的普及应用。加大县政府各部门协调力度，积极协调和推动相关协会和各电商企业之间的交流与协作，鼓励行业协会、产业联盟等机构，支持电子商务产业集聚发展。突出资金支持方向，重点支持电商示范园区，示范企业，人才引进与创业培训等重要项目的建设与发展，完善电子商务企业优惠政策。顺应电子商务产业的特殊需求，调整原有工商登记和管理体系，以市场为主体准确把握政府定位。

在县、乡、村建立健全电商扶贫领导及工作机构,负责电商扶贫的政策落实、协调指导、工作推进、创新发展、检查考核等工作,层层成立电商协会,形成政府、协会、驻村工作队共同推进电商扶贫的工作机制。将电子商务发展任务落实到全县各镇及所有承担精准扶贫工作的县直部门,明确包组联户干部发展电商具体职责。建立常态化电子商务推进工作机制,及时协调解决重大项目或重点工程实施过程中出现的困难与问题。做好电商扶贫项目实施、政策宣传、组织培训和各项措施执行工作。

(二)合力培育主体,加大电商投入

加快农村电子商务服务站的建设。一方面,积极推进"电子商务千县万村"工程,可联合邮政部门推广"农村电子商务服务站"项目,不断提升农村居民的网络购物的便利性、可行性与消费热情,改善农村居民的消费习惯和消费结构,持续推进新型城镇化建设。另一方面,结合各个乡镇的发展需要,尤其是电子商务与传统产业融合发展的需要,在其主要特色产业的腹地,建设服务于本地产业转型发展的电子商务服务站。开展电子商务联基地、联企业、联农户的"三联"活动,着力提高电子商务接受能力、自我发展能力、辐射带动能力。

加大电子商务投入力度,支持并鼓励金融机构创新中小企业融资担保方式,开展无形资产质押贷款试点,安排专款用于金融机构参与电子商务发展实行银行贷款财政贴息政策,鼓励设立电子商务风险投资基金,吸引社会资本投资电子商务,拓宽电子商务企业融资渠道,支持有条件的电子商务企业市场融资。对电子商务公共服务平台或示范园区建设给予奖励扶持。对在台江县注册的龙头企业、在台江县建立第三方支付总部或跨境支付总部的企业给予适当奖励。对入驻台江县电子商务园区和孵化基地的电子商务企业给予租金、物业、税收、人才培训等方面的优惠和支持。

(三)广泛宣传造势,营造良好氛围

加大电子商务宣传力度,普及电子商务知识,提高全县上下对电子商务的认识。充分发挥广播、电视、报刊、网络等主流媒体以及广告牌、墙体广告等信息传播方式,开展形式多样、生动活泼的电子商务宣传活动。各级宣传部门应及时总结宣传先进典型，形成全县关心、支持和交流、监督的良好社会氛围。加强与县外媒体合作，按照产品属性、上市季节、传统节日等大力推广全县农旅产品，强化台江生态农业、精品手工业、特色旅游业的整体宣传策划强化对外宣传推介。积极培育电子商务营销队伍，通过在大城市举办产品推介会，建立营销展台，开设专卖店等拓展市场，提高台江县农业、手工业及旅游业发展的知名度和美誉度，增强市场影响力和竞争力。

加大对于电子商务相关知识的宣传和普及力度，培养消费者对于电子商务消费模式的理解，改善居民消费习惯，逐步提高网络消费在台江县社会零售中的比例。积极举办各类电子商务技能培训、交流座谈和发展论坛，加强其对电子商务营销渠道的了解和掌握，提升其参与电子商务的信心和能力。加快培育一批知名网站、知名网企，每年表彰一批电商领军人才，优秀专业人才和优秀员工，提升电子商务的社会关注度，努力营造开放和谐、互利共赢的电子商务发展环境。通过举办电子商务相关的知识问答、技能比赛、行业博览会等活动，在台江县形成有利于电子商务发展的良好氛围。

(四) 加强组织领导，推进产业联动

全面推进台江县电子商务发展需要创新协调管理体制和机制，进一步优化相关部门服务，为台江县电子商务发展提供有力支撑。各地党委、政府要高度重视、组织协调台江县电子商务发展工作，制订电子商务发展年度实施计划，出台完善相关支持政策，积极发挥农业、林业、轻工业、旅游业等部门项目建设资金的作用，统筹协调扶贫建设项目，加大建设力度。建立电子商务发展评价体系和奖惩激励机制，把电子商务业发展战略的实施纳入各级领导干部的考核指标，分解任务，加强督查，落实激励措施。

支持产业链合作，引进和培育以第三方平台服务商、设计摄影、客服托管、教育培训、营销推广、代运营等为支撑的电子商务衍生服务业态，不断优化台江县电子商务的产业生态链，逐步形成良性电子商务生态体系。建立产品质量安全保障体系和产品追溯体系，创新产品身份证机制和品牌销售模式，加强产品市场信息、电子结算网络建设，提高市场检验、检测、储运、加工、配送、营销服务能力。加快发展企业连锁、配送等现代流通方式，延伸电商经营产业链，努力提升台江电子商务产业化经营水平。充分利用铁路、高速公路等的交通优势，大力发展电商物流，吸引国内大型电商企业和物流企业在台江建立物流配送中心和电子商务分拨结算中心。

（五）部门协同创新，共促经济发展

台江县电子商务发展必须整合各部门资源，协力合作，共同创新，围绕同一目标规定好相应的工作职责，并对职责的履行情况加强沟通，对各部门遇到的问题通盘考虑，充分协商并提出相应的解决方案。如组织部和工信局主要负责部署台江县电子商务发展全局，规定并协调部门工作职责及工作关系，设计并组织各部门实施电子商务工作；投促局和住建局主要负责招商引资及电商基础设施建设；工商局主要负责电商企业注册、合同商标、市场监管等工作；教育局负责培育和引导电子商务从业、创业人员；县团委及妇联负责特殊群体电子商务方面的相关培训工作；宣传部负责营造电子商务氛围。只有各部门齐心协力、协同创新，才能创造台江美好的未来。

参考文献

[1] 代正光:《国内外扶贫研究现状及其对精准扶贫的启示》,《甘肃理论学刊》2016年第4期。

[2] 董玉峰、刘婷婷、路振家:《农村互联网金融的现实需求、困境与建议》,《新金融》2016年第11期。

[3] 杜永红:《中国县域电子商务发展对策研究——基于"互联网+农业"背景》,《改革与战略》2016年第4期。

[4] 范东君:《精准扶贫视角下我国产业扶贫现状、模式与对策探析——基于湖南省湘西州的分析》,《中共四川省委党校学报》2016年第4期。

[5] 范国旭、王志凌:《贵州精准扶贫的现状、措施、成效与发展探讨》,《改革与开放》2017年第15期。

[6] 范家琛:《众筹商业模式研究》,《企业经济》2013年第8期。

[7] 傅俊:《农村电商在促进区域经济发展中的新模式》,《经营与管理》2016年第12期。

[8] 桂阳:《电子商务扶贫的问题与解决策略分析》,《电子商务》2017年第11期。

[9] 郭文俊:《E电商:培训电商新手》,《创业邦》2014年第10期。

[10] 郭熙保、胡汉昌:《后发优势新论——兼论中国经济发展的动力》,《武汉大学学报》(哲学社会科学版)2004年第3期。

[11] 郭旭、赵宝福、邢贵和:《少数民族地区旅游开发的电子商务发展研究》,《贵州民族研究》2017年第7期。

[12] 胡文岭、张荣梅、郭立甫、唐振龙:《县域农业电子商务动态联

盟模式研究》，《现代经济探讨》2016 年第 11 期。

[13] 黄健青、辛乔利：《"众筹"——新型网络融资模式的概念、特点及启示》，《国际金融》2013 年第 9 期。

[14] 黄新彦：《刍议精准扶贫与国家扶贫治理体系建构》，《农村经济与科技》2016 年第 22 期。

[15] 黄云平、冯秋婷、张作兴、王海鹰、聂建华：《发展农村电子商务推动精准扶贫》，《理论视野》2016 年第 10 期。

[16] 季永伟：《农村电商在贵州省发展现状分析》，《中外企业家》2017 年第 7 期。

[17] 金莲、王永平：《贵州省扶贫开发现状、挑战及发展趋势》，《贵州农业科学》2011 年第 10 期。

[18] 靳翠萍：《城市化视域下的农村文化扶贫》，《华中农业大学学报》（社会科学版）2013 年第 6 期。

[19] 库学术：《少数民族地区农村电商扶贫对策研究》，《中国新通信》2017 年第 6 期。

[20] 李丹青：《"互联网+"战略下的电商扶贫：瓶颈、优势、导向——基于农村电商扶贫的现实考察》，《当代经济》2016 年第 12 期。

[21] 李玲芳、徐思远、洪占卿：《农村电子商务：问题与对策》，《中共福建省委党校学报》2013 年第 5 期。

[22] 李秋斌：《"互联网+"下农村电子商务扶贫模式的案例研究及对策分析》，《福建论坛》（人文社会科学版）2018 年第 3 期。

[23] 李武、邱国斌：《少数民族贫困地区精准扶贫的困境与路径：基于农产品供应链创新的视角》，《云南民族大学学报》（哲学社会科学版）2016 年第 5 期。

[24] 梁兴辉、王丽欣：《中国县域经济发展模式研究综述》，《经济纵横》2009 年第 2 期。

[25] 林广毅：《农村电商扶贫的作用机理及脱贫促进机制研究》，《中国社会科学院研究生院》2016 年版。

[26] 林广毅、康春鹏：《精准扶贫战略下的电商扶贫》，《中国科技财富》2016 年第 6 期。

[27] 刘传江、周玲:《社会资本与农民工的城市融合》,《人口研究》2004年第5期。

[28] 刘吉超:《中国县域经济发展模式研究评述及其反思》,《企业经济》2013年第2期。

[29] 刘婧娇、董才生:《"电子商务+农村扶贫"的理论阐释与实践路径探索》,《兰州学刊》2018年第5期。

[30] 刘婧娇、董才生:《"电子商务+农村扶贫"的理论阐释与实践路径探索》,《兰州学刊》2018年第5期。

[31] 刘启、李明志:《非对称条件下双边市场的定价模式》,《清华大学学报》(自然科学版)2009年第6期。

[32] 刘薇:《电子商务对少数民族经济文化的影响网络调研——以朝鲜族电商经济为例》,《商场现代化》2016年第16期。

[33] 刘薇:《电子商务对少数民族经济文化的影响网络调研——以朝鲜族电商经济为例》,《商场现代化》2016年第16期。

[34] 刘晓安、黄文群、廖萍.《"互联网+"时代电子商务扶贫现状、问题及对策研究——以吉安市为例》,《现代商业》2017年第7期。

[35] 刘兴土、何岩、邓伟等:《东北区域农业综合发展研究》2002年版。

[36] 柳百萍、胡文海、尹长丰、韦传慧:《有效与困境:乡村旅游促进农村劳动力转移就业辨析》,《农业经济问题》2014年第5期。

[37] 罗震东、何鹤鸣:《新自下而上进程——电子商务作用下的乡村城镇化》,《城市规划》2017年第3期。

[38] 马敏:《市场经济下少数民族发展陷阱——以武鸣县林禄村桉树和西红柿种植为例》,《价值工程》2012年第18期。

[39] 毛峰:《乡村旅游扶贫模式创新与策略深化》,《中国农业资源与区划》2016年第10期。

[40] 苗齐、钟甫宁:《中国农村贫困的变化与扶贫政策取向》,《中国农村经济》2006年第12期。

[41] 牛艳红:《论社会资本对中国经济发展的启示》,《甘肃高师学报》2007年第2期。

[42] 钱大可：《网络团购模式研究》，《商场现代化》2006 年第 2 期。

[43] 邱泽奇、三秋归一：《电商发展形塑的乡村秩序——菏泽市农村电商的案例分析》，《国家行政学院学报》2018 年第 1 期。

[44] 让·夏尔·罗歇，让·梯若尔、陈冬等：《双边市场的平台竞争》，《经济与管理战略研究》2014 年第 3 期。

[45] 沙乐、许菱：《基于农村电子商务的精准扶贫策略研究》，《河北企业》2017 年第 4 期。

[46] 邵占鹏：《农村电子商务的兴起与新型城镇化的破局》，《江汉大学学报》（社会科学版）2015 年第 1 期。

[47] 沈娅莉、SHENYa-li：《少数民族地区贫困循环的成因及对策研究——以云南为例》，《云南财经大学学报》2012 年第 4 期。

[48] 沈艳萍：《西南民族地区农村电商融入县域经济的实证研究》，《商业经济研究》2017 年第 23 期。

[49] 孙洁：《开启三农工作新篇章 解读〈中共中央国务院关于实施乡村振兴战略的意见〉》，《中国农村科技》2018 年第 3 期。

[50] 谭静：《创新互联网金融发展助力农村精准扶贫》，《农业经济》2017 年第 10 期。

[51] 唐立强：《农户社会资本与电商交易平台的选择》，《华南农业大学学报》（社会科学版）2017 年第 4 期。

[52] 滕飞、刘保奎、申红艳：《电商扶贫中的"短板"与对策》，《中国物价》2016 年第 12 期。

[53] 同春芬、张浩：《"互联网+"精准扶贫：贫困治理的新模式》，《世界农业》2016 年第 8 期。

[54] 汪向东、王昕天：《电子商务与信息扶贫：互联网时代扶贫工作的新特点》，《西北农林科技大学学报》（社会科学版）2015 年第 4 期。

[55] 王必达：《后发优势与区域发展》，复旦大学 2003 年版。

[56] 王鹤霏：《农村电商扶贫发展存在的主要问题及对策研究》，《经济纵横》2018 年第 5 期。

[57] 王嘉伟：《"十三五"时期特困地区电商扶贫现状与模式创新研

究》,《农业网络信息》2016年第4期。

[58] 王建民:《扶贫开发与少数民族文化——以少数民族主体性讨论为核心》,《民族研究》2012年第3期。

[59] 王介勇、陈玉福、严茂超:《我国精准扶贫政策及其创新路径研究》,《中国科学院院刊》2016年第3期。

[60] 王介勇、陈玉福、严茂超:《我国精准扶贫政策及其创新路径研究》,《中国科学院院刊》2016年第3期。

[61] 王军、吴海燕:《"互联网+"背景下精准扶贫新方式研究》,《改革与战略》2016年第12期。

[62] 王丽华:《基于地缘性贫困的农村扶贫政策分析——以湘西八个贫困县为例》,《农业经济问题》2011年第6期。

[63] 王亮亮、杨意蕾:《贫困陷阱与贫困循环研究——以贵州麻山地区代化镇为例》,《中国农业资源与区划》2015年第2期。

[64] 王胜、丁忠兵:《农产品电商生态系统——理论分析框架》,《中国农村观察》2015年第4期。

[65] 王文艳、余茂辉:《电商扶贫面临的问题与对策》,《农业与技术》2016年第11期。

[66] 魏淑艳、田华文:《我国农村贫困形势与扶贫政策未来取向分析》,《社会科学战线》2014年第3期。

[67] 吴太轩、叶明智:《电商扶贫问题的软法治理研究》,《理论与改革》2018年第2期。

[68] 肖庆华、毛静:《贵州省集中连片特困地区教育扶贫的现状、问题及路径》,《经济与社会发展》2014年第3期。

[69] 徐杰、罗震东、何鹤鸣、周洋岑:《中国县域电子商务发展的空间特征及影响因素研究》,《上海城市规划》2017年第2期。

[70] 徐妍、陈美方、许兴登:《农业众筹的发展现状及推进路径》,《宏观经济管理》2016年第5期。

[71] 许婵、吕斌、文天祚:《基于电子商务的县域就地城镇化与农村发展新模式研究》,《国际城市规划》2015年第1期。

[72] 颜强、王国丽、陈加友:《农产品电商精准扶贫的路径与对策——以贵州贫困农村为例》,《农村经济》2018年第2期。

[73] 杨德进、白长虹、牛会聪：《民族地区负责任旅游扶贫开发模式与实现路径》，《人文地理》2016 年第 4 期。

[74] 杨恩艳：《乡村振兴、农村电商发展与银行服务》，《现代管理科学》2018 年第 6 期。

[75] 杨晶、郑瑞强、彭泰中：《脱贫攻坚实践模式、运行机理及其现实困境——基于江西"十二五"期间的实践探索》，《农林经济管理学报》2017 年第 3 期。

[76] 杨龙、李萌：《贫困地区农户的致贫原因与机理——兼论中国的精准扶贫政策》，《华南师范大学学报》（社会科学版）2017 年第 4 期。

[77] 杨世龙：《我国县域电商"大生态系统"运作机理研究——基于价值共创理论》，《四川理工学院学报》（社会科学版）2016 年第 3 期。

[78] 杨旭、李竣：《县域电商公共服务资源投入与治理体系》，《改革》2017 年第 5 期。

[79] 杨亚丽、孙根年：《城市化推动我国国内旅游发展的时空动态分析》，《经济地理》2013 年第 7 期。

[80] 杨荫凯、韩冬梅：《我国县域经济发展的基本思路》，《经济纵横》2005 年第 8 期。

[81] 叶初升、罗连发：《社会资本、扶贫政策与贫困家庭福利——基于贵州贫困地区农村家户调查的分层线性回归分析》，《财经科学》2011 年第 7 期。

[82] 易醇、张爱民：《城乡一体化背景下的城乡产业融合协同发展模式研究》，《软科学》2018 年第 4 期。

[83] 雍育慧：《雨露计划每年打造百万产业工人》，《中国企业报》2007 年第 2 期。

[84] 余雪源、杨媛、张莹：《基于精准扶贫的农村电商发展创新研究》，《农业经济》2018 年第 4 期。

[85] 袁中许：《乡村旅游业与大农业耦合的动力效应及发展趋向》，《旅游学刊》2013 年第 5 期。

[86] 张国防、姚星星：《打好精准脱贫攻坚战之电商扶贫研究》，《现

代管理科学》2018 年第 7 期。

[87] 张晶、Ramu Govindasamy、张利庠：《"文化适应"对消费者购买行为的影响》，《经济理论与经济管理》2013 年第 12 期。

[88] 张丽君、董益铭、韩石：《西部民族地区空间贫困陷阱分析》，《民族研究》2015 年第 1 期。

[89] 张岩、王小志：《农村贫困地区实施电商扶贫的模式及对策研究》，《农业经济》2016 年第 10 期。

[90] 张玉强、李祥：《集中连片特困地区的精准扶贫模式》，《重庆社会科学》2016 年第 8 期。

[91] 章元、丁绎镔：《一个"农业大国"的反贫困之战——中国农村扶贫政策分析》，《南方经济》2008 年第 3 期。

[92] 赵齐兵：《发展农村电子商务，实施"互联网+"行动计划》，《经营管理者》2016 年第 3 期。

[93] 赵伟：《县域经济发展模式：基于产业驱动的视角》，《武汉大学学报：哲学》（社会科学版）2007 年第 4 期。

[94] 郑岩、宿伟玲：《我国推进旅游扶贫工作的相关政策文件解读》，《农村经济与科技》2017 年第 24 期。

[95] 郑炎成、鲁德银：《县域经济发展不平衡对地区差距的解释力分析》，《财经研究》2004 年第 7 期。

[96] 周海琴、张才明：《我国农村电子商务发展关键要素分析》，《中国信息界》2012 年第 1 期。

[97] 周莉莉、苗银家、蔡兰、金朔、王培、郭依：《农村电商助力扶贫的作用途径——基于贵州多地的调研分析》，《江苏农业科学》2018 年第 11 期。

[98] 周振：《我国农业农村经济形势及发展展望》，《宏观经济管理》2018 年第 3 期。

[99] 朱海波、熊雪、孔祥臣：《"互联网+电商"促进贫困地区农村经济发展的路径探索、成效与思考》，《农村金融研究》2017 年第 8 期。

[100] 邹薇、方迎风：《中国农村区域性贫困陷阱研究——基于"群体效应"的视角》，《经济学动态》2012 年第 6 期。